U0754428

历代悬案

透析悬案背后的历史细节

程关云 著

台海出版社

目 录
CONTENTS

第一章

先秦：人类文明的初始纪元

目 录
CONTENTS

第二章
秦汉：封建一统背后的疑团

目 录
CONTENTS

第三章
三国两晋南北朝：分裂时期的难解之谜

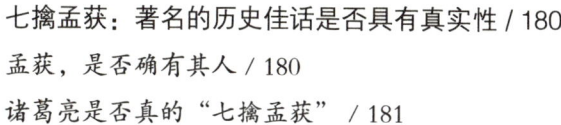

目 录
CONTENTS

第四章

隋唐五代：繁荣顶峰的重重迷雾

目　录
CONTENTS

第五章

第六章

明清：夕阳帝国沉落的轨迹

目 录
CONTENTS

目 录
CONTENTS

明　镂空浮雕陶瓷罐　46.5厘米×38.一厘米

第一章

先秦：人类文明的初始纪元

先秦：人类文明的初始纪元

补天传说：女娲补天是神话还是历史？

纵观远古时代的历史，有相当一部分是由神话传说构成的。在某种程度上说，神话传说也可以算是历史文化的重要组成部分。女娲补天的传说在我国可谓妇孺皆知，由于年代久远，其神秘色彩越发浓厚。时代发展至今，人们以科学为前提不断提出质疑：女娲补天，到底是神话传说，还是真实存在的历史呢？

补天传说，流传不息

女娲相传为伏羲之妹，人首蛇身，是中华民族的人文始祖，神话中的创世女神。相传，女娲与伏羲兄妹结婚，以泥土造人，创造了人类社会，并且建立了婚姻制度。由于人类起源的深奥问题实在难以从神话传说中考证，所以千百年来，关于神秘的女神——女娲，人们更乐意谈论"女娲补天"的美丽传说。

战国时魏国史书《竹书纪年》中，对于"女娲补天"有这样生动的记载："东海外有山曰天台，有登天之梯，有登仙之台，羽人所居。天台者，神鳌背负之山也，浮游海内，不纪经年。惟女娲斩鳌足而立四极，见仙山无着，乃移于琅琊之滨。"这也是我们可查证的关于补天传说的最早记载。后来，西汉时期淮南王刘安的《淮南子》中，也有如下记述："往古之时，四极废，九州裂，天不兼覆，地不周载，火爁焱而不灭，水浩洋而不息，猛兽食颛民，鸷鸟攫老弱。于是女娲炼五色石以补苍天，断鳌足以立四极，杀黑龙以济冀州，积芦灰以止淫水。苍天补，四极正；淫水涸，冀州平；狡虫死，颛民生；背方州，抱圆天。"这样生动形象的描述，栩栩如生地呈现出了一幅女娲补天图。然而，即使有这样的资料，也不能判定女娲补天传说的真实性，不过，这些资料确实

《伏羲女娲像》壁画　长 184 厘米，顶宽 85 厘米，底宽 75 厘米

新疆吐鲁番阿斯塔那古墓出土。女娲相传为伏羲之妹，人首蛇身，是中华民族的人文始祖。

伏羲像

选自明末清初《历代帝王圣贤名臣大儒遗像》。伏羲是中国文献记载中最早的智者之一，在神话中是华夏民族的始祖，被奉为中华民族的古代文明沿渭水到黄河流域，与其他民族相融合，形成了以炎黄部落为核心，以伏羲文化为本体的华夏民族。因伏羲人面蛇身而受崇奉的蛇图腾，也从黄土高原流传到中原大地，演变成龙图腾，成为中华民族的象征。

伏羲创立和发展的古代文明的『人根之祖』和『人文之祖』。

伏羲氏

太昊伏羲氏風姓代燧人氏継天而王母名華胥
居於華胥之渚生帝於成紀蛇身人首都宛立帝
德合上下天應以鳥獸文章地應以河圖洛書始畫
八卦通神明之德類萬物之情造書契以代結繩之政
上古男女無別帝始制嫁娶以儷皮為禮正姓氏通媒
妁以龍紀官故化大治斲桐為琴繩絲為絃以修身理
性反其天真始作網罟教民佃漁養六畜以充庖廚且以
為犧牲享神祇故又曰庖犧氏在位一百一十五年

展现了我国古人的浪漫主义情怀。

　　毫无疑问，人类历史发展到今天，我们可以肯定地说，"女娲补天"不过是上古时的神话，并无实事。但在这一神秘传说的背后，同样有着值得探究的历史话题。

　　试想，如果将女娲看作上古时期的一位历史人物，那么，女娲补天事件又该作何解释呢？

　　东汉大哲学家王充曾在《论衡·谈天篇》中提出这样的观点："天非玉石之类，岂石所能补？且女娲虽长，岂能及天？不能及天，又安有阶梯可上？"并且，王充认为，断鳌足作为四极的支天柱荒唐至极："鳌足既能支天，其体必更大，天地间如何能容？如此大鳌，其皮肤必如钢铁之坚，女娲如何将它杀死？"当然，王充对于神话传说进行如此严肃而机械的驳斥，完全没有必要。不过，这足以证明古人对于此神话早有探索。并且，这样的疑问和求索本身便是一种进步。

传说与史实的交汇点

　　当确定了女娲补天只是一个传说之后，我们更想了解的是，女娲补天的这些传说是怎样来的呢？有没有现实中的原型呢？

　　据唐代司马贞的《三皇本纪》记载，女娲本风姓，取代宓牺即位，号为女希氏，是上古时代帝王中的圣贤者。当时没有文字，只以音呼。于是，后人因音成字，写作女娲。

　　至今，在我国云南地区，苗族、侗族人民依然将女娲作为本民族的始祖加以崇拜。有趣的是，在侗语中，"女希"一词，意为花季少女，而"娲"则指如花一样漂亮。根据以上侗语语词分析，"女娲"形容的是年轻漂亮的姑娘。

　　"女娲"二字已用侗语做了解释，那么，"补天"二字又有怎样的玄机呢？侗语称厅堂为"天堂"，又称房顶为"务天"。由这一系列侗语中可以看出，补天就是补天顶，这个天顶就可以看作屋顶。这个屋顶到底是怎样的呢？是木头屋顶还是水泥的屋顶呢？显然都不是。伏羲和女娲所处的时代是新石器时代的初期，距今数千年，人们还是以穴为居。这就清楚地说明了她补的是洞穴的

唐人绘《伏羲女娲像》

女娲补天

屋顶，印证了补天传说中描写的"炼石补天"，而不是"拣木补天"之类的。

真相原来如此

在前文《淮南子》中关于女娲补天的一段描述，在今天看来，极像是记述一次小型天体爆炸后形成的大规模陨石雨撞击。前几句描述的是陨石雨撞击的过程，"火爁焱而不灭"指的是巨大的冲击造成的爆炸和其后引发的火灾，而之后的部分，则描述了强力撞击所引发的水灾从爆发到平息的全过程。

不难想象，在这样的大灾大难袭来时，当时人们居住的并不十分坚固的洞穴，极有可能出现漏洞。因此，女娲补天，更有可能是填补洞穴顶上的漏洞。可以这样推测：石灰岩本身有着多种颜色，再加上掺杂了许多其他的岩石，所以，呈现出五颜六色的形态，这便是传说中的"五彩石"。一场大火过后，暴露在地面上的石灰岩，被烧成了白色的粉末。这些在大火中煅烧而成的石灰，被雨水淋过之后，形成了泥浆状物质，晒干后又结成了硬块状。于是聪明的女娲从中得到启迪，她将石灰与芦苇草灰搅拌在一起，用来填补洞穴上的漏洞。从此之后，人们便学会了烧石灰补漏洞的技术。这一技术对远古时期人类的进步，起到了一定的推动作用。

可见，正是人们误解了"天"字的原意，才使女娲补天的故事在各个民族流传时不断被神化。在《竹书纪年》和《淮南子》之类的史书中，女娲也成了接近于神的人物，在后来的《太平御览》一书中，又演变成了女娲用泥创造人类。女娲就这样，一步步成为"创世女神"。

这样的解释就使女娲补天的故事由神话传说到贴近现实生活。历史往往因为一字之差而偏离轨道，或者像这样演绎一段美丽的神话，或者完全颠覆事实。

尧舜禅让：尧是否真的愿意让位于舜

中国历史上的黄帝时期，是一个充满神秘色彩的时代。后世的人们提起这一传说时代，都认为这是一个"垂拱而治、天下清明"的盛世，并且赋予这一时代的人物亦人亦神的高大形象。尤其是尧帝和舜帝，更是在历史上充满话题性的人物。在史学家的笔下，尧舜禅让被描述成人类历史中最美好的景象。那么，这样的盛景，其真实性又有多少呢？

尧舜禅让的历史盛景

说起我国古代历史，总离不开三皇五帝。

传说，在黄帝以后，在黄河流域的部落联盟出现了尧、舜、禹三个著名的领袖。关于他们"禅让"的故事，古书有不少的记载。

尧，号陶唐氏，是帝喾的儿子、黄帝的五世孙，居住在西部平阳。依据《春秋》《史记》等各类史书的说法，尧16岁的时候，就显示出了治理天下的能力。后来，尧当上部落联盟的首领之后，和大家一样住茅草屋，吃糙米饭，煮野菜汤，夏天披件粗麻衣，冬天只加一块鹿皮御寒，衣服、鞋子不到破烂不堪绝不更换。老百姓拥戴这位领袖，就如同爱"父母日月"一样。

尧在位70年后，已经年迈体衰。他的儿子丹朱很粗野，常常惹是生非。有人推荐丹朱继位，尧没有同意。后来，尧召开部落联盟议事会议，让大家推荐和选举贤能的"接班人"。大家都推举虞舜，说他是个德才兼备、很能干的人物。尧为了方便考察舜是否能担此大任，还将自己的两个女儿娥皇、女英嫁给了他，并考验了三年才将帝位禅让给舜。

结果证明舜是一个品德高尚、能力超群的人。于是，尧86岁那年，把治

清末民俗画师周培春绘《娥皇女英图》

传说她们是尧的两个女儿，姐姐叫娥皇，妹妹叫女英，也称『皇英』。舜的父亲、后母和弟弟品性恶劣，曾多次想置他于死地，后来舜都因娥皇、女英的帮助而脱险。舜继尧位后，励精图治，娥皇、女英也鼎力协助舜为百姓做好事。后来舜到南方巡视，死于苍梧。二妃追寻到此处，泪洒青竹，竹上生斑，后世称其为『潇湘竹』或『湘妃竹』。娥皇、女英痛不欲生，便跳入波涛滚滚的湘江，化为湘江女神。自秦汉时起，湘江之神湘君与湘夫人的爱情神话，便演变成了舜与娥皇、女英的传说。后世附会称二女为『湘夫人』，其多被诗人、画家和作家用作素材。

娥皇女英

尧

大哉帝尧　盛德巍巍

垂衣而治　光被华夷

圣神文武　四岳是咨

揖逊之典　万世仰之

帝尧像

尧名放勋，帝喾次子，初封于陶，又封于唐，故号陶唐氏。其号曰尧，称唐尧，为上古时期的圣贤君王，史称「其仁如天，共知（智）如神。就之如日，望之如云。富而不骄，贵而不舒」。唐尧的部族活动于今河北省唐县至望都一带的滹沱河流域。后来因常受唐河、滹沱河水患侵害，唐尧便带领部族西进向高处迁徙，进入了今山西省境内，最后来到了汾河中游的河谷地带，即今太原盆地。后来唐尧的部族和太原先民共同创造了太原的龙山文化。其在位百年，有德政，做到了「九族既睦」。

理天下的权力交给了他，自己退位养老。这就是历史上所讲的"尧舜禅让"的故事。

最早记有"禅让"其事的是被儒家列为十三经之一的《尚书》，除《尚书》之外，提到"尧舜禅让"的还有《论语》和《孟子》等。但对《论语》中关于尧让帝位于舜的一段文字，多数学者认为并非孔子所说，而是后人把散简附在书后所致。另外，孟子也对"禅让"这件事叙述得比较模糊。

尧帝禅让的疑问

"尧舜禅让"作为远古时代的政治传说，虽然妇孺皆知，但是史书中开始有明确记载这件事的时候已是春秋战国时期，期间时隔几千年。所以，历来就有人对于它的真实性持怀疑态度，并且说法不一。

关于禅让这件事，有人认为，其本质就是篡夺。相当于舜从尧的手中夺了权，根本不存在"禅让"一说。

据《史记》记载，舜登上帝位后，为了巩固自己的地位，大刀阔斧地进行了一系列的人事改革。舜起用了尧在位时被长期排除在权力中心之外的众人，历史上叫作"举十六相"。与此同时，舜杀掉了尧重用、信任的心腹，历史上叫作"去四凶"。显而易见，这一举动的目的在于扶植亲信、铲除异己，培养属于自己的势力。

据传说，尧让位以后，本以为自己可以颐养天年。但等他交出权力后，却被舜流放到边疆地区。史书对此的记载是出巡，死于途中。除这一说法之外，《竹书纪年》等史书记载表明，尧并非死于旅途，而是被舜放逐到尧城并囚禁，跟他所有的儿子隔绝，最后死在那里。

对此，《韩非子·说疑》篇里有着不同的解读："古之所谓圣君明王，都不过是构党羽，聚巷族，逼上弑君，以求其利也。"大意为：古代的那些所谓的圣明君王，都不过是拉帮结派，谋杀君主，以谋取个人的私利。有人对这番言论提出质疑，他还清楚地解释道："舜逼尧，禹逼舜，汤放桀，武王伐纣。"这些都是人臣造反、弑君夺位最为典型的例子。这段描述，似乎将尧舜禅让的复杂真相推向了台前。

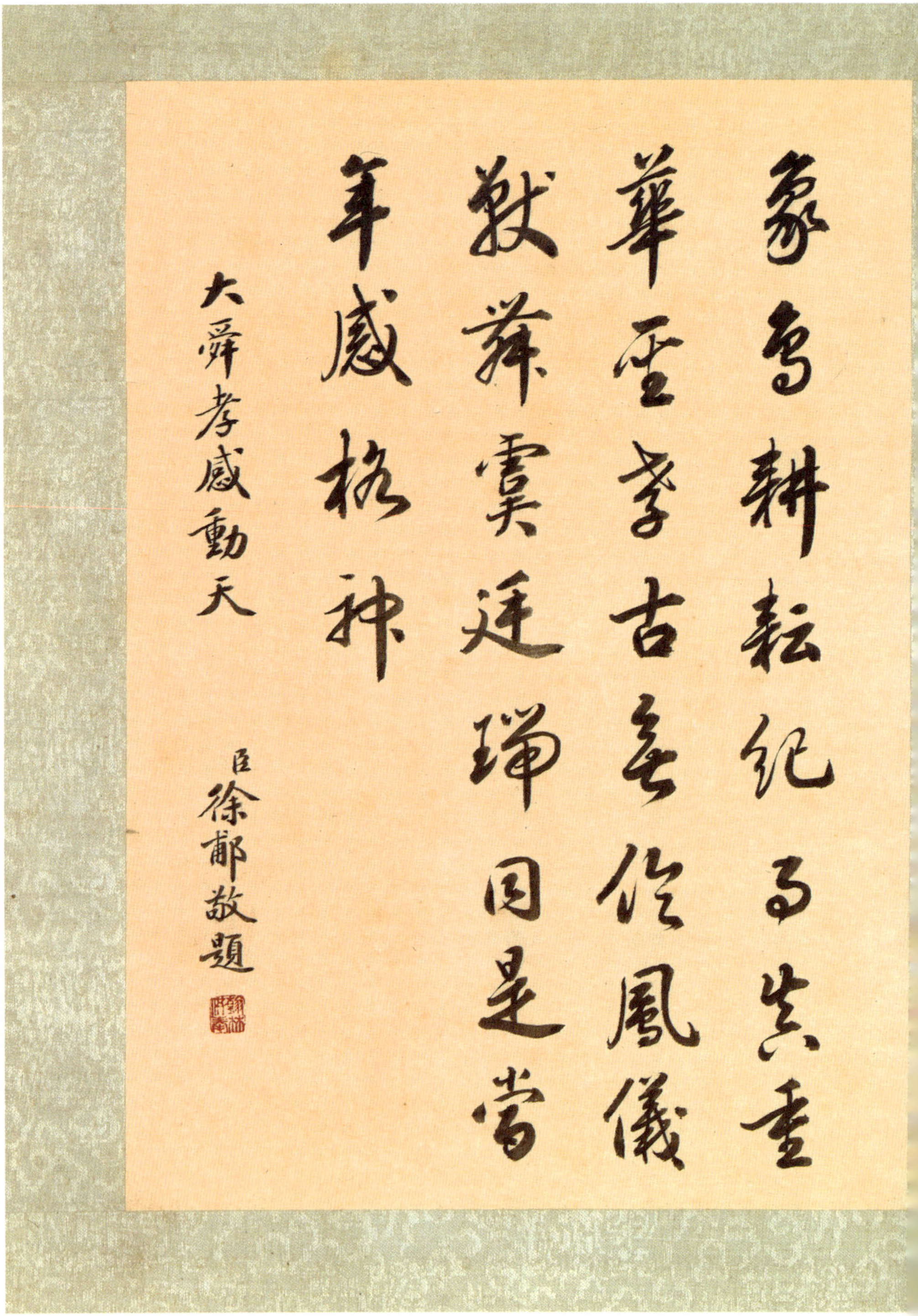

象鳥耕耘紀至重
華雲孝古至修風儀
獸舜雲延瑞同是當
年感格神

大舜孝感動天

臣徐郙敬題

明 仇英绘 《大舜孝感动天》 31.2厘米×22.3厘米

帝舜，中国古代传说中父系氏族社会后期部落联盟的首领，名重华，传说是黄帝的八世孙，因生于姚墟，故姓姚，冀州人。舜受尧的禅让而称帝于天下，建都蒲阪（今山西永济），国号『有虞』，故号为『有虞氏帝舜』。他是与尧、禹齐名的古代圣贤君王。相传因四岳推举，尧便命他摄政。尧去世后他继位，又咨询四岳，举贤任能，并选拔治水有功的禹做了继承人。

清人绘《舜耕历山》

此图描述的是舜性至孝，感动了天地，他耕于历山时，有象为之耕，鸟为之耘，帝尧闻之，把自己的女儿嫁给了他，最后还将天帝位禅让给了他。「象耕鸟耘」的传说便由此而来。

古往今来，众说纷纭

如此看来，既然《尧典》和《论语》的真实性存疑，《墨子》就成了最早记载"禅让"的书了。

在《墨子》中，有《尚贤》《尚同》两篇主张贤人执政的内容。墨子出身于下层社会，他的政治思想正反映了一般庶民参与政治的要求。不过，墨家只说过"尧舜禅让"。至于"舜禹禅让"一说，近代学者普遍认为，战国之后，墨家衰落，"禅让"说为儒家所专有。这种看法，又一次从根本上否定有过"禅让"。由于儒家在一定限度内也赞成"举贤"，于是，根据墨家的"尧舜禅让"说，添加了"舜禹禅让"的故事。

"尧舜禅让"的真相到底如何，今天的我们不得而知。但从各种有限的史料看来，其中疑点重重，让人难以轻信。

不过，流传了两千多年的"禅让"说，一旦被完全否定，也难以令人信服。有学者结合社会发展史加以考证，认为这是一种变相的部落选举方式。只不过这种寻常的推选，被后人粉饰成神圣而又光彩非凡的"禅让"罢了。"禅让"一说，古往今来众说纷纭，要解开这个谜，还需要更充分的研究和论证才行。

盘庚迁殷：商朝为何多次迁都

商朝自汤开始，于纣终结，约为公元前16世纪至公元前11世纪，将近六百年，共传十七代三十一王。商朝历史有一个尤为显著的现象，就是频频迁都。值得一提的是，盘庚迁殷，在商朝历史上具有划时代的意义。那么，商朝为何频频迁都？这其中有着怎样的内情呢？

迁都所为何事

盘庚迁殷之前，从汤至阳甲的约三百年间，为商朝前期。在此之后，从盘庚至纣王，为商朝后期。这样看来，商朝屡次迁都都是在前期。那么，是什么原因导致了商朝前期频频迁都呢？

关于这个问题，古今学者争论不休，主要有以下两种观点：游农游牧说、去奢行俭说。

游牧游农说试图从社会生产方面去探求商都屡迁的原因。这一观点认为，商朝人在盘庚迁殷之前还是迁徙无定的游牧民族，到盘庚时才有初步的农业，由游牧经济转为农业经济，因此，人们有了定居的倾向。但商代卜辞和考古资料证明，早在商代前期，农业已是最主要的生产部门，所以，这一观点不符合历史实际情况。

而去奢行俭说则试图从社会政治方面去探求商朝热衷于迁都的原因。去奢行俭说认为"抑制奢侈，倡导俭朴，借以缓和阶级矛盾"是迁都的原因。这一观点存在部分合理成分。在《尚书》中，《盘庚》三篇是保存下来的商王盘庚迁殷时对臣民的三次公告，以及将要迁都的时候，对于贵族中贪求财富的乱政官吏的指责。迁都之后，他又告诫官吏：不要积聚财物，光给自己置办产业，

商代玉刀（黄金）　11.7厘米×3厘米

商　青铜爵　25.4 厘米 ×10.2 厘米 ×17.8 厘米

应该施惠于民，要永远保持你们那颗和君王一样廉洁的心。但是，不得不说，奢侈是剥削阶级的"通病"，不仅迁殷之前存在，迁殷之后也照样存在。所以"去奢行俭"这一观点虽然能说明商朝频频迁都的某些原因，却不是其根本原因。

所以，上述两种观点，对于商都屡迁的原因的解释，都是缺乏说服力的。

以迁都为战略措施

历代学者经过研究，通过这些表层的现象，观其本质，他们认为有一种观点可信度较高，即商朝前期热衷迁都是受王位纷争的影响。

《史记·殷本纪》中有记载："自仲丁以来，废适而更立诸弟子，弟子或争相代立，比九世乱，于是诸侯莫朝。"可以看出，从仲丁至阳甲正好九王，先秦典籍中"几世"即指"几王"，这"九世之乱"与商都屡迁，在时间上如此契合，绝非偶然，它应是促使商都屡迁的客观原因。

这一观点可以在《尚书·盘庚》篇里找到证据。盘庚追述先王迁都原因时说："殷降大虐，先王不怀厥攸作，视民利用迁。""大虐"指什么呢？《孔疏》认为"大虐"的具体含义为："上云'不能相匡以生，罔知天之断命'，即是天降灾也。"这样看来，"大虐"指的不是天灾，而是人祸，可以推断其指的是以王位纷争为中心的"九世之乱"。那么，这句话的意思是：政治上的动乱和纷争，给人民带来无穷的灾祸，先王并不怀恋他们一手创造的基业，他们因为人民的利益而迁徙。

那么，王位纷争所引起的社会动乱，为什么必须用迁都的办法来解决呢？这是因为，"九世之乱"的直接后果是商王权威削弱和贵族势力膨胀。贵族势力膨胀，表现在经济上是聚敛财富，表现在政治上是弑君谋反。斗争的双方，为了赢得胜利，必须借助天时、地利与人和这三个因素。天时不以人的意志为转移，人和则要靠政治手段去努力争取。唯独地利，是可以占有的。显然，贵族必然是因为占有地利，才能使自己的势力膨胀起来，并足以威胁王权。

殷商时期社会生产力发展水平仍旧很低，在此种社会发展水平上，地利的作用就格外重要。通过迁都改变贵族地利的优势，从而削减贵族的实力，是商王的战略措施，这应是促使商都屡迁的主观原因。

商　青铜鸮形觯　15.2厘米×10.2厘米

商 青铜钺 24.9厘米×16.2厘米

商 玉覆面 长1.9厘米

化解王位纷争

据《尚书·盘庚》记载，由于盘庚迁殷导致"民咨胥怨"。直观来看，似乎是遭到了举国上下的反对，但实际上迁都的主要阻力来自贵族，不是平民，更不是奴隶。贵族用谣言来煽动民心，而盘庚则高举"天命"和"先王"的旗帜，口口声声是为人民打算，并以来此争取民心。

在当时，"天命"和"先王"是盘庚得以成功迁殷的关键。即将迁都的时候，盘庚发出警告："乃有不吉不迪，颠越不恭，暂遇奸宄，我乃劓殄灭之，无遗育，无俾易种于兹新邑。"意思就是说：有奸诈邪恶，不听话的人，我就把他们斩尽杀绝，不让他们遗留在新邑蔓延滋长。可以看出，盘庚希望通过迁都打击贵族。迁都之后，盘庚重申"无有远迩，用罪伐厥死，用德彰厥善"，即不管与商王血缘的远近，造罪就处死，立功便封赏。并且，宣称自己有权"制乃短长之命"。可以看出，通过迁都，商王顺利镇压了异己，他更加有权威了。

"九世之乱"的教训是深刻的。为了避免历史重演，王位继承制发生变化。商王继统法分三期：第一期大丁至祖丁以兄为直系；第二期小乙至康丁以弟为直系；第三期武乙至纣传嫡长子。

盘庚处于由第一期向第二期转变的阶段。迁殷后商王继统法出现以弟为直系并终于转变为传子的新情况。嫡长子继承制的确立，减少了王位纷争，王室内部稳定下来，所以导致迁殷后二百多年没有再徙都城。

可见，为了化解王位纷争而迁都，这样的观点对于商代前期频频迁都的解释是较为合理可信的。

商后期　铃首曲背弯刀　长30厘米

商　青铜鬲鼎　21.3厘米×17.9厘米

纣王其人：暴君典型——商纣王功过之争

帝辛，子姓，名受。商朝末代君主，以性情残暴而千古留名，故而后世称之为商纣王。"纣"为"残义损善"之意，"商纣王"这个名号最早应该是周朝给他封的，此后伴随着他的残暴事迹代代流传，就这样，商纣王成了暴君典型。但是，历史上的商纣王真的如传说中的那样残暴而毫无人性吗？

历史的写实与夸大

说到商纣王的暴行，学过历史的人应该都能随口讲出几条。根据史书记载，纣王沉溺于酒色，生活极尽奢靡。为投宠妾妲己所好，不分日夜作"新淫之声、北里之舞、靡靡之乐"。他不顾百姓生计，搜刮大量的民脂民膏，用于修建鹿台，在其中置满奇珍宝物，供自己和宠妾赏玩。不仅如此，他还"积糟为邱，流酒为池，悬肉为林，使人裸形相逐其闲"，与宫女们在其间夜夜笙歌。

除了奢靡腐败，沉溺于酒色，纣王还有一大罪名，就是生性残忍，暴虐嗜杀。传说他残忍地行"炮烙"之刑，把人烙得皮焦肉煳而死。还有传闻说，纣王和妲己为了看孕妇肚里的胎儿是男是女，竟然命人剖开孕妇的肚子，使母子俩双双丧命。

除了史书记载如此，在一些文学作品中，例如《封神演义》中商纣王的形象更是残暴荒淫，又有宠信奸臣，不敬祖先，嗜血成性等种种罪行，纣王似乎具备了暴君的一切丑恶行为，于是，提到暴君，没有人比纣王更残暴、更典型了。

纣王的形象已经在人们脑海中根深蒂固，但是，事实真的如此吗？我们都知道，史书记载虽然以还原真实为原则，但也难免有夸张甚至捏造的成分。试着考察纣王的70多条恶行发生的顺序之后，我们会发现，纣王的罪行是随着

商 青铜觥

商 青铜觯 高61厘米 5.9厘米

时间的推移，越加越多。也就是说，这其中不免有后人编造的成分。近人顾颉刚曾撰写《纣恶七十事发生的次第》，指出现在传说的纣恶，是层累积叠地发展的，时代越往后，纣王的罪过就越多，也越不可信。

胜者为王，败者为寇，这是历史规则。周朝既然取代商朝掌控天下，当然尽量把前朝纣王的恶名大力传播，让纣王声名扫地，以此向天下人说明，自己取代商朝是多么合理，是为了天下百姓。

关于纣王的真实记载，在《史记·殷本纪》中是这样的"乃重刑辟，有炮烙之法"；"九侯女不喜淫，纣怒，杀之"；"脯鄂侯尸"；"剖比干，现其心"。自此之后，历代史家言暴君必数商纣。魏晋时代，纣王是暴君的说法仍在流传，并出现许多离奇的情节。当时西周太公望所作的兵书《六韬》和皇甫谧撰的《帝王世纪》，将暴君商纣王描述成杀人成癖的恶魔。

然而，真正的商周史料《今文尚书》之《商书》《周书》诸篇中，均未见商纣王失道失国的罪状，也无焚炙忠良、滥杀无辜、嗜血成性之类的记载。

另外，史家向来乐于将罪恶之源引到女人身上。在这段历史中的这个女人，就是与夏桀爱妾妹喜、周幽宠妃褒姒并称三大上古红颜祸水的姐己。《封神演义》干脆把她说成是狐狸精。据说姐己的娘家是苏氏，是以九尾狐为图腾的部落，后人因此臆造说她是狐狸精，并把姐己造孽的种种事迹的原因归结于此，显然，此等行为难脱捏造之嫌。

"纣之不善"的不同解读

早在二千余年前，孔子的弟子子贡就曾说："纣之不善，不如是之甚也。是以君子恶居下流，天下之恶皆归焉。"意思是纣王的罪行并不像史书所言那样厉害，只是人们把罪行都推在纣的身上所致，他为纣王鸣不平。

清朝李慈铭也有类似观点，纣王的罪行如杀比干、囚箕子、宠姐己、偏信崇优、拘押文王等，比起后世的暴君来，还算不上是罪孽深重。另，有学者在《纣为暴君说献疑》一文中，对暴君说再次提出质疑，指出战国秦汉时人，因纣之世近，且纣恶之事传之较详，故以纣之恶比附桀者必多，以桀之恶比附纣者必少，此乃附会之由也。

商　青铜羊首刀　长 27 厘米

商　青铜战斧

这样的解读不在少数，李泽厚先生在《论语今读》中也有过如下翻译：纣王的不好，并不像传说的那么过分。所以君子厌恶处于不利的位置时，所有的罪恶都会被推到身上来。殷纣王本是非常能干并有历史功绩的伟人，这有确凿的记载。因为亡国身死，于是在历史上变成了大坏蛋，尤其是成为儒家集中打击的对象，难得子贡勇敢说出真理，子贡的聪明才智由此可见。

总览这些看待纣王的大家之言，观点十分全面，不偏激。若再回顾司马迁的《史记》，经过对比可以得出，司马迁的记述有相当一部分十分尖锐。他评价纣王"资辩捷疾，闻见甚敏；材力过人，手格猛兽。知足以拒谏，言足以饰非"，意为纣王思维好，脑子灵活，反应迅速，身强力壮，武艺不凡，能空手格杀猛兽；智力过人，足以用之于拒绝大臣的劝告谏言，能言善辩，足以掩盖自己所犯下的错误。由此可见，司马迁的这段描述含义丰富，或者是故意不分客观存在和主观的评价。说纣王智力好，便补上一句"知足以拒谏"，说口才好便形容为"言足以饰非"。这样的记录，不能说是完全客观的，难免会有失公正。

由于年代久远，商纣王其人到底如何，我们没有足够的材料去深究，这也将成为历史的一个问号。不过，有一点是可以肯定的，对于商纣王是否为罪大恶极的暴君典型，需要辩证、全面地来看待，既不否认其过，也不夸大其恶，想来历史本应如此。

宰相典范：孔子对管仲的赞美与批判

　　管仲，名夷吾，字仲，春秋时期齐国丞相，有"春秋第一相"之美誉。他辅佐齐桓公成为春秋时期第一霸主，是中国历史上宰相的典范，《史记·管晏列传》《左传》等都有记载他的生平事迹。然而，在《论语》中，对于管仲的评价则有截然不同的两种。孔子也会"出尔反尔"，这样的事情并不常见，这是什么原因呢？

褒贬不一的评价

　　在《论语》中，孔子对于管仲的评价共有四处，前后贬褒不一，这不免令

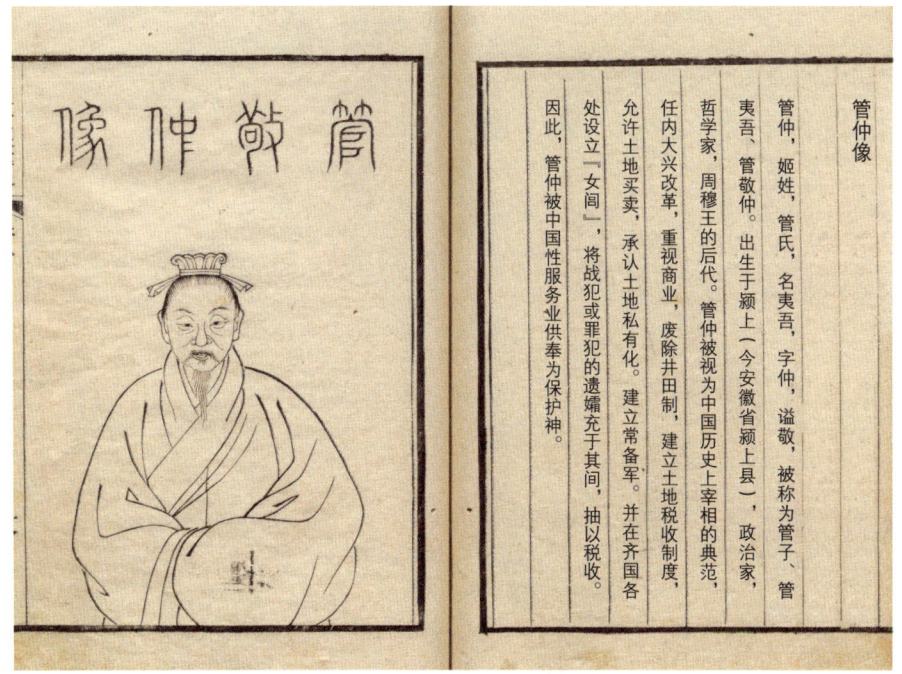

　　管仲像

　　管仲，姬姓，管氏，名夷吾，字仲，谥敬，被称为管子、管夷吾、管敬仲。出生于颍上（今安徽省颍上县），政治家、哲学家，周穆王的后代。管仲被视为中国历史上宰相的典范，并在齐国各处设立「女间」，将战犯或罪犯的遗孀充于其间，抽以税收。任内大兴改革，重视商业，废除井田制，建立土地税收制度，允许土地买卖，承认土地私有化，建立常备军。因此，管仲被中国性服务业供奉为保护神。

黎公端木　賜　子贡

子贡像

衞公仲　由　字路

子路像

人疑惑。但稍加研究就会发现，这些不同的评价都涉及儒家最基本的守则，即"礼"与"仁"。

有一处记录明显是贬义的，在《八佾篇第三》之中有如下语句："邦君树塞门，管氏亦树塞门；邦君为两君之好，有反坫，管氏亦有反坫。管氏而知礼，孰不知礼？"大意是管仲器量狭小，不知节俭，更不知礼，几乎什么都要与诸侯国的君主一样。在孔子的思想里，对"礼"字的分量看得极重，所谓"克己复礼为仁"，管仲既然不知礼，便难以谈得上"仁"。可以见得，在这一处，孔子对于管仲的贬，有着明显的儒家特色。

在《宪问篇第十四》中，孔子回答弟子的提问，对郑国的子产、子西做了评价之后，也评说了管仲："人也。夺伯氏骈邑三百，饭疏食，没齿无怨言。"夺取了那一位齐国大夫的采邑，还让人家老得牙齿都掉光了也没有怨言。这其中的含义在于，说管仲这个人很厉害，很有手段。这一句话从字面上来看是褒奖，但实际上是褒中有贬。这一句中的"人也"，有两种翻译，有的译为"是个仁人"，也有的译作"是个人物"。

这种语焉不详的褒贬，显现出了孔子对于管仲的矛盾心态。孔子的这种矛盾心态，不只体现在这一处，还可举出别的事例，比如：子贡问史上之名臣，齐国的，孔子说的是鲍叔牙，郑国的，孔子说的是子皮。子贡说：不对吧，应当是齐有管仲，郑有子产。孔子便说了一通"荐贤贤于贤"的道理："知贤，智也；推贤，仁也；引贤，义也。"孔子还说，鲍叔牙向齐桓公推荐了管仲，却没听说管仲也曾有荐贤之举。

令人迷惑的问与答

与上文不同，《宪问篇第十四》中还有两处，是完全赞赏管仲的，甚至有为管仲辩说的嫌疑。背景是这样的，公子纠与公子小白相争失利被杀，召忽和管仲都是公子纠的智囊，召忽以自杀尽忠，管仲当了公子纠的政敌小白即齐桓公的宰相。

于是，子路与子贡就此对管仲之"仁"提出了质疑。孔子对子路说了"桓公九合诸侯，不以兵车"之事，将此归功于管仲，还连声说："如其仁！如其

仁！"孔子对子贡则说：管仲为相，使齐国"称霸诸侯，一匡天下"，使民众至今仍享受他带来的利益。如果没有管仲，我们恐怕早就成为蛮夷之人了。他还反问子贡：管仲难道能像普通人一样只顾着为主子尽忠而忘了天下百姓，在山沟里自杀而不为人知吗？如此这般评说，从大处着眼，全然不拘泥于小节。

同是评说管仲，前后却贬褒不一。若仅以孔子自己的言论互相辩论，也可以引发一场不大不小的争端。正方为："子曰：管氏而知礼，孰不知礼？"反方为："子曰：如其仁！如其仁！"旗鼓相当，难分胜负。难怪哲学家王充会说：追难孔子，何伤于义？伐孔子之说，何逆于理？

这让许多人心生疑惑，被称为万世师表的孔子，在对于管仲的事情上，为何会有如此不统一的言论呢？这两种评价之间有着怎样的联系呢？

孔子观点的对立与统一

关于管仲的"礼"与"仁"，孔子的评说贬褒不一，造成这样的结果，有两种可能：

第一种，或是因为答问的对象不同。《论语》中多有孔子答人问仁、问政的，都因提问人的身份或性格不同而不同。最典型的是子路与冉求问孔子"闻斯行诸"，即听说这是好事就去做，孔子给他们的回答却截然相反。对此，孔子解释为：冉求谦虚退让，所以促进他；子路争强好胜，所以抑制他。

孔子弟子像

评说管仲，也系答人所问。他说管仲器量狭小，不知节俭，更不知礼的那一次，提问人的身份，《论语》中只说"或曰"，后人也未知其谁。假如此人也有"僭越"之念而想引管仲为例，孔子说"管氏而知礼，孰不知礼"，不也很合乎情理吗？

除了上述情况，还有一种可能，就是因为评说的时期不同。事物是随着时间发展而变化的，人的认识也会随着时间和事物的发展而变化，随着年龄的增长，思想会产生变迁。在这一点上，孔子自然也不例外。

孔子的弟子们曾有设想，假如给孔子一个平台，他也一定能把一个国家给治理得井井有条，但这毕竟只是假设，真把这个平台给他了，按他的主张以礼让治国，是否就能治理得井井有条，还是一个未知数。然而，管仲却真真实实地创造了使齐国"称霸诸侯，一匡天下"的奇迹。孔夫子怎能视而不见？

管仲其人，常被冠之于李悝、吴起、商鞅、慎到、申不害以及韩非这一系列历史人物之首，把他当作法家的先驱。孔子要比管仲小172岁，他出生之时，管仲已经去世90多年。管仲无缘参加后世的百家争鸣，孔子也无法与管仲进行儒法斗争。然而，儒家的老祖宗能克服本身思想之局限，正视法家先驱之功德，对之进行全面的评价，至少说明儒、法之间并非就是非此即彼，后人更没有必要把他们搞得势不两立、不共戴天。

所以，孔子对于管仲这两种截然不同的评价，实际上也存在某种关联，这是伟大思想家全面、辩证地看待人和事的结果，是其智慧的体现。

桓公之死：中原霸主死后为何无人敛尸

齐桓公一生显赫，是一位有治国才干和雄图大略的统治者，他在自己的国内实施了一些整顿和改革，起到了富国强兵的效果，在春秋列国中成为第一个霸主，他"九会诸侯，一匡天下"，被称为"春秋五霸"之首。然而，这样的一位霸主，死后的境况却悲惨异常，以至于无人敛尸，这是什么原因？

成就霸业的齐桓公

齐桓公，姜姓，吕氏，名小白。是姜太公吕尚的第十二代孙，是齐僖公禄甫的三儿子，其母为卫国人。齐桓公于公元前685~前643年在位，是春秋时代齐国第十五位国君，春秋五霸之首。

在齐僖公长子齐襄公和其侄子公孙无知相继死于内乱后，公子小白在与公子纠的争位中成功，即国君位为齐桓公。齐桓公任管仲为相，推行改革，实行军政合一、兵民合一的制度，齐国逐渐强盛。桓公于公元前681年在甄（今山东甄城县）召集宋、陈等诸国诸侯会盟，是历史上第一个充当盟主的诸侯。当时中原华夏各诸侯苦于戎狄等部落的攻击，于是，齐桓公打出"尊王攘夷"的旗号，北击山戎，南伐楚国，成为中原第一个霸主，受到周天子赏赐。

齐桓公之所以能够被周王室称为侯伯，成为诸侯之霸，就在于他任用管仲的决定。他的谋士鲍叔牙曾经说过：如果你的愿望只是想当齐国的国君，你用我做你的上卿就够了；如果你的胸中不是只有齐国，而怀有天下的话，那么你就必须重用管仲。于是，齐桓公沐浴焚香再三，亲迎于郊，尊之为"仲父"，请教强国富民之术，称霸诸侯之道。

由于管仲的辅佐，齐桓公对齐国的经济、内政、军事、政治制度等进行改革，对内"设轻重鱼盐之利，以赡贫穷，禄贤能"，实行富国强民的政策；在外交上，打出"尊王攘夷"的旗帜，使日渐式微的周王室，得以有一份名义上的中央政府的虚荣，而使自己实际上成为诸侯的领袖，这些都是管仲制定的治国图霸方略。按《史记》的说法："管仲既任政相齐，以区区之齐在海滨，通货积财，富国强兵，与俗同好恶。故其称曰：'仓廪实而知礼节，衣食足而知荣辱，上服度则六亲固，四维不张，国乃灭亡。下令如流水之原，令顺民心。'故论卑而易行。俗之所欲，因而予之；俗之所否，因而去之。"看起来，齐国能在公元前7世纪称霸将近半个世纪，"九合诸侯，一匡天下，管仲之谋也"。

霸主的衰落

管仲去世于公元前645年，即齐桓公四十一年。在此以前，他的健康状况每况愈下，也预感到自己将不久于人世。

人到了一定阶段，便容易产生心理上的变化，齐桓公也不例外。功成名就、天下归心的齐桓公，显然已经达到他人生的巅峰状态。这一点齐桓公自己在纵览天下时，应该最有感触，于是，他便十分得意，对自己的成就极为满足。有了这样的情绪，也就不免骄傲了。不论何人，上至国君，下至草民，一骄傲，就容易头脑膨胀，不知所以，就会慢慢走下坡路。

齐桓公如此，便使处于病痛中的管仲对这位国君，乃至对这个国家的未来，产生深深的忧虑。一个过于自信的人，常常听不进去别人的反面意见，相反，却往往沉迷于别人对他的甜言蜜语，陶醉于别人对他的恭维捧场。而且，管仲注意到，在齐桓公的周围出现了易牙、竖刁和公子开方等曲意逢迎，投其所好，巧言迎合，讨其欢心，渐渐对齐桓公产生负面影响的亲信集团。这些都令他非常担忧，一个曾经的霸主，正在渐渐走向衰亡。

一代霸主的凄惨晚年

齐桓公晚年变得昏庸，管仲去世之后，开始任用易牙、竖刁等势利小人。其中易牙对齐桓公的无私让人感觉毛骨悚然、心惊肉跳。据说有一次，齐桓公

春秋晚期　三穿戈

春秋晚期　双环柄首短剑

对忠臣易牙说，此生吃遍山珍海味，唯一没有吃过的就是婴儿肉。他也不过是无稽之谈，但易牙却把此事牢记在心，把"无稽之谈"当作圣旨、命令。易牙回到家，便把自己的亲生儿子给清蒸了，然后亲自送给"主子"齐桓公吃，这让齐桓公感动异常，便更加宠幸易牙。这两个主仆就像亲兄弟一样，但最后齐桓公还是饿死在易牙等人的手中。事情的原委是这样的，齐桓公原有三个妻妾，但却未得一子，为了后继有人，他又娶了六个，之后便有了一群儿子。齐桓公准备立郑姬生的儿子为太子，但是卫姬不甘心，她就勾结宠臣竖刁和易牙，想办法逼齐桓公立自己的儿子为太子。

晚年，齐桓公病重，儿子们便坐不住了，都想夺得君位，于是，他们便大开杀戒，根本不顾齐桓公的死活。竖刁和易牙故意假装要保护齐桓公，把他"请"到了一间封闭的小屋子里养病，外人知道者甚少，妻妾们都忙着给自己的儿子立君，哪里想得起还有一个病重的丈夫？就这样，在无人照顾的黑屋里，堂堂一国之君，"春秋五霸"之首，被他的亲信们安排得连吃的喝的都没有，活活地被饿死了。

《史记》中有一段精彩的注释："公有病，……易牙、竖刁、常之巫相与作乱，塞宫门，筑高墙，不通人，矫从公令。有一妇人逾垣入至公所。公曰：'我欲食。'妇人曰：'吾无所得。'公曰：'我欲饮。'妇人曰：'吾无所得。'公曰：'何故？'曰：'易牙、竖刁相与作乱，塞宫门，筑高墙，不通人，故无所得。'公慨焉叹，涕出曰：'嗟乎，圣人之所见，岂不远哉！若死者有知，我将何面目见仲父乎？'蒙衣袂而绝乎寿宫，虫流出于户，盖以杨门之扇，二月不葬也。"

在这场宫廷乱事中，一代霸主齐桓公凄凉地死去了。由于无人殓其尸，以致齐桓公的尸体搁于宫中达67天，蛆虫都溢于户外。从此，齐国走向衰落，不复从前霸主的地位。

归根结底，齐桓公之死，怪不得别人，英雄末路，是他自己所走，壮士折节，是他自己作践，这就是说，齐桓公霸业之兴，在于他用对了人。同样，齐桓公霸业之衰，在于他用错了人。齐桓公的一世英名，最终败坏在他所宠幸的佞臣易牙、竖刁和公子开方身上。所谓成败，皆是种因得果。

万世师表：谜一样的至圣孔子

国学近些年来大行其道，在人们还没有完全理解国学的内涵之时，一股戏说国学，戏说历史之风已经席卷了历史学界和网络。最令人瞠目结舌的便是说孔子算不得什么圣人，只是"野合"而生的"私生子"。这样的说法虽然吸引眼球，但戏说毕竟不严谨，终究不是解读历史的正确态度。那么，包括孔子身世在内的诸多谜团要从何求证呢？

孔子的身世之谜

对于圣人孔子，人们的疑问和好奇总是很多。孔子到底是不是"野合而生"的私生子呢？

首先，不得不说，孔子是"野合而生"的说法，是有据可查的。这个证据就是司马迁的《史记·孔子世家》。司马迁的记述如下："纥与颜氏女野合而生孔子。""纥与颜氏女"即孔子的父亲叔梁纥与母亲颜徵在。可以看到，"野合而生孔子"这样的句子，确是史记原文无疑。不过，有一点是必须明确的，这里所指的"野合"，绝不是指在野地里行苟合之事，而是指不合礼仪规定的成婚，这与我们今天对"野合"的理解截然不同，也正因如此，才引出关于孔子身世的误读。

那么，司马迁为什么称孔子父母成婚不合礼仪规定呢？了解一下孔子的家史，我们便可以得出结论。孔子的父亲叫叔梁纥，年轻时娶妻施氏，生有九个女儿。按古代的规矩，女儿是不能继承家业和祭祀祖宗的，这些事情必须由儿子来做。于是，叔梁纥为了生儿子"继承香火"，又纳一妾。这位新纳之妾不负所望，果然生了个儿子，但不幸的是，这位来之不易的男丁却是个瘸子。按规矩来讲，瘸子也是不能继承香火的。

而此时，叔梁纥已经过了 65 岁。后来，其妻施氏去世，他为了延续家族的香火，又明媒正娶了一位妻子。于是一年后，孔子降生了。

按现代的观念来看，孔子父母的婚姻没有任何错误。不过，古代结婚的年龄是由礼仪规定的。即男子从 16 岁至 64 岁可以成婚，女子从 14 岁至 49 岁可以成婚。若是低于或超过这个年龄段，便被看作不符合礼仪规定。

这样的规定并非无本之木，而是有生理依据的。古书有云："女子七月生齿，七岁毁齿，二七一十四岁阴道通。七七四十九岁阴道绝。""男子八月生齿，八岁毁齿，二八一十六岁阳道通，八八六十四岁阳道绝。"意为：女子出生 7 个月长乳牙，7 岁换完乳牙。14 岁来月经，开始有了生育能力。49 岁绝经，丧失生育能力。男子出生后 8 个月长乳牙，8 岁换完乳牙，16 岁生殖系统成熟，64 岁生殖系统功能衰退。所以礼仪规定，女子 14 岁到 49 岁可以成婚。男子 16 岁到 64 岁可以成婚。古人结婚的主要目的就是传宗接代、延续祖宗的香火，所以会有这样的规定。

从上面的分析中，我们可以得出结论，孔子并非私生子。所谓"野合"，应该是指孔子父亲再娶的年龄超过了 64 岁，违反了礼仪规定。

大圣人的相貌如何

关于孔子的相貌，也是人们议论的焦点。据《史记》记载，孔子"生而首上圩顶，故因名曰丘云"。在山东曲阜民间，也有着"七出"之说，即指孔子牙齿暴露在唇外，鼻孔朝天，耳朵很大，眼睛突出，合起来看，就是七窍突出。司马迁所处的时代，距孔子的时代无疑要比我们近得多。所以，他记述的孔子的样子，要比今天说得更令人信服。

"圩顶"是什么意思呢？根据司马贞《索引》中的解释来看，应是"顶如反宇。反宇者，若屋宇之反，中低而四旁高也"。根据这样的解释来看，孔子的头顶骨是中间低而四边高，其模样并不能令人十分恭维。《史记》上又说，孔子成年后"长九尺六寸，人皆谓之长人而异之"，那么，孔子的身高相当于今天的 1.9 米以上。

先聖未生時有讟
虹玉書王于闕里
其文曰水精子繼
衰周而素王居
夫乃以繡紱繫
麟角信宿而去懷
娠十有一月而生
先聖

麟衔玉书　　图中描绘的是孔子出生时的情景。

在陈绝粮　图中描绘的是孔子在陈国没有粮食吃的情景。

楚使人聘孔子孔子將徃陳
蔡大夫謀曰孔子用於楚則
陳蔡危矢扵是相與發徒圍
孔子扵野不得行絶糧從者
病莫能與孔子講誦絃歌不
衰扵是使子貢至楚昭王與
師迎孔子然後得免

贊曰

猗歟聖通

丁此屡屯

既畏扵匡

後厄扵陳

君子固窮

處困而亨

載絃載歌

不悶不驚

047

南宋　马远绘《孔子像图》

关于孔子的面容，有资料说他"河目隆颡"，意为长眼睛，高颧骨。关于孔子这样奇特的相貌，有相当一部分原因是古人对伟人相貌的夸张描述。东汉王充在《论衡》中道"黄帝龙颜，颛顼戴午，帝喾骈齿，尧眉八采，舜目重瞳，禹耳三漏，汤臂再肘，文王四乳，武王望阳，周公背偻，皋陶马口，孔子反羽"。可以看出，古人对黄帝、尧、舜等伟人的相貌，描写得十分夸张。

圣人的自嘲

有这样一个故事，当年孔子从宋国仓皇出逃，逃往郑国。在郑国，孔子和门人走散，孤身一人站在城墙下。有人看到了孔子孤零零的样子，就对到处找他的子贡说："东门有人，其颡似尧，其项类皋陶，其肩类子产，然自腰以下不及禹三寸，累累若丧家之狗。"传说中尧正是身形瘦长，孔子与之相似。而禹的身高据史载正是九尺二寸，说孔子自腰以下不及禹三寸，大概是说孔子身材比例不好，他的腰部较长，腿部较短。

子贡听后，按照那个人的指点，他果然找到了孔子。之后子贡将那个人的原话告诉了孔子，孔子听后淡然一笑说道："外貌说得还在其次，倒是'累累若丧家之狗'这句话，说得十分神似。"由此可以看出，孔子的自嘲心态十分平和，对郑国人的描述也只是一笑置之。

作为至圣先师的孔子，其长相是我们一直所好奇的，也是难以想象的。古往今来，关于孔子的若干猜测从未断过。但不可否认的是，孔子被尊为万世师表，值得被后世敬仰。

颠沛流离：重耳为何流亡在外十几年

晋文公是继齐桓公之后的第二位霸主，而在他登上晋国君主宝座之前，却经历了长达 19 年的流亡生涯。他为何在外流亡这么久？流亡之路又带给他什么样的命运呢？

为了避难的流浪

说起晋文公的苦难，主要归结到他父亲的一个妃子——骊姬身上。当年，他的父王晋献公还在位的时候，非常宠信这位骊姬，而骊姬就仗着这份宠爱，想帮助自己的儿子登上晋国国君的宝座。于是，她就使用连环计逼死了当时的太子，赶走了晋献公的另外两个儿子，重耳和夷吾。重耳就是晋文公的名字。

重耳逃亡的第一站就是卫国，他没有得到卫国的一丝援助，只能再度起行。然而，钱财、食物都没有得到补给。在卫国五鹿，重耳终于忍不住了，他放下架子，竟向一个农夫乞讨。一个普通农民又有多少粮食去施舍给重耳等十几人呢？农夫从地上拾起土块，调侃重耳："拿去，吃吧！"饥饿难耐且近乎绝望的重耳气愤地举起鞭子要抽打农夫。狐偃赶忙阻止了重耳："这是上天要赐给我们土地啊！说明我们复国在望。"并且，狐偃煞有介事地向农夫磕了个头，接过土块，装在车上带走了。

这种精神胜利法勉强刺激着重耳，重耳的进取之心正在干涸。为了让重耳活命，重耳的随从介子推到山沟里，把腿上的肉割了一块，与采摘来的野菜一同煮成汤给重耳吃。当重耳吃后得知是介子推腿上的肉时，大受感动，但当晋文公归国为君侯，分封群臣时却忘记了介子推，介子推不愿夸功争宠，携老母隐居于绵山。后来，晋文公亲自到绵山恭请介子推，介子推不愿为官，躲避在

春秋 青铜钟 高 38.3 厘米

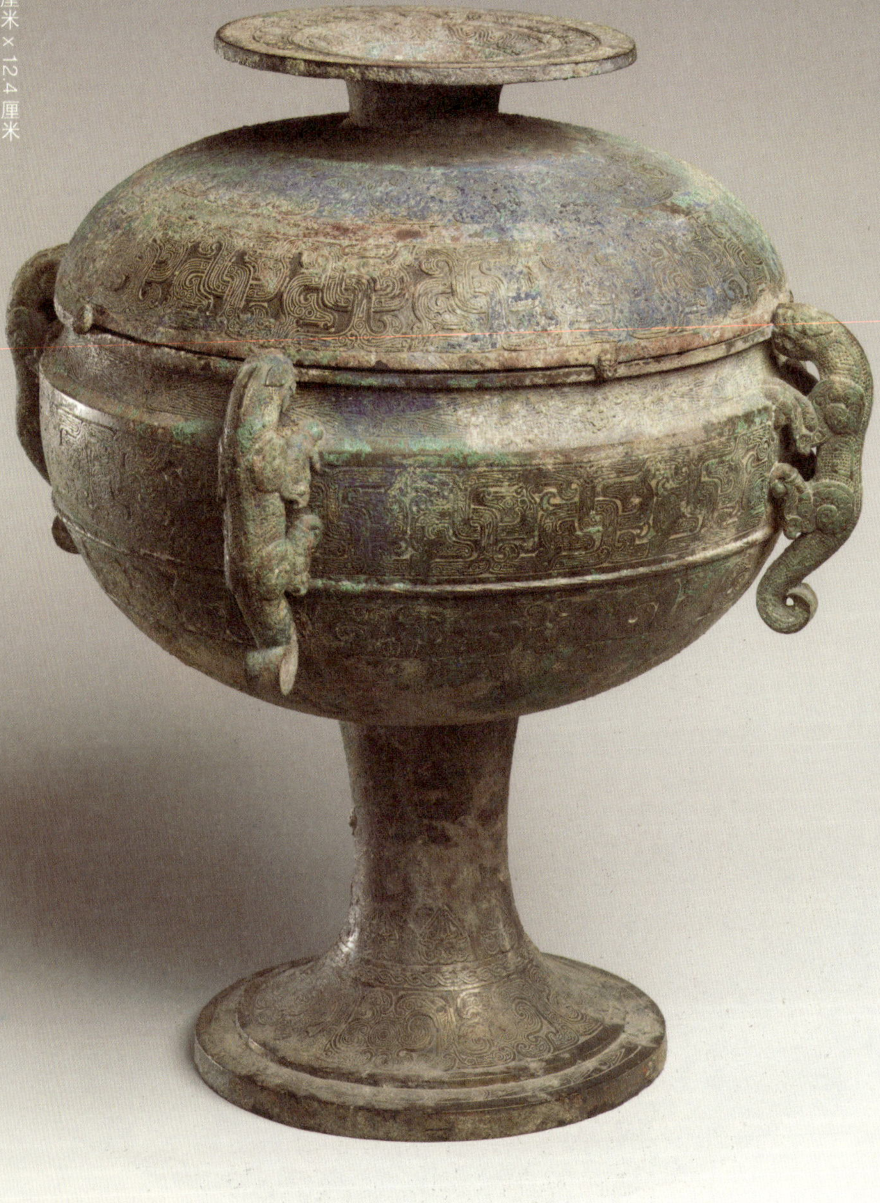

春秋　青铜豆　26.7厘米×12.4厘米

春秋中期　吐舌夔纹方甗　高 42.5 厘米

山里，晋文公手下放火焚山，原意是想逼介子推露面，结果，介子推抱着母亲被烧死在一棵大柳树下。为了纪念这位忠臣义士，晋文公下令：介子推死难之日不生火做饭，要吃冷食，并把这一天称为寒食节。

之后，重耳逃往齐国。

重耳在齐国的艳遇

齐桓公待重耳一行甚厚，使他们得到了很好的补给，可心里也有一些猜忌。在与重耳的交往中，意识到重耳这个落魄公子的举止之中，气魄宏伟；谈吐之间，志在天下。而重耳身边的随从皆世之豪杰、将相之才。齐桓公句句称好，却也默默惊讶，为自己的后人捏了把汗。

齐桓公以其宗女嫁给重耳，盼能捆住重耳，即便重耳最终复国，也可得晋之欢，以为助力。

齐女贤，且美丽娇艳，果然将重耳迷得团团转，在齐桓公的糖衣炮弹之下，重耳尽享驸马之贵，整日沉溺于声色犬马之中。这些年饱受苦难的重耳，只知自己为公婿重耳，忘记自己本为晋重耳。

公元前 643 年，齐桓公病逝，齐国衰落，借助齐国的力量帮助重耳复国已不实际。重耳享受着优厚的待遇，他不愿再去流浪奔波。狐偃、赵衰等人多次提醒重耳，重耳不从。

狐偃、赵衰等人密谋，恰有一侍女窃听，报与宗女。宗女杀死侍女，与狐、赵合计，将重耳灌醉，然后拖上马车，快马出城，离开临淄。

等重耳一觉醒来，为时已晚。重耳气得操戈要杀狐偃："如果不能复国，我就吃你的肉！"狐偃边逃边半开玩笑："如果复国失败，我死在荒野，也是被狼吃。若你能复国，晋国的肉都是你的，我的肉不好吃！"

重耳放下了手中的戈矛，只能硬着头皮上路。

重返逃亡之路

于是，重耳又重新踏上了流亡之路。

下一站便是曹国。可是这曹国和卫国一样，根本不愿理睬这位不起眼的老人。于是他们又辗转来到了宋国。这个时候，"仁义之师"宋襄公刚被楚国大败，根本就没有能力再管别国的事情。

经过了楚国之后，重耳一行来到了秦国。这个时候，晋国已经是晋怀公当政了。据记载，晋怀公当年曾在秦国做人质，秦穆公对他非常好，还把自己的女儿怀嬴嫁给他。可是这位人质却非常不安分，后来，竟然背着秦穆公，丢下了自己的妻子逃回了晋国。秦穆公非常愤怒，一直怀恨在心。于是，当重耳流亡到秦国的时候，秦穆公决定帮助他重夺王位，并将怀嬴也嫁给了他。

有了秦穆公的支持，重耳的胆子大了起来。公元前636年，重耳找准时机，在秦国的帮助下重新回到了晋国，登上了王位，成为后来的晋文公。

晋文公登上王位之后，励精图治。先是整顿国内政治，发展农业生产，安定人心。之后，又重点抓农业生产，号召改进工具，奖励垦殖。与此同时，晋文公还降低税收，积极争取邻商入晋，互通有无，晋国的经济获得了很大的发展。

同时，晋文公"赋职任功"，对"从亡者及功臣"封邑尊爵，大量起用晋惠公、怀公时代受到迫害的旧贵族，并笼络新贵族，使统治集团和谐相处。不仅如此，晋国更致力于精兵强民。晋文公认为，晋惠公时代招募州兵及开垦私田有利于国家的发展，就将这一制度保留。这些都成为晋国在文公回国后仅仅两三年就得到发展进步的重要原因。

晋国强盛起来，多年流亡之后，晋文公终于成了春秋时期又一位霸主，这样的经历充满了传奇色彩。

及宋襄公贈之以馬二十乘

及楚楚子饗之以晉公子若反晉國則何以報不
穀對曰子女玉帛則君有之羽毛齒革則君地
生焉其波及晉國者君之餘也其何以報君曰
雖然何以報我對曰若以君之靈得反晉國
楚治兵遇扵中原其辟君三舍若不獲命其左
執鞭弭右屬橐鞬以與君周旋子玉請殺之楚
子曰晉公子廣而儉文而有禮其從者肅而寬
忠而能力晉侯無親外內惡之吾聞姬姓唐叔
之後其後衰者也其晉侯乎天將興之
誰能廢之違天必有大咎乃送諸秦

及河子犯以璧授公子曰臣負羈絏從君巡扵
天下臣之罪甚多矣臣猶知之而況君乎請由
此亡公子曰所不與舅氏同心者有如白水投
其璧扵河

宋　李唐绘《晋文公复国图》

田氏代齐：逃亡贵族终取人国的奥秘

在古代，民间有着这样的俗语：皇帝轮流做，明年到我家。虽然在当时看来是句大逆不道的话，却也有着一定的革命性。由平民起义登上宝座的，我们大都很熟悉。还有一些臣子取代皇帝的例子，比如著名的田氏代齐，就让人感到不可思议。他们是怎么做到的？究竟使用了哪些不为人知的手段？

田氏的奋斗

春秋末年，齐国吕氏政权被田氏所取代。从此，齐国的主人由姜姓吕氏演化为妫姓田氏，史称"田氏代齐"。田氏取代吕氏，可想而知，是长期演变的结果。在这些行动中，有斗智斗勇，也有兵戎相见，并且时而隐蔽，时而公开。

齐国曾是春秋五霸之一，也是战国七雄之一。齐国能和秦国对峙到最后，经久不衰，必然实力超群。田氏能在齐国得宠，也有其深远的历史渊源。早在春秋初年，陈国发生了内乱，陈国的公子完逃奔到齐国，此为田氏在齐国出现的最早记载。

从田完到其第五世孙田桓子，田氏一直积极地站在国君这边，在反对齐惠公的后代——栾氏、高氏的斗争中，田氏也站在国君这一边。这逐渐使田氏在齐国站稳了脚跟，而且，田氏的政治、经济势力也越来越强大。

除了正确选择靠山之外，田氏还注重笼络人心。

齐景公在位多年，生活淫靡，内政腐败，滥用刑罚，经常施以刖刑，极为残暴。但这种情形正为田氏收笼人心、发展势力提供了良好的条件。田桓子用大斗出、小斗进的手段笼络人心。齐国原有的量具分两种进制，田桓子自己改

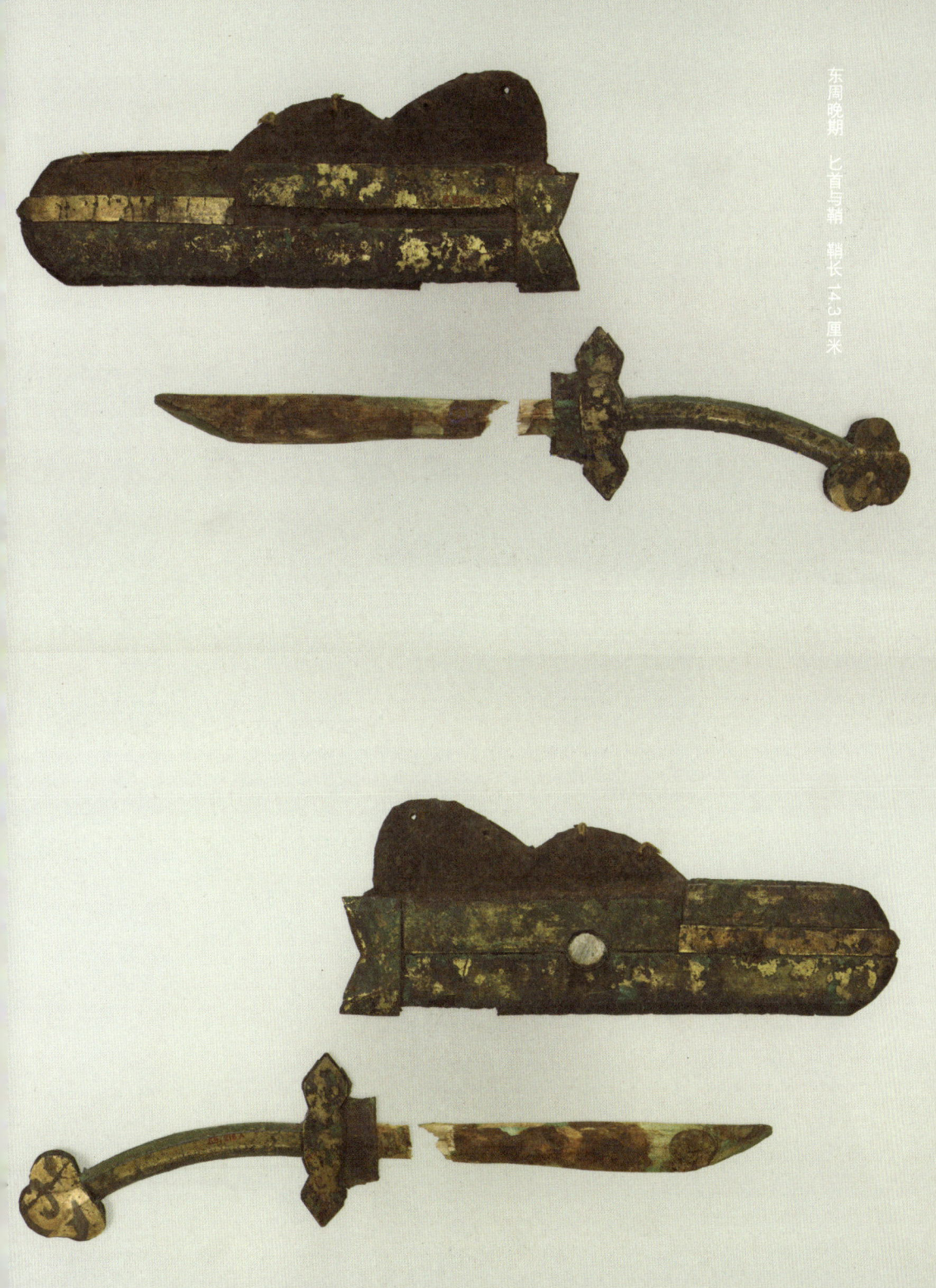

东周晚期　匕首与鞘　鞘长 14.3 厘米

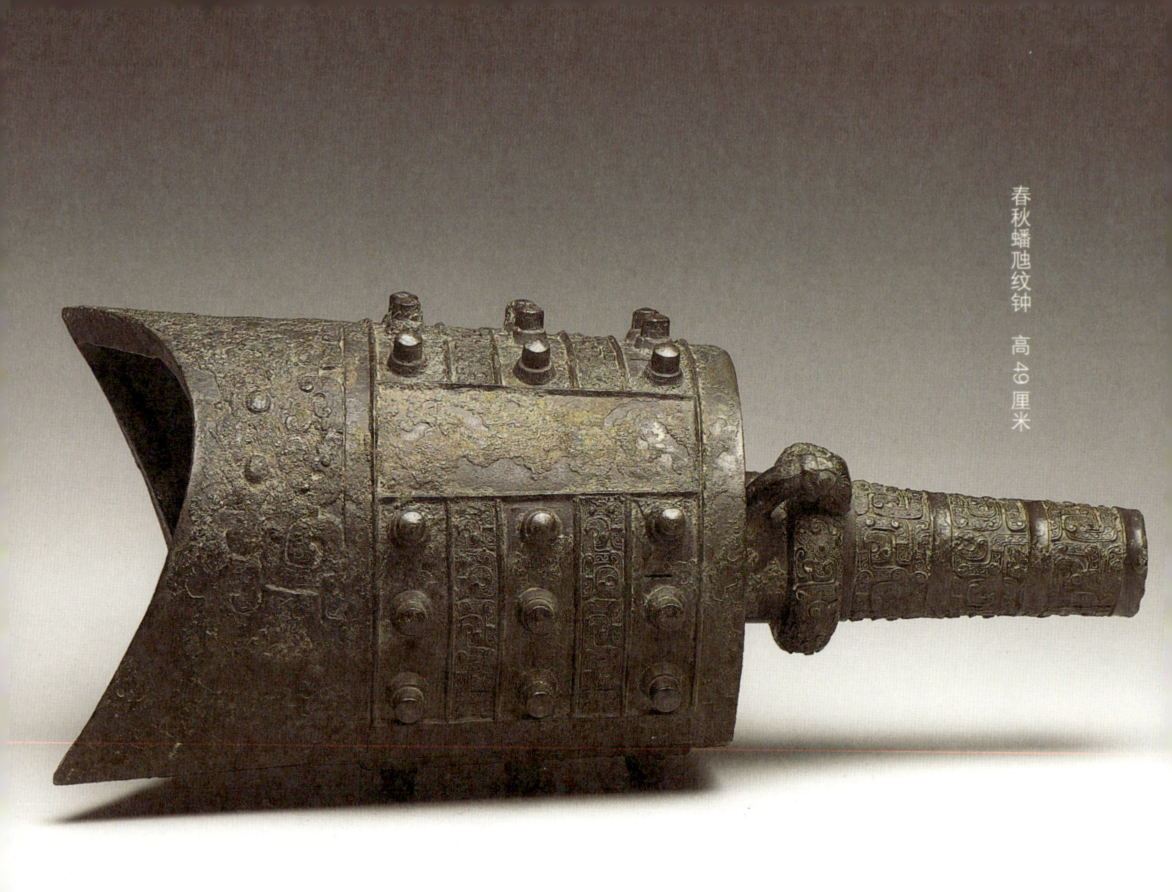

春秋蟠虺纹钟　高 49 厘米

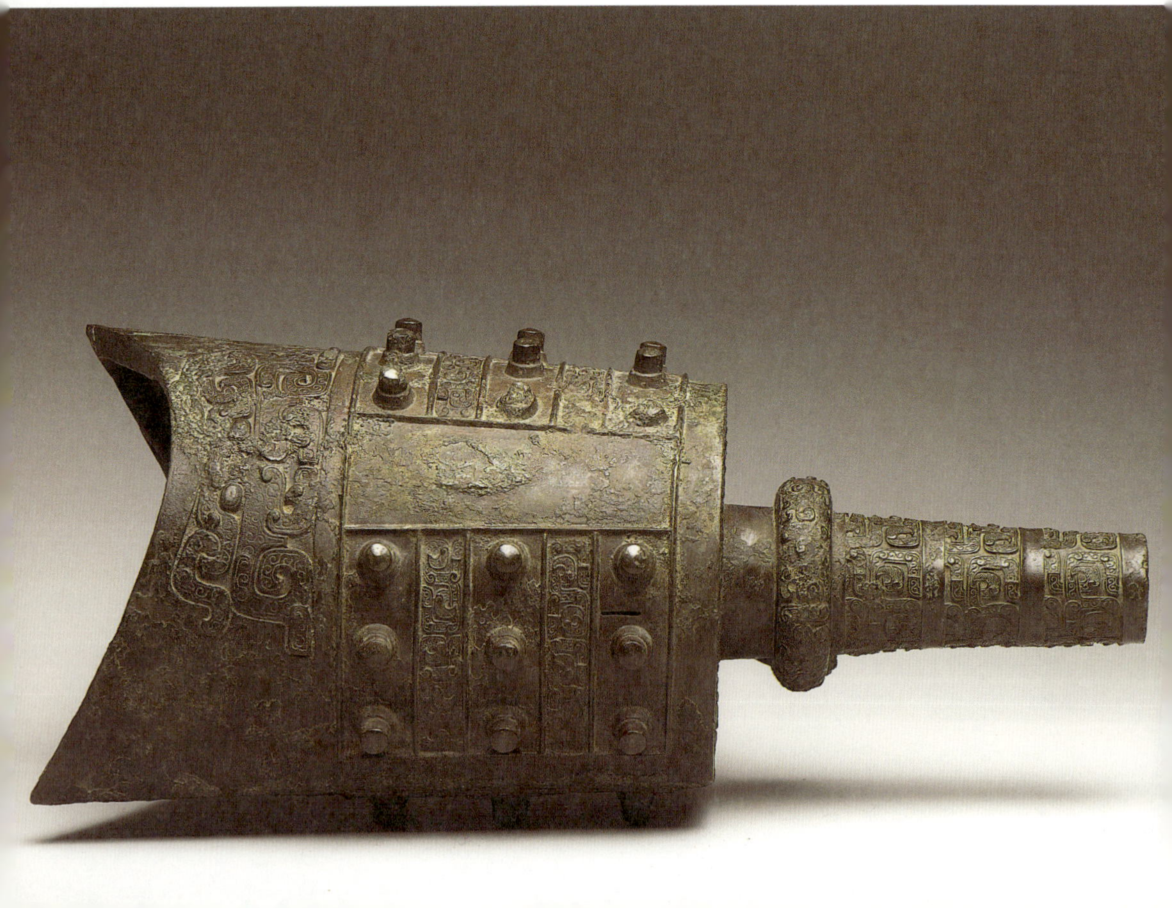

用了统一的进制量具，比公家的量制明显增大。在往外借粮时，田桓子使用自己的家量，往里收回粮食时使用公量，虽然自己吃了亏，却赢得了齐国普通老百姓的好评。据说当时齐国民众大量归往田氏门下，"归之如流水"，而田氏则把这些人藏起来，并不上报户数，称之为"隐民"。

鸠占鹊巢之争

在取得绝对政治、军事优势之前，田氏经历了两次大的政治斗争。

第一次政治斗争发生在公元前489年夏天。齐景公在临死之前，托付高张、国夏二人辅佐太子荼，两人因此成为手握大权的托孤大臣。此时，田乞若要夺得齐国政权，便必须除掉这两人。

田乞很有耐心，他表面上对两人十分恭顺，实际上时时刻刻注意他们的动向，收集他们犯错的证据，并不时地向卿大夫们传播，笼络朝中的人心。后来，高张、国夏两人似乎察觉到了什么，想要密谋除掉田乞。田乞得到消息，马上鼓动卿大夫，率领自己的私兵一起攻进了皇宫，准备挟持齐国国君。

高张、国夏闻讯，立刻带兵前来护驾。在街上，双方兵马正面交锋，由于田乞深得民心，很容易就把对方打败了。这样，齐国国君轻而易举就成了田乞

东周 青铜炊具 高 17.8 厘米 直径 27.9 厘米

手里的傀儡。

第二次政治斗争发生在公元前 481 年。适逢齐简公在位，对阚止宠信有加，任命他与田乞的儿子田常分别为左、右相。事实上，阚止此时处处得到齐简公的支持，明显处于上风。田常看到二人不能共处，就密谋除掉阚止。

田氏家族先派族人田豹做了阚止的家臣，得到了他的信任，窃取了阚止想除掉田氏的消息。然后，族人田逆等人抢先一步，劫持了齐简公。阚止失去了齐简公的支持，又因不得人心，便无计可施，只得仓皇逃走。但他逃跑时不慎迷了路，进入田氏的封地，被当地人捉住杀死了。

后来，齐简公逃到了舒州，不久也被田常抓住杀死。田常立简公的弟弟骜为国君，为齐平公，自己做了国相，掌握了齐国的实权。到公元前 476 年，齐国的政权已完全掌握在田氏的手里了。田常死后，其子襄子盘代立。襄子颇有才略，又将田氏的势力进一步扩大，田氏代姜氏，已势在必行。

公元前 392 年，田襄子的孙子田和，干脆把名义上的齐康公迁到海边，自立为齐国的国君。八年以后，齐康公死于海岛，从此姜齐绝脉。

在田氏掌握了朝政之后，曾对齐国历来的权臣大族鲍氏、晏氏、监氏及公族进行了一次大清洗，杀掉了其中将来有可能争权的人物，消除了潜在的威胁，并大封田氏，把齐国要职大多交给田氏把持。田氏齐国也就稳如泰山了。

东周　玉饕餮　2.1厘米 x 1.4厘米

公元前 386 年，周安王仿照当初"三晋"的例子，正式封田和为齐侯，即田太公。田氏在齐国的发迹，《左传》曾有"五世其昌""八世之后，莫之与京"的卦辞。从公子完逃到齐国，到田桓子娶齐侯之女为妻，奠定田氏在齐国的地位，恰好五代；至田襄子成为实际上的国君，恰好是八代。只是，这卦辞的"应验"，很可能是后人根据历史事实编造出来的。

得民心者得天下

纵观田氏代齐这一历史事件，确实有沧桑之感。"得民心者得天下"这句话的意义非同一般。齐国的田氏煞费苦心地在百姓中树立威望，自不必多说，八代奋斗的历史更值得称道。

田氏以逃亡贵族的身份，最终夺取了他人的国家，这在中国历史上是绝无仅有的。这也与田氏实行的一些策略紧密相关。

对待姜氏贵族，田氏很有策略。起初因为田氏的力量薄弱，就采取拉拢和分化并行的方法，从根本上瓦解他们。待田氏的力量强大之后，就干脆利落地加以消灭。在表面上，田氏始终表现得恭顺柔和，借此取得姜氏贵族的信任，实际上又巧妙地寻找间隙，制造矛盾，挑起姜氏贵族之间争端，进而坐收渔人之利。

在对待百姓的策略上，田氏的特点尤显突出。他们数代人苦心经营，坚持不懈地收服人心，这是他们立足于不败之地的重要保证。田氏之所以能够稳扎稳打，步步高升，其根本原因就在于他们取得了齐国民众的支持。从上文也可以看出，这种支持不仅表现在舆论上，在兵戎相见时，也发挥了极大的作用。

以臣代君这样的行为，说是阴谋也好，篡权也罢，总之，历史讲究成王败寇，即使是篡权夺位，若是符合民意也就成了改革。庄子就曾说："窃钩者诛，窃国者侯。"田氏代齐之举，被载入史册，自是有其高明之处，正应了那句古话："得民心者得天下。"

千年争议：名将吴起葬身乱箭有何隐情

战国时期的名将吴起，是名副其实的军事奇才。他一生历仕鲁、魏、楚三国，均建奇功。但是，军事才干如此受推崇的吴起，他的道德上却备受公众的质疑，以至于不得善终。论及其死状凄凉，更令今人唏嘘不已。一代名将吴起，为何会葬身乱箭，死后又被残酷地车裂，这背后有着怎样的隐情呢？

名将引发的道德争议

古往今来，史书论及春秋战国时的兵家，通常会将孙武和吴起并列。吴起出仕三国，功勋卓著，且留下用兵治国的《吴子》启迪历代兵家。军事才干如此受推崇的吴起，道德上却备受公众的质疑，光辉与阴影，都集中到这个引发千年争议的名将身上。在今天，他的经历同样能引发人们去思考如何处理功利追求与道德底线的关系。

在群雄争霸的战国初期，吴起出生于备受强邻欺凌的弱邦卫国。在他年少时，家境由富庶走向败落，这种环境造成了他求胜心强，热衷于取得功名，却又褊狭易狂的心理。据史籍记载，吴起为出仕送礼而耗尽家财，结果，他一官未得，反受同乡讥笑。他由此狂怒，竟杀死非议自己的30多个邻居后逃往鲁国，临行前声言不做卿相不还家。

此后，吴起求学于儒家大师曾子，却因母亲去世时不回家吊丧，被注重孝道的老师逐出师门。于是，求官若渴的他便横下一条心在鲁国从军，悉心攻读兵法，并在齐军来攻伐时拜见鲁君献策请缨。鲁国国君见他岳父家是齐国名门，不愿重用他，吴起便斩下妻子的头，换来鲁国国君封他为将统军，这件事情是他一生的污点，由此留下了千古骂名。

吴起

吮卒病疽

选自《历代画像传》。图中描绘的是吴起的故事。吴起担任将领期间，跟最下等的士兵穿一样的衣服，吃一样的伙食，睡觉不铺垫褥，行军不乘车骑马，亲自背负捆扎好的粮食和士兵们同甘共苦。有个士兵生了恶性毒疮，吴起替他吸吮脓液。这个士兵的母亲听说后放声大哭。有人说："你儿子是个无名小卒，将军亲自替他吸吮脓液，你怎么还哭呢？"那位母亲回答说："当年吴将军替我丈夫吸吮毒疮，他在战场上勇往直前，最终死在敌人手里。如今吴将军又替我儿子吸吮毒疮，我不知道他会死在什么地方，因此我才哭啊。"

战国时期　存储食物的陶罐　高 18.4 厘米　直径 25.4 厘米

光辉与阴影

吴起也确实是个军事天才，弱小的鲁军经他训练统领，竟一战便击败在春秋战国时素称强大的齐军。不过作为孔子同乡的鲁人不齿吴起之德行，擢升他的鲁国国君看到此人如此心狠手辣也深感惊悸，不久便把他辞退。吴起转投魏国，被正准备变法求强的魏文侯起用。

吴起在魏国二十六年，据记载，他"曾与诸侯大战七十六，全胜六十四"，同时又"辟土四面，拓地千里"。任魏国西河守将时，吴起一再以少量兵力击败庞大的秦军，使原本强大的秦国一度岌岌可危，魏国更一度成为各国中的领头羊。

魏文侯死后，魏武侯即位。吴起不受信任，转而投奔楚国，被楚悼王任用为相。仅一年时间，便创造出了"南平百越；北并陈蔡，却三晋；西伐秦"的显赫成就。

吴起这个外来户，在异国的仕途堪称一步登天，再加上又提出种种变法措施，使楚国很多的贵族对他怀恨在心。所以，楚悼王一过世，楚国的贵族便立刻命令弓箭手围住前去祭拜的吴起，急不可耐地想置他于死地。

在这样的情况下，作为大将的吴起急中生智，趴在了神圣不可侵犯的故王遗体上，希望弓箭手能放过他。但没想到，乱箭还是毫不迟疑地纷纷射来。吴起身中数箭，倒地而亡。

楚肃王继位后，严格按照楚国的律例"以兵器触及王身者，夷三族"，他挨个追查当初箭射楚悼王尸体者，一共找到了70余家，全部满门抄斩。吴起这一死法，也算是为自己报了仇，拉上了好多垫背的。

在列国争霸时，吴起每到一地都能强军兴邦，确有过人之才。他的著述除《吴子》外大多散佚，却仍留下"内修文德，外治武备"的谋国强军之道。吴起还认为"争名""争利""积恶""内乱"是引发兵祸之源，虽只论及肤浅表面，仍可谓是在世界军事史上最早探索战争社会根源的言论。

而另一方面，吴起所到之处均引发非议并且他最终还是被谋害，固然是因变法得罪了当地的既得利益集团，其个人道德缺失的因素也不容忽视。

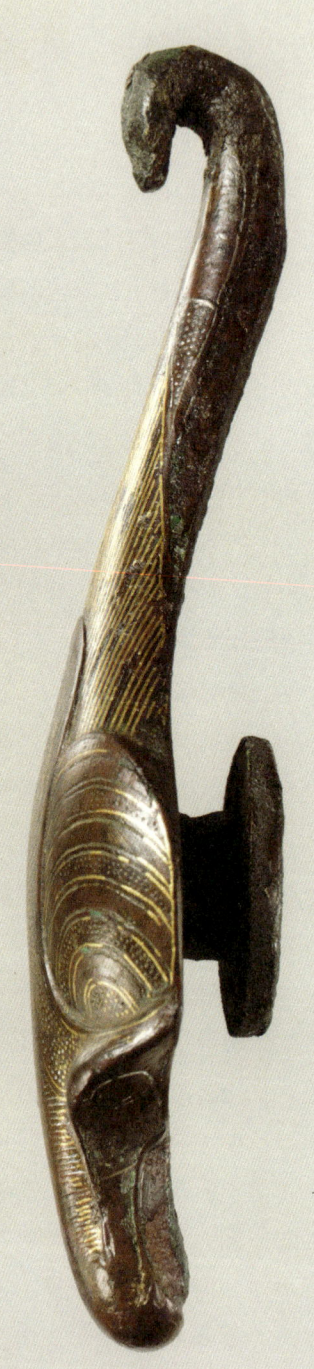

战国 青铜带钩 10.5 厘米 × 4.1 厘米

战国　青铜神兽　17.9厘米×18.4厘米

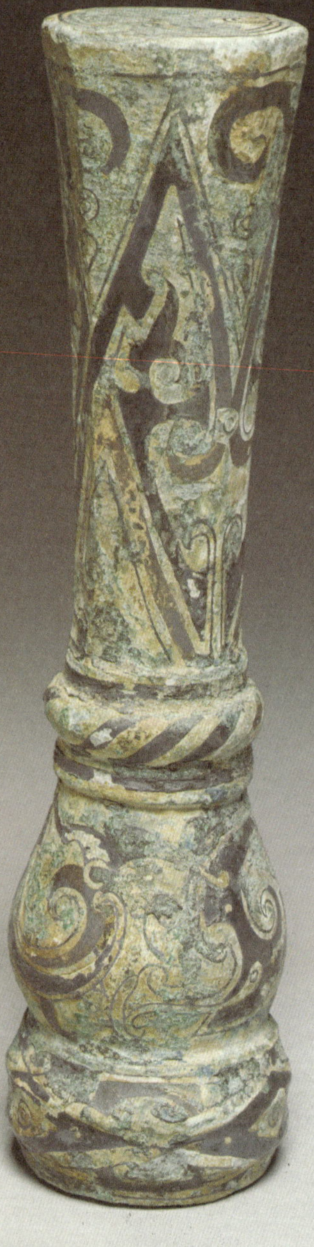

东周战国时期　战车配件　长 14 厘米

据记载，吴起为将时曾"亲裹赢粮，与士卒分劳苦。卒有病疽者，起为吮之"，不过，此类举动是笼络下属的手段，可见吴起为达目的不择手段的极深城府。据说，当时被"吮疽"士兵的母亲，知道此事后，忍不住大哭起来。这一举动有可能是感激，更有可能是悲哀，因为这位母亲认为儿子受此拉拢极有可能会断送掉自己的性命。

吴起之死的历史评价

若将吴起与战国时的孙武相比，在著述方面，孙武胜于吴起，若论武功，则是吴起胜于孙武。但后人往往尊孙武而轻吴起，正是因为德重于才的观念。纵观千年的统军征战经验，军界公认仁、信、智、勇、严齐备，方具大将之风。

古时虽有"谋大事者不拘小节"的说法，不过，身为统帅若想服众，仍需注重个人的素养和操守，才能成就名将之名。若只讲权谋而忽视道德，建功立业只是一时，从长远看必然会败坏军人武德，对社会产生负面作用。吴起在史册上留下令后人赞叹的武功，但他为争功名不择手段，应视为古代兵家遗产中的糟粕，理应抛弃。而吴起也因此种因得果，不得善终。

司马迁对吴起有这样的评论："能行之者未必能言，能言之者未必能行。""以刻暴少恩亡其躯。悲夫！"大意就是说，会说的未必能做，能做的未必会说。到了楚国，却因为刻薄寡恩而身死，真是一种悲哀。也许吴起并非不明白恩德的重要性，身为大将的他必然明白。问题是他年事已高，按照当时人的平均寿命，他估计活不了多久。所以，他急于追求功利。

吴起出过将，却不曾入过相。一个被功名利禄牢牢控制和驱使的奴隶，在命运的关键时刻，往往会使出全部的筹码，放手一搏。可结果无情，等待他的，是彻底的毁灭。

箭射刀砍之后，楚国的贵族们还不解恨，又对吴起的尸身施行了车裂之刑。吴起这一凄凉的下场，可以说是他这一生因果循环的结果。

屈原投江：爱国诗人"鬼节"投江为哪般

屈原是战国时期楚国人，是我国伟大的政治家和文学家。据说他因为受政治迫害，而被流放，在楚国灭亡之际，"屈原至于江滨，被发行吟泽畔……于是怀石遂自投汨罗以死"。但是屈原为何投江，为什么要选择溆浦作为他流放的栖身之地，为什么还选择在被称为鬼节和凶日的五月初五这天自杀呢？这一直让后人迷惑不解。

郁郁不得志的屈原

屈原投江的故事，在我国家喻户晓。古往今来的人们对屈原投江的原因，各有不同的看法。

第一种观点，也是流传最广的观点认为，屈原投江是因为痛恨朝政紊乱，世事昏浊。这种观点始于汉代。班固在《离骚赞序》中道："屈原痛君不明，信用群小……不忍浊世，自投汨罗。"刘向于《新序·节士》中道："屈原疾暗世乱俗，汶汶嘿嘿，以是为非，以清为浊，不忍见于世，将自投于渊。"而司马迁在《史记》中的《屈原列传》，也是持这种看法。

第二种观点是殉国说。此种说法盛行于清朝至今。宋代的朱熹在《离骚经序》云："不忍见其宗国将遂危亡，遂赴汨罗之渊自沉而死。"清王夫之在《楚辞·九章通释》中认为，屈原眼看郢都沦陷，楚国的国都已被秦国攻破，于是不忍国亡而投江殉国。

第三种观点是屈原尸谏说。王之江在《屈原之死刍论》中认为，楚国濒亡，但屈原已处在被流放之中，无力身谏楚王。屈原为让楚王醒悟，便采取尸谏之法，投汨罗江而死。

清　任熊绘《屈原像》　纨扇　22厘米×26厘米

　　第四种观点是屈原被楚王赐死而投江。持这一观点的人认为，在史籍中有许多自沉、自缢、自鸩、自刎者，名为"自杀"，实为诛杀、弑杀、刑杀。而且古代又有"刑不上大夫"之俗规，因此，"大臣有罪，皆自杀"，这就是"有赐死而亡戮辱"的"优刑"。屈原不仅曾任过三闾大夫，而且还任过仅次于令尹的左徒。屈原的流放，实际上是变相的死刑。他们还说司马迁的《史记·屈原列传》曰"流放""迁之"皆诛也。这些说辞其实是赐死的变相说法。

　　第五种观点是说屈原是被谋杀的。这些人认为，屈原是做了秘密爱情的牺牲品，他最眷爱和迷恋的"湘夫人"就是楚怀王的宠妃郑袖，他因与郑袖私通而遭流放。楚怀王之子顷襄王继位后，屈原的政敌要谋杀他。刺客在汨罗江上乘龙舟追杀屈原，屈原乘另一艘龙舟飞快逃跑，最后被刺客装入麻袋投入江中，并说此即为赛龙舟和包粽子之情形。对端午解释为："端"就是端正、澄清之意，"午"是"忤"的通假字，"端午"就是澄清谎言的意思。但此说都被认为是信口雌黄和故意哗众取宠的说法。

　　在湖北一带还有着这样的传说：相传屈原遭奸臣中伤后，被楚怀王流放到

战国 代钩 长 18.4 厘米

战国 青铜驭手

战国 鸟柱盆 23.3 厘米 × 18.3 厘米

沅湘荒蛮之地。楚怀王在秦国死后，楚顷襄王继位。当时的楚国已经十分腐败，秦军经常攻打楚国，占领了楚国不少地方，后来又攻破了楚国的国都郢都，并追杀楚顷襄王。楚顷襄王非常悔恨，认为当初不该亲秦，更不甘心楚国近800年的基业毁于自己手中，于是，他想到了被流放在汨罗江一带的屈原，就去找他商议救国大计。谁知道，秦军闻讯后紧紧追来。在这危急关头，屈原与楚顷襄王换了衣服，并且在秦军的视线下跳进了汨罗江。秦军看到"楚顷襄王"沉入江中，就停止了追杀，从而使楚顷襄王得以脱险。

自杀地之谜

至于屈原为什么离开楚国郢都，渡长江，过洞庭，溯沅水，不远千里来到现在的怀化市溆浦县，也引起了人们的众多猜测。有人说是因为流放，有人说是因为被放逐，还有人说他是在组织军队抗秦救国，甚至说他是为了寻找先祖的踪迹。

溆浦县屈原学会的会长禹经安认为，屈原没有在途经的"山皋""方林"等地停留，说明他的目的地是溆浦而不是其他这些地方。据考证，溆浦是战国到西汉年间的战略要地，这里生活着很多民族，文化经济发达。禹经安分析说屈原来这里是有目的的，他还认为屈原来溆浦是为了组织黔中军民"抗秦救国"和寻找先祖的踪迹，这两种说法都有一定的道理。也就是说屈原可能并不是被放逐到溆浦的，而是受楚王的派遣带着抗秦复郢的任务来溆浦的。这也是历史上所谓的"南人反秦"。也有人说屈原在溆浦生活了16年，溆浦是屈原文化的摇篮，所以，屈原最后在这里自杀。

鬼节投江

最后一个问题就是，农历五月初五是楚国的凶日和鬼节。屈原为何选择在鬼节投江自尽呢？有人认为屈原早在溆浦就已萌生了"忽乎吾将远行"的离世思想；在《离骚》中也两次说到要像原殷朝贤臣那样，因谏不成而投水自尽。此后在《思美人》《悲回风》中同样多次提到"彭咸"。因此，他就在这天投

賜梟羹

觀競渡

射粉團

繫采絲

養鸲鵒

清 徐扬绘《端阳故事图册》

图中描绘的是过端午节的情景。屈原在五月初五跳汨罗江自尽，后人便将端午节作为纪念屈原的节日。

079

汨罗江自杀了，选择这天只不过是"碰"上的。

也有人说屈原是为追随舜帝而在这天自杀的。因为屈原是一位浪漫的诗人，他对自己的出生时辰是否吉祥和富有的含义很看重，他曾称自己是太阳神的后裔。而舜帝正是楚国人信仰的太阳神，并且楚国人会在五月初五拜祭舜帝。屈原曾畅想他跟随舜帝畅游仙山，"与天地兮同寿，与日月兮齐光"。在生前不能实现这个愿望，就想在死后实现它。于是，屈原有意选择了拜祭舜帝的这天投江，希望可以与梦中的舜帝相聚一堂，去完成生前不能实现的政治愿望。

屈原投江以后，人们为了纪念这位伟大的爱国诗人，就把五月初五称为"端午节"，每年都来纪念他。也许，从屈原投江以后，一切的秘密都已经随他而去，后人的观点也不过都是揣测而已。

战国战神：李牧被杀之谜

李牧，战国时期赵国的将领，生平未打过一次败仗，是名副其实的战神。但这样一位半生征战、叱咤风云的大将，没有死在抵御外敌侵略的战场上，而是死在自己执掌帅印的中军帐内。他既不是死于敌国刺客的暗杀，也不是被自己的部下谋害，更不是寿终正寝无疾而终，难道他是自杀的？

一代战神

李牧是战国末年东方六国最杰出的将领之一，深得士兵和人民的爱戴，有着崇高的威望。在一系列的作战中，他屡次重创敌军而未尝败绩，显示了高超的军事指挥才能。尤其是破匈奴之战，是中国战争史上以步兵大兵团全歼骑兵大兵团的典型战例。

当时李牧驻守雁门郡，受命抵御匈奴军队。他每天都会宰杀几头牛犒赏士兵，教士兵练习射箭和骑马，小心看守烽火台，并多派侦察敌情的人员，对战士待遇优厚。但是，他却定规章说："匈奴人如果入侵，要赶快收拢人马退入营垒固守，有胆敢去捕捉敌人的，斩首。"他似乎并不积极作战。

匈奴每次入侵，烽火传来警报，赵军立即收拢人马退入营垒固守，不敢出战。就这样过了好几年，人马物资也没有什么损失。可是匈奴人却认为李牧是胆小之人，就连赵国守边的官兵也认为自己的主将胆小怯战。赵王责备李牧，李牧依然如故。赵王发怒，把他召回，派别人代他领兵。

此后一年多里，匈奴军队每次侵犯，赵军就出兵交战。出兵交战，则屡次失利，损失伤亡很多，使边境上无法耕田、放牧。赵王只好再请李牧出山。李牧闭门不出，坚持说自己身体有病。赵王就一再强使李牧出来，让他领军。李牧说："大

战国　青铜剑　长41厘米

战国　铜质弩机　12.5厘米 ×10.5厘米

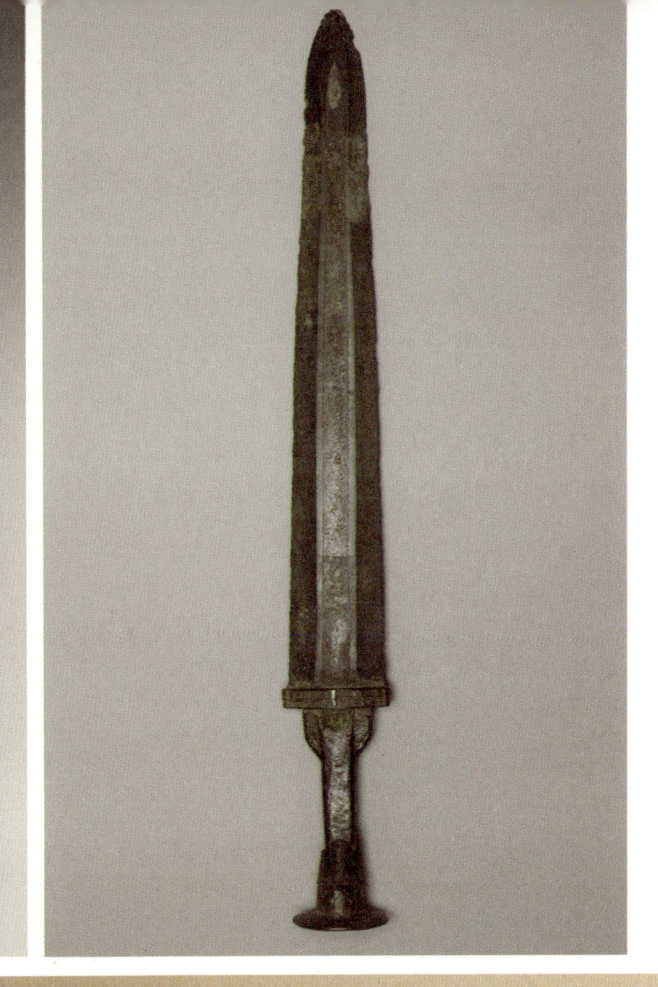

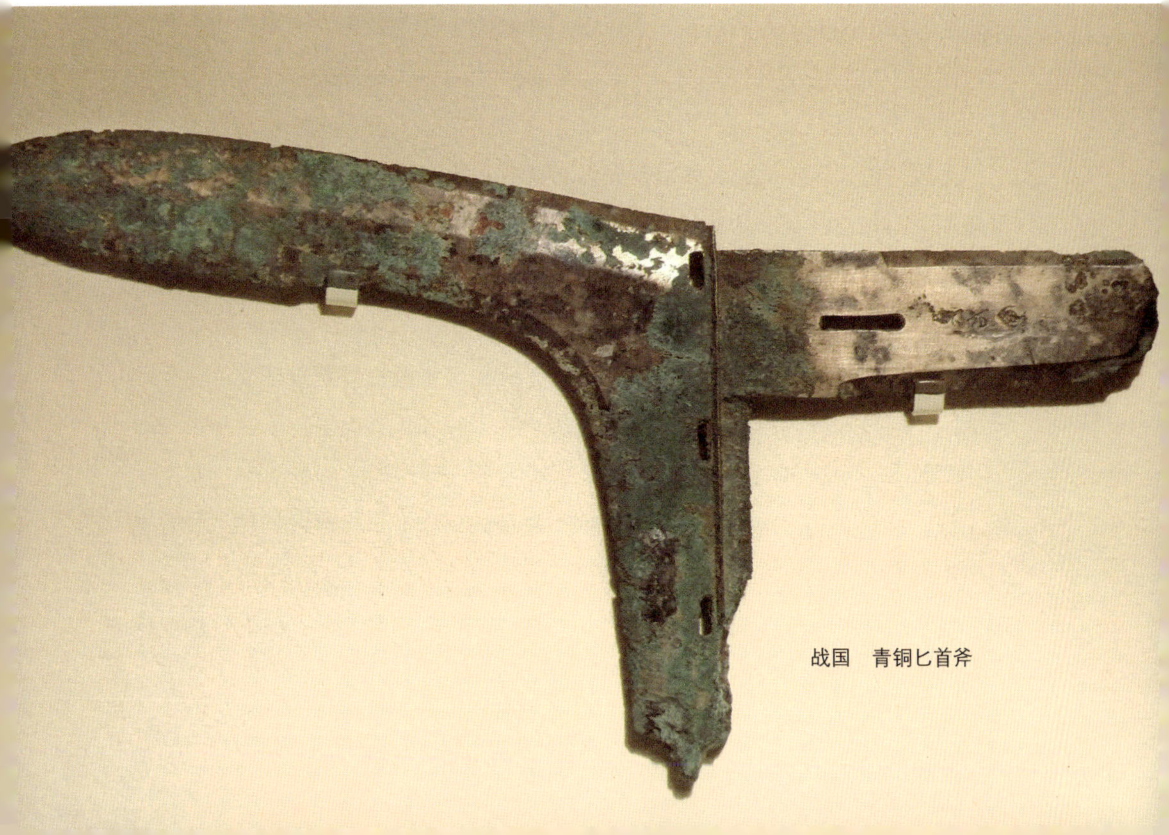

战国　青铜匕首斧

王一定要用我，我还是要像以前那样做，才敢奉命。"赵王答应了他的要求。

李牧来到赵国的边境，还按照原来的章程。匈奴好几年都一无所获，但又始终认为李牧胆怯。边境的官兵每天得到赏赐可是无用武之地，都愿意打一仗。于是李牧就准备了精选的战车 1300 辆，精选的战马 1.3 万匹，敢于冲锋陷阵的勇士 5 万人，善射的士兵 10 万人，全部组织起来训练作战。他同时拿出大批牲畜到处放牧，放牧的人民满山遍野。匈奴小股人马入侵，李牧就假装失败，故意把几千人丢弃给匈奴。匈奴单于听到这种情况，就率领大批军队入侵。李牧布下许多奇兵，从左右两翼包抄反击敌军，大败匈奴，杀死十多万人马。灭了襜褴，打败了东胡，收降了林胡，匈奴单于落荒而逃。此后十多年，匈奴军队不敢再接近赵国边境的城镇。

反间计的厉害

就是这样一位有勇有谋的良将，打了一辈子仗，杀敌无数。但要把他杀死，其实也没费什么劲。

公元前 229 年，赵国由于连年的战争，再加上北部代地地震，发生大面积饥荒，赵国的国力已相当虚弱。秦王嬴政乘机派大将王翦亲自率秦军主力出战攻打赵国。将领杨端和率河内兵卒，共领兵几十万进围赵国的都城邯郸。赵王任命李牧为大将军，司马尚为副将，倾全军之力抵抗入侵秦军。

王翦知道，李牧不除，秦军在战场上基本上没有胜算。于是，他禀告秦王，准备用老招数反间计。他们先是派奸细进入赵国都城邯郸，用重金收买了那个诬陷过廉颇的赵王迁近臣郭开，让郭开散布流言蜚语，说李牧和副将司马尚勾结秦军，准备背叛赵国。

昏庸的赵王迁一听到这些谣言立刻慌了神，来不及加以调查证实，便立即委派宗室赵葱和齐国投奔过来的颜聚，去取代李牧和司马尚。

李牧有一句著名的话："将在外，君命有所不受。"这样的思想这一次害惨了他。可想而知，重视独立行事权的李牧接到这道命令，为社稷和军民着想自然不会服从。赵王迁看到这样的情形，对于他的不忠更是深信不疑。于是，赵王迁早就已经布好了局，命李牧自杀。这位韬略在胸的大将，毅然决然地口衔宝剑撞柱而亡。

赵国国君赵迁的父亲赵偃在世时，就有中敌人反间计、听信小人谗言的先例，使赵国永远失去了起用廉颇的机会。把"有其父必有其子"这句话套用在赵国国君赵迁的身上，简直是毫厘不差。不得不说，反间计在昏君这里，真是一把杀人的利器。

幡然悔悟，为时晚矣

在李牧慷慨悲壮地吞剑自裁时，秦国大将王翦率领秦国的虎狼之师，已被李牧指挥的大军死死地挡在井陉关外一年有余。兵临邯郸城下的秦将杨端和，也因为李牧的存在，只能在邯郸城外望城兴叹，一筹莫展。

李牧死后，赵国上下包括黎民百姓都十分悲痛，而秦国的上上下下却都暗自欣喜。王翦和杨端和都十分得意，解决了一个大麻烦的他们，立刻挥师攻赵。

没有了李牧，秦军所向披靡，如入无人之境，仅仅三个月就踏平了赵国，攻克了赵国的都城邯郸城，将败家误国的赵王迁拉下了马。

李牧拼命苦苦支撑的赵国，就此毁于一旦，此后便退出了历史。所以，史书中一般认为，李牧在，赵国就在，李牧亡，赵国就走向了覆灭。李牧的作用，在赵国是无可取代的，他是名副其实的中流砥柱，却稀里糊涂地送了命。在此之后，赵国国君赵迁只能规规矩矩地把邯郸地图和价值连城的和氏璧高高举过头顶，跪在嬴政的脚下，彻底称臣了。后来，他被嬴政流放到了房陵，下场十分凄凉。不过赵国国君赵迁的羞耻之心未泯，据说，他整天在他的流放之地以泪洗面。这时的他，可能终于幡然悔悟，赵国没有了李牧的守卫，赵王迁的大好江山也就没有了，这句"使李牧在此，秦人岂得食吾邯郸之粟耶？"道尽了万般悔恨。然而，李牧得到如此下场，赵迁难辞其咎。他每天只能在异国他乡面对房陵的石室和流水，忏悔悲鸣："良臣淹没兮，社稷沦亡。余不听聪兮，敢怨秦王！"

此时，沦为亡国政治犯的赵迁，终于彻底醒悟了，亡国之事不能全怪秦王，只能怪自己的昏庸无道。但这世上没有卖后悔药的，没过多久，赵迁就因抑郁过度，一命归西了。

刺秦大业：荆轲刺秦王的故事背后不为人知的真相

古往今来，荆轲刺秦王的故事在我国广为流传，可谓妇孺皆知。但是人们对此事前因后果的了解，与历史事实的出入很大，甚至与历史真相正好相反。例如，荆轲刺秦王未果的原因，普遍认为是因为荆轲的剑术不精。那么，事实到底是怎样的？荆轲为什么会失败呢？

历史还原

诗人陶渊明在《咏荆轲》中写道："图穷事自至，豪主正怔营。惜哉剑术疏，奇功遂不成。其人虽已没，千载有馀情。"在陶渊明看来，行刺秦王的失败，是由于荆轲的剑术不精。不仅古人，直到现在，持这种观点的人也不在少数。

不仅如此，在当今的一些影视作品中，更是把荆轲刺秦王的故事刻画成了秦王先发制人，先刺了荆轲。但是，历史真相到底是怎样的呢？到底最后是谁杀死了荆轲？

我们必须撇开文学家的解读与影视作品的演绎，才能还原"荆轲刺秦王"的历史真相。在《史记》中，我们可以看到关于此事较为真实可信的记录。当时在场的夏无且，就是用药囊击打荆轲而救了秦王一命的那位御医，将此事告诉了司马迁的父亲司马谈，司马迁撰写《史记》的相关部分正是此事的第一手的材料。

根据司马迁的记载，当时的情况大概是这样：荆轲送地图和樊於期的头给秦王，图穷匕见。荆轲右手抓住匕首，左手抓住秦王的袖子，要刺杀秦王，但是在打斗中，秦王的衣袖破了，他摆脱荆轲转头就跑，但是因慌张拔不出身上的长剑。而由于秦王当时规定大臣不能携带兵器上咸阳宫，秦国的卫兵必须站

荆轲像

选自《历代画像传》，清光绪年间刊行。

在大殿之外，所以，此时秦王处于孤立无援的境地。

在危急时刻，站在旁边的秦国太医夏无且把随身的药囊砸向荆轲，正是这一举动救了秦王。缓过神来的秦王这才拔出了长长的宝剑。相对于荆轲手中的匕首，秦王的武器优势更明显。他连砍几剑，但此时荆轲还没有死。随后，大殿外的卫兵听到里面乱作一团，他们赶进来杀死了荆轲。

从事后秦王的论功行赏的角度看，秦王自己也认为杀死荆轲不是自己的功劳，而主要是夏无且的功劳。他赐夏无且"黄金二百溢"，还说："无且爱我，乃以药囊提荆轲也。"

荆轲其人

荆轲刺秦之所以失败，有很大的原因是源自武器实力的不对称。当秦王拔出自己的长剑时，仅手持匕首的荆轲就已经很难再接近秦王了。

显然，现场发生的一切仍不足以证明荆轲的剑术。我们不妨换一个角度考虑问题。当时秦国已经拿下了赵国，燕国成了秦国军队的下一个目标，岌岌可危。因为与秦国实力悬殊，只能棋行险招，燕国这时便谋划要刺杀秦王。但这一大

战国青铜剑

任由谁担当呢？

最早提出刺秦计划的是鞠武。在他看来，田光是刺客的最佳人选，而田光以自己年事已高、精力不足为由，又举荐了荆轲。因此，从逻辑上推理，荆轲不仅具有田光智深勇沉的特征，也年轻力壮。据传说，知道刺秦计划后，荆轲考虑了很长时间，回绝了燕太子丹，认为自己不能胜此大任，后经燕太子丹反复恳求才同意。由此可见，荆轲遇事深思熟虑，绝非后世想象的一个狂徒。

我们由此逻辑可以推出："智深而勇沉"的田光所推荐的荆轲，一定是在精神素质和剑术水准上能胜此大任的。既熟知秦王而又了解荆轲的樊将军，毫不犹豫地将报家仇的生命赌注押在了荆轲身上：为了让荆轲能够接近秦王，毫不犹豫地把自己的人头献了出来，这说明在这位秦国叛将看来，荆轲的武功远在秦王之上。燕太子丹也把复仇希望寄托在荆轲身上，说明在燕太子丹眼里，荆轲确实是天下武功最好的人。

刺秦未果之谜

既然荆轲如此出色，那么刺秦大业为何会失败呢？这其中的原因值得探究。应该说，荆轲刺秦王的失败，存在着一系列的必然和偶然，失败的必然因素是荆轲所带的副手，即秦舞阳，行刺当天被吓破了胆，竟然吓得瘫倒在秦廷上。

荆轲对劫持秦王的难度是做了充分估计的，万一秦王第一次逃脱，最大的可能是绕着秦廷的柱子跑，那么一个镇静的副手就可围追堵截，确保万无一失。不幸的是，后来荆轲被太子丹的不信任所激怒，更怕秦舞阳单独行刺坏事，没有等到自己选定的副手到来，就带着这位太子丹从民间选来的杀人犯，仓促上路了。这么看的话，太子丹不仅对这次刺秦

战国 青铜兽首盉 高 17 厘米

战国 青铜兽首匜 高 13.5 厘米

未果负有不可推卸的责任，也断送了"天下第一勇士"的性命。

　　另外两个导致刺秦失败的偶然因素，其一就是秦王穿的那件皇袍。谁也没料到，荆轲抓住秦王的袖子时，秦王大惊之下往后面一蹭，袖子就断了。要是秦王穿了件结实的皇袍，他就跑不掉了。这个细节，后人不太注意，可《东周列国志》里对此特地做了一番演绎：出了这件事后，秦王很郁闷，便让胡姬弹琴唱歌用以排遣，胡姬唱道："罗縠单衣兮可裂而绝，八尺屏风兮可超而越，鹿卢之剑兮可负而拔，嗟彼凶狡兮身亡国灭！"歌词第一句就提到那件衣服"可裂而绝"，救了秦王的命。另外一个重要的因素就是在文章起初提到的秦国太医夏无且的药囊，这是救秦王的重要工具。

　　综上所述，荆轲刺秦之所以会失败，有部分是源自武器的不对称，另外就是上文所列的不可忽视的几点原因。

荆轲刺秦

中国武氏祠汉画。1999 年，国家邮政部发行了"汉画像石－荆轲刺秦王"纪念邮票，票面上的图案就出自武氏祠汉画像石。

帝位象征：传国玉玺失踪之谜

传国玉玺，顾名思义，作为历代帝王相传之印玺，本是君权神授的象征，理应被妥善保存。但是，古时一枚珍贵的传国玉玺，却在流传 1000 多年后，神秘地失踪了。几千年来，有关它的传说无不充满着神秘的色彩。玉玺流落到了哪里？至今仍存疑团。

皇权神授的象征

传说，这块传国玉玺由"和氏之璧"雕琢而成。和氏璧的故事我们都熟悉，春秋时期，楚国人卞和在山中得到一块璞玉，献给楚厉王。楚厉王让玉工辨识，玉工鉴定为石头，楚厉王以欺君罪断卞和左足。后来楚武王即位，卞和又献玉，但仍以欺君罪再断右足。公元前 690 年，楚文王即位，卞和抱玉痛哭。文王派人问他，他说："吾非悲刖也，悲夫宝玉而题之以石，贞士而名之以诳。"楚文王让人把璞剖开，果然是宝玉，因称为和氏璧。楚威王时，相国昭阳灭越有功，楚威王将和氏璧赏赐给他。但是不久昭阳就将它丢失，有人怀疑是他的门人张仪偷走，拘留张仪审讯。张仪一气之下，离楚入魏，后来他到了秦国，后被拜为秦相。

后来，秦王嬴政破赵，得和氏璧。嬴政一统天下，称始皇帝，命李斯篆书"受命于天，既寿永昌"八字。

咸阳玉工孙寿将和氏璧磨平，雕琢为玺，刻字其上即为传国玉玺。

如今提到玉玺，我们自然会联想到王权。但是，玉玺在秦代以前是尊卑通用的，无论官印、私印都可以称为玺。汉朝蔡邕在《独断》道："玺者，印也；印者，信也。"直到秦始皇拥有此传国玉玺后，才下令只有皇帝的印信才能称为玺，玺也由此成为皇权和天命的象征。这块玉玺被尊为"传国玉玺"，作为皇权正统的信物，代代相传。

秦始皇死后，历朝历代的帝王如若得到这块玉玺，都会奉若珍宝，尊为国宝。这块玉玺对于君主来说非常重要，因为得到此玺象征受命于天，相应地，失去此玺便代表着王朝的气数已尽，这对于每个王朝来说，都是十分重要的。如果有皇帝登上宝座却没有此玉玺，就会被讥讽不够资格即位，难免底气不足而被世人看轻。正因如此，更使后世皇帝对这块传国玉玺志在必得，以致它频频易主。

玉玺流落的战国时代

传国玉玺作为国之重器，其命运注定不会平凡。秦王嬴政二十八年，秦始皇过洞庭湖口，这时风浪骤起，龙舟将倾，于是秦始皇将传国玉玺抛入湖中，祈神镇浪，传国玉玺就此第一次失踪。而八年后，华阴平舒道有人又将此传国玺奉上。从此，传国玉玺随江山易主不下数十次，阅尽沧海变迁，时移世异。

秦子婴元年冬，刘邦率军入咸阳至灞上，秦王子婴投降，奉上始皇玺。秦亡后刘邦即天子位，传国玺得归刘汉。因御服其玺，世世传受，被称为汉传国玺，又名汉传国宝。

西汉末年，王莽专权，当时皇帝孺子年仅两岁，传国玺置于长乐宫，由太后代为掌管。王莽篡位，建立新朝，派他的弟弟舜前去索要，太后大骂："我老已死，如尔兄弟，今族灭也！"于是，太后将传国玺摔在殿上，玉玺被摔碎一角，后来用黄金镶补。

王莽被杀后，玉玺为校尉公宾所得，此后辗转流落到汉更始帝刘玄手中。更始三年，赤眉军的势力大增，刘玄被赤眉军所掳，传国玺又落

清 乾隆碧玉「古稀天子之宝」玺
印面为篆书：「古稀天子之宝」。
四周印文为阴刻填金楷书「古稀说」。

不日勤廟壇則職能不萬天衰徵
心勤民之則以能自幾佑之即
存物祀兩待自兔未身謂禮所
苟之不暘六兔也形體茲八以
失養可之年則如智康逮十念
其不不時之亦至衰強八曰萬
一可躬不期不果不一十耄民
叢　親可何敢不可日幸老曲
　　　不　曠　　　　而
　　　常　　　　　　智

093

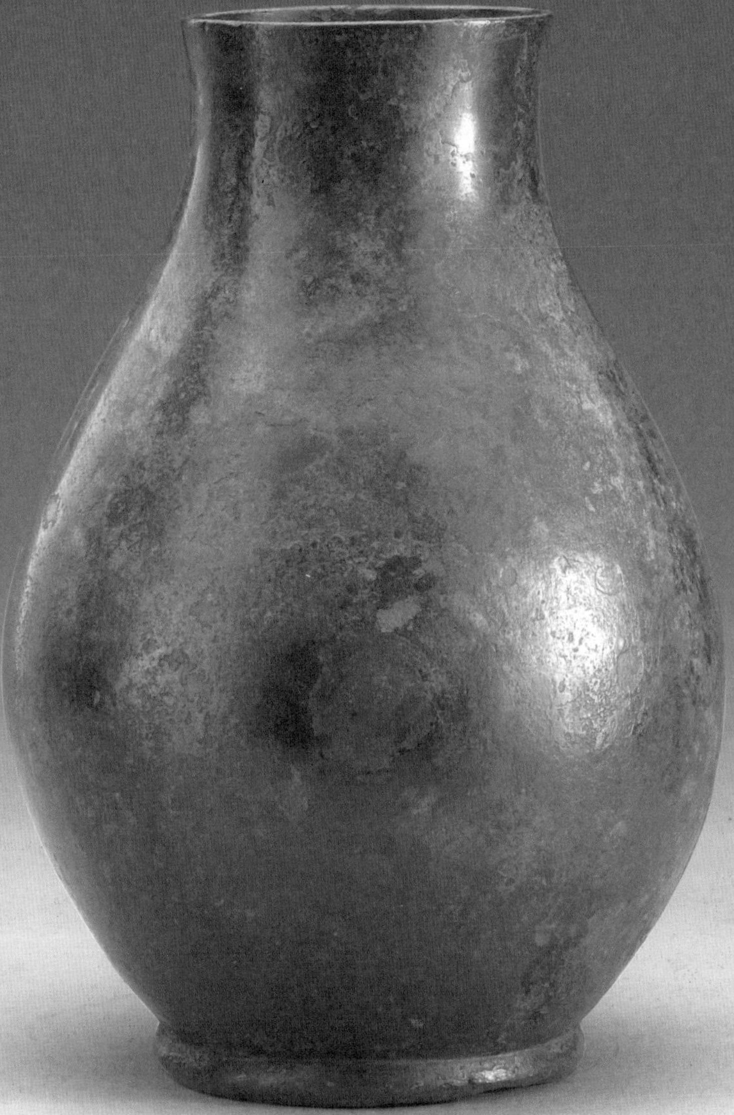

战国　青铜素壶

战国后期 青铜镶嵌银弩架 长21.8厘米

战国 碧玉龙形佩 最长15.6厘米

战国 玉带钩 长约4.1厘米

入赤眉军拥立为帝的刘盆子手中。后来，刘盆子兵败宜阳，只得将传国玉玺拱手让于东汉光武帝刘秀。

东汉末年，宦官专权酿成祸端，宫中大乱，汉少帝连夜逃出北宫避难。由于十分慌乱没有来得及带传国玉玺，待回宫后，传国玉玺已经下落不明。

东汉末年，董卓叛乱，天下英豪纷纷讨伐董卓，使洛阳城内一片混乱，董卓只得弃城逃往长安。孙坚当时率兵驻扎在洛阳城南的宫殿中。据传说，有一天孙坚发现宫殿外的一口井内闪着五彩的光，孙坚感觉奇怪，于是命令手下人下井查探情况。谁知却打捞出一具宫女的尸体，尸身的脖子上戴着一个锦囊，锦囊内装有一枚玉玺，上面刻有篆文八字：受命于天，既寿永昌。孙坚看到玉玺缺一小角，立刻便意识到这正是秦始皇的传国玉玺。孙坚狂喜，于是将此玉玺秘藏于妻子吴氏处。万万没想到，他手下的一个士兵与袁绍是同乡，得知此事后告知了袁绍。袁绍早有篡夺帝位之心，于是，他下令扣押了孙坚的妻子，逼迫孙坚交出了传国玉玺。袁氏兄弟兵败后，传国玉玺又辗转回到了汉献帝手中。

浮沉千年的玉玺

曹魏代汉，这块传国玉玺落入曹丕之手。曹丕使人在传国玉玺肩部刻下了"大魏受汉传国之玺"八个小字。随着局势的发展，传国玉玺又落入司马氏手中。此后，北方陷于五胡十六国分裂动荡的局面，传国玉玺几经辗转，又落入东晋征西将军谢尚之手。谢尚用三百精锐骑兵将它连夜送至首都建康，献给晋穆帝，传国玉玺又重归晋朝。

公元420年，刘裕废东晋恭帝自立为帝，史称刘宋；在南朝，传国玉玺历经了宋、齐、梁、陈的更迭。南朝梁武帝时，大将军侯景投降敌军，做了叛徒，抢走了传国玉玺。据传，侯景死后，他的部将侯子鉴将传国玉玺投入了一座寺院的井中，寺中的一位僧人将传国玉玺捞出保存。后来，这位僧人的弟子将传国玉玺献给了陈武帝。

据说杨坚建立隋朝之时，传国玉玺就在隋朝宫中。到了唐初，太宗李世民因无传国玉玺，于是刻数方"受命宝玺"置于宫中，由此可见传国玉玺对于君王的意义。公元 630 年，卫国公李靖率军讨伐突厥，得到了传国玉玺，才终于使此宝物归于唐朝。唐朝末年，天下大乱，群雄四起，传国玉玺也难逃厄运。后唐废帝被契丹击败，登楼自焚，传国玉玺也遭焚烧，下落不明。郭威建立后周后，遍寻传国玉玺不得，无奈镌"皇帝神宝"等印玺两方，一直传至北宋。

博物馆中的玉玺

后来到了北宋哲宗时，相传有一个农夫在耕田时发现了传国玉玺，之后送至朝廷。经 13 位大学士依据前朝记载多方鉴定，认定这就是秦始皇所制传国玉玺。但是，北宋朝廷中也有一部分有识之士对其真伪存有疑虑。宋靖康元年，金兵破汴梁，徽、钦二帝被掠走，传国玉玺也被金国掠走，随后便销声匿迹。

到元朝时，传国玉玺忽然出现于集市，玉玺从此归入元朝皇室。公元 1368 年，朱元璋在南京称帝，建立大明王朝，大元朝皇室上下逃往蒙古草原。明朝初，明太祖遣徐达入漠北，追击遁逃的蒙古朝廷，期望得到传国玉玺，最终还是空手而返。至此，经历了一千五百多年风风雨雨的传国玉玺就此湮没在漫漫的历史长河中。

明清两代，不时会有传国玉玺现身之言引起注意，但绝大部分都是仿造的赝品。

历经数千年风风雨雨，传国玉玺颠沛流离，数隐数现。自从五代时期传国玉玺失踪，后世的传国玉玺便真假难辨。那么，真正的传国玉玺到底在哪里呢？没有人知道。

第二章

秦汉：封建一统背后的疑团

身世之争：秦始皇究竟是否为皇室血脉

千古一帝的秦始皇身上谜团重重。首先是他的长相，究竟是身形猥琐还是高大英武，史学界曾就此展开过一番激烈争论；其次是他的性格，究竟是凶狠残暴还是雄才大略，史学界也众说纷纭。不过，随着考古探索的深入，前两大谜团都已逐渐解开，唯独关于他的身世之谜，至今仍是史学界两千年来的一大疑案。那么，秦始皇究竟是纯正的秦国皇室血脉，还是吕不韦的私生子呢？

千古一帝秦始皇

作为统一六国的中国第一位皇帝，秦始皇不仅是中国的千古一帝，在西方世界同样声名斐然。不同的是，在中国人眼中，秦始皇一直以一个暴君的形象存于历史，一提起他，人们总是想起"冷血""无情"等字眼，可是在西方人眼中，秦始皇堪称一代传奇，至于秦始皇的铁腕统治，他们不但不予诟病，反而为之冠以"中国的拿破仑"的美名。

说起秦始皇的身世，也真的堪称不凡。他 12 岁继承国君的王位；20 岁在故都雍城举行了成人加冠仪式正式亲政；38 岁便出兵击败了山东六国中最后一个诸侯国，完成统一中国的历史大业。从公元前 230 年到公元前 221 年，他在短短的 9 年内，便终结了战国时期长达几百年的诸侯混战之局面，接着又不失时机地制定和颁布了一系列有利于统一的法令和措施，逐步建立和完善了中国历史上第一个大一统的政权。这种气魄的确并非一般的帝王可比，难怪西方的史学家们会把秦始皇和法国的拿破仑相提并论。

然而，正像许多对中国历史进程产生过巨大影响的人物喜欢留下一些难以解开的谜团让后人去琢磨一样，秦始皇也给后世留下了许多难解之谜。或者，毫不夸张地说，秦始皇给后世留下的谜团，可能比历史上任何一个朝代的帝王都多。比如他的长相之谜、性格之谜、求仙之谜等。随着考古工作的不断深入，这些谜团大多已被历史学家们破解，不过，其中一个最让后人感兴趣，也最有悬念的身世之谜，却仍是两千年来中国最大的悬案之一，至今尚未被破解。

秦始皇与吕不韦的渊源

关于秦始皇是丞相吕不韦和赵姬私生子的说法已经在中国流传了两千多年，至今仍是困扰中国历史学家们的一大难题。关于秦始皇的身世，司马迁曾在《史记·吕不韦列传》中给过详细的交代：吕不韦是当时阳翟的一个大富商，搞贩卖发了财，迅速成为当时少数几个富可敌国的大商人之一。但是，在拥有了巨额的财富之后，吕不韦并不满足，他认为，要想永保子孙后代有享不尽的荣华富贵，只有在政治上有所作为方可做到，于是，他准备利用这些财富进行政治投资。

一次偶然的机会，他遇见了当时在赵国为质、很不得志的秦昭王的孙子嬴子楚。凭借着商人特有的直觉，吕不韦认为此人是一可居之奇货，于是将所有的赌注全部押在嬴子楚身上，企图借助他来实现自己心中的理想。嬴子楚本来对于王位继承之事已经彻底失去了信心，但是他在听到吕不韦的计划之后，又重新燃起希望，对吕不韦感激涕零，声称只要吕不韦帮助自己继承王位，必将拜吕为相。在得到嬴子楚的承诺之后，吕不韦出资千金，为其设计，并将自己原本已经怀有身孕的赵姬送与嬴子楚。

最后，在吕不韦的努力下，正为没有儿子而苦恼的华阳夫人终于同意收嬴子楚为义子，从而为嬴子楚继承王位铺平了道路。秦昭王死后，安国君即位，子楚被立为太子。一年后，做了几十年太子的安国君死了，子楚便顺理成章地继承了秦国的王位，史称庄襄王，也就是秦始皇的父亲。称王之后，庄襄王并没有忘记当初的诺言，真的拜吕不韦为相，封赵姬为王后。至此，吕不韦终于实现了心中的理想。

身世争论不断

由于司马迁的《史记》是一部历史影响深远的正统史书，所以，对于司马迁在史记中的这段记载，后人深信不疑。由此，民间便流传起了嬴政实为吕不韦之子的传奇式故事，说吕不韦先与一个能歌善舞的赵姬同居，在得知赵姬有身孕后，让赵姬去勾引子楚。不久子楚迷上赵姬，吕不韦便把赵姬献给子楚。赵姬足月生下嬴政，子楚遂立赵姬为夫人。子楚回国继承了王位，死后把王位传给嬴政。

此说不但在民间广为流传，甚至也对后世的史学家产生了许多影响，如班固在编著《汉书》的时候就接受了司马迁的这种说法，于是《汉书》竟称嬴政为吕政。

但是，尽管秦始皇为吕不韦私生子的说法被后人广为认同，但还是有不少史学家提出了异议。他们指出，同为重要的史料来源之一的《战国策》一向以喜采个人隐私著称，但是在这本书中竟然丝毫没有吕不韦献赵姬的相关记载，由此可见，极有可能在当时并没有这种传闻。

明代王世贞也在《读书后记》中怀疑《吕不韦列传》这段记载的真实性，他提出两条理由：一是吕不韦为使自己长保富贵，故意编造自己是秦始皇的父亲的故事；二是吕不韦的门客骂秦始皇是私生子以泄愤，而编造此说。郭沫若《十批判书》也怀疑吕不韦为秦王政生父之事，他指出三个疑点：第一，仅见《史记》而为《战国策》所不载，没有其他旁证；第二，和春申君与女环的故事如同一个刻板印出的文章，情节大同小异；第三，《吕不韦列传》又有"子楚夫人赵豪家女"之说，显然与上述故事自相矛盾。

总之，关于秦始皇是纯正的皇室血脉还是吕不韦的私生子这一问题，目前在史学界仍然争论不休，看来，秦始皇身世之谜要想得以彻底解开，还有待史学家们进一步地探寻和探索。

秦至汉　青铜曲颈蒜头壶　高 25.2 厘米

焚书坑儒

选自明版《帝鉴图说》。

104

秦始皇像

秦始皇

姓嬴名政始自俑皇乙卯即王位庚辰併天下稱皇帝

在位三十七年居至位二十五年即帝位十二年壽五十

敢死部队：兵马俑中的士兵为何一律不戴头盔

1974 年，秦始皇兵马俑在陕西省临潼县（今临潼区）得以重见天日，由于规模宏大、工艺绝伦，兵马俑被称为世界第八大奇迹。近日，一些考古专家提出了一些令人费解的问题，为什么兵马俑中的士兵没有一个人戴头盔？是什么原因使这些冲在战争第一线的士兵和将领不戴头盔？秦国能够统一六国，为什么连头盔都不给士兵配备？

一去不回的战场

根据考古学家在秦始皇兵马俑中的发现可知，当年秦国士兵在上战场时，一律不戴头盔，而是赤膊上阵，只戴着一顶小圆帽。这种小圆帽是一种麻布做的头巾，军官模样的戴着牛皮做的板状帽子。更多的士兵则把长发盘在头上，绾成一个发髻。但无论是士兵还是军官，秦军一律不戴头盔。这究竟是出于什么原因，是军费紧缺还是其他一些不为人知的秘密？

西北大学文化遗产学院教授、秦汉史专家徐卫民分析，秦兵不戴头盔上阵，这可能是源于秦国民族本身的尚武精神。他解释说，秦国本身就是个崇尚武力的民族，勇武是一个民族的精神。据《史记》记载：秦，带甲百万意思是有百万身披盔甲的军队，这里的甲也仅仅是指盔甲，而不包括头盔，不同的兵种穿的盔甲不同，基本上这些盔甲是皮质的，很简洁，这些都是为了显示出他们的尚武精神。

除了《史记》中的记述，秦国人的尚武精神从其他著作中也能感受到。韩非子是战国末期的大思想家，他在自己的著作中记录了初次接触秦国人的感受。他说，秦国人听说要打仗，就顿足赤膊、急不可待，根本就无所谓生死。

英勇作战的缘由

可是，即便是崇尚武功，他们也没必要非将自己置于险地啊！为什么不戴头盔更好地保护自己呢？关于这个疑问，徐教授进一步解释说，秦军不戴头盔还有另一个重要原因，是为了在战场上显示出英勇的气势，可以压倒敌人。而他们之所以作战如此英勇拼命，其主要的动力是军功可以加官晋爵。

当年商鞅两次变法，都有针对军队进行改革，其中最重要的两条就是："颁发法律，制定连坐法，轻罪用重刑；奖励军功，禁止私斗，颁布按军功赏赐的二十等级制度。"这些都规定了秦国的士兵在战场上必须英勇杀敌，而真正在战场上立了军功的士兵就可以加封爵位。

徐教授说，商鞅规定：秦国的士兵只要斩获敌人一个首级，就可以获得爵位一级、田宅一处和仆人数个。斩杀的首级越多，获得的爵位就越高。只要打仗打得好就可以授爵，一授爵就有一定的土地、房子，于是士兵的生活就跟打仗挂钩了。

这就是商鞅著名的军功授爵制度。如果一个士兵在战场上斩获两个敌人首级，那么他做囚犯的父母就可以立即成为自由人。如果他的妻子是奴隶，也可以因此转为平民。再加上在古代中国军功爵是可以传子的，如果父亲战死疆场，他的功劳可以记在儿子头上。可以说，只要一人获得军功，全家都能够受益。所以，这条奖赏规定对于重视家族传承的中国人来说真可谓是莫大的鼓励。难怪当时一个著名的说客会这样描述战场上的秦军：他们光头赤膊，奋勇向前，六国的军队和秦军相比，就像鸡蛋碰石头……他们左手提着人头，右胳膊下夹着俘虏，追杀自己的对手。原来秦军如此英勇作战的真正缘由并不是爱国尚武

的高尚品质，而是为了加官晋爵，仔细想来，不禁让人
扼腕唏嘘。

嗜杀成性的民族

据史书上记载，秦国直到统一六国的时候，共杀死
敌人约 160 万人。这个数字真是让人触目惊心，难道秦
军只是为了加官晋爵就变得如此泯灭人性？还是背后另
有缘由，让这个民族变得嗜杀成性？

据徐教授看来，秦国的崇尚武力，和秦国整个发展
过程密不可分。秦国原本是坐落在东海边的一个小国，
但是由于其他国家的挤压，被迫迁徙到西边。而中原国
家一直把秦人视为戎族，也就是当作少数民族对待，很
瞧不起他们，认为他们是个没有开化的民族。可以说，
秦国是在艰难的环境中求得生存和发展的。

除此之外，这还跟它的地理环境有关系。因为秦国
地处西边，靠游牧民族比较近，也可以说是在这些游牧
民族的包围中发展起来的，而游牧民族比较擅长在马上
射猎，这对秦国的影响比较大，耳濡目染就会形成这种
崇尚武力的民族精神。

不过尚武与嗜杀成性还是有所不同，可是从秦国的
起源和发展分析，这个民族之所以如此暴戾，与其受中
原文化影响不够有一定关系，再加上当时的时代背景和
秦国的统治思想，所以才会渐渐变成一个嗜杀成性的民
族。

秦始皇陵兵马俑

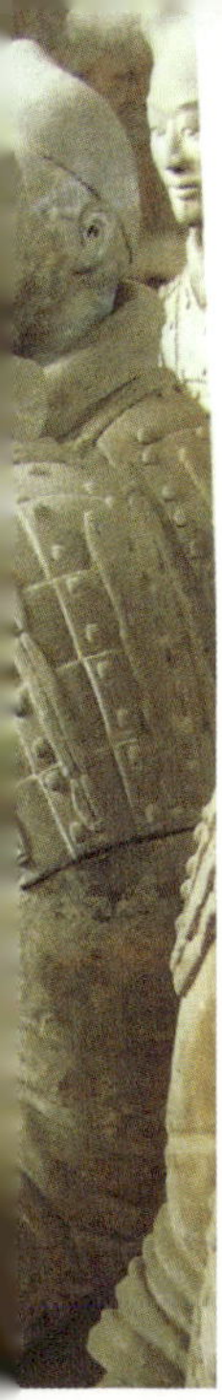
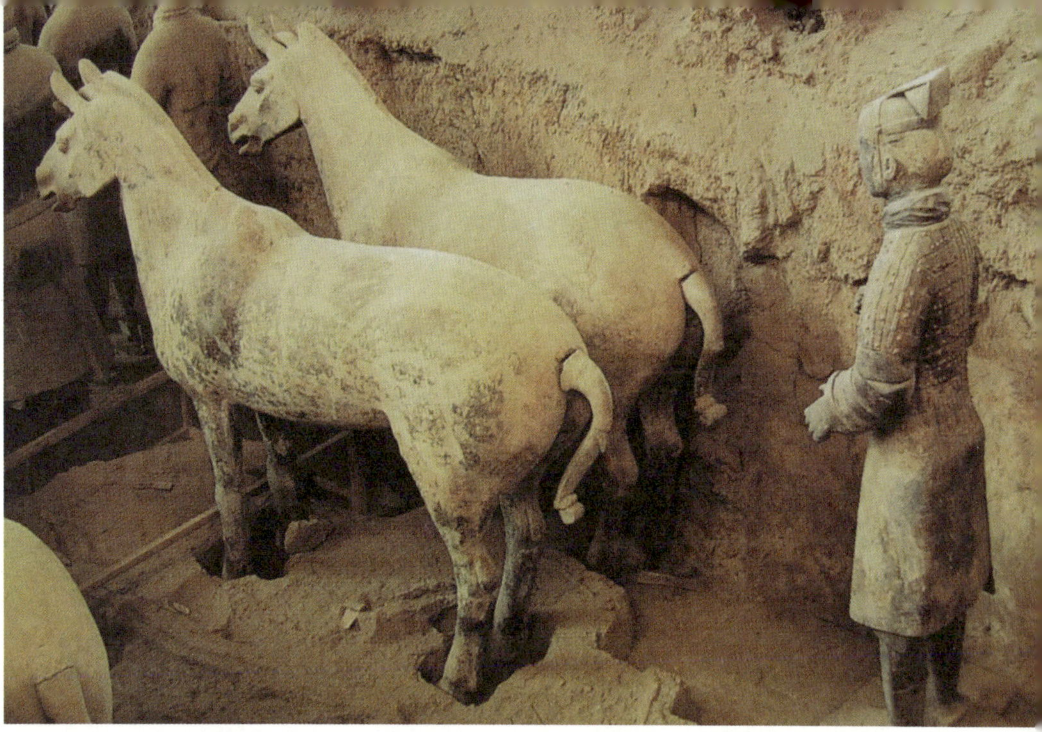
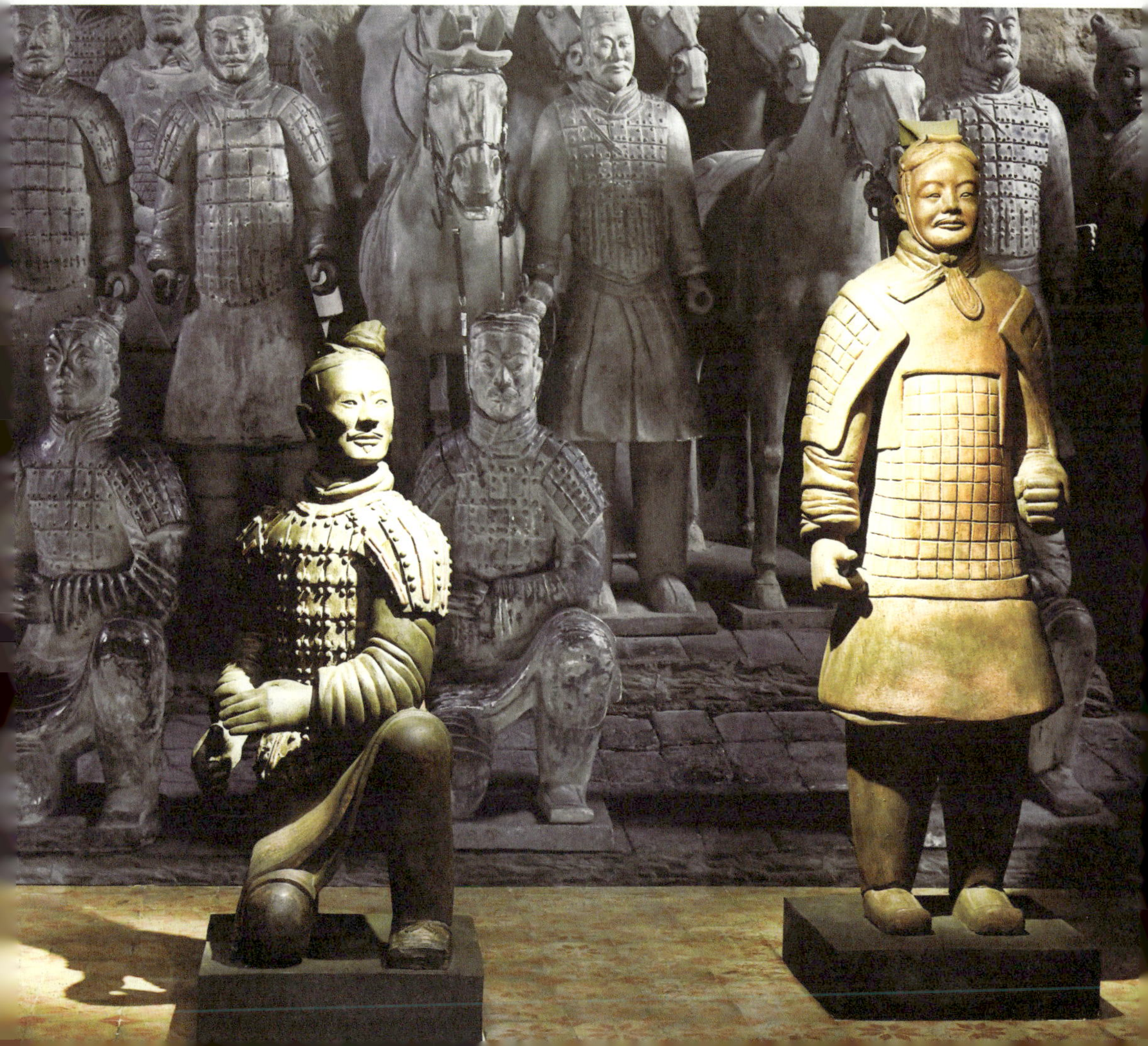

万里长城：一个谶书的杰作

长城是世界建筑史上的杰作，是我国的代表建筑之一。它盘踞在重峦叠嶂之间，蜿蜒在沙漠之上，气势磅礴，坚固雄伟，被视为世界七大奇迹之一。那么，在这样伟大的工程背后，有着怎样的渊源呢？不得不说，这其中还真有一些隐秘的缘由。

诞生于谎言的长城

长城又称"万里长城"，是我国古代在不同时期，为抵御塞北游牧部落联盟侵袭而修筑的规模浩大的军事工程的统称。长城的雄伟人尽皆知，但它的雄伟到底是怎样一个概念呢？曾有权威人士做过统计：修筑长城所用的砖石，如果用来修建一道厚1米、高5米的长墙，那么这道长墙足以环绕地球一周；而如果用来铺筑宽5米、厚35厘米的马路，则可以环绕地球三周以上。

面对如此惊人的数据，我们不禁赞叹其浩大伟岸，但修筑长城背后的辛酸，我们现代人却已经很难体会。要知道，在两千年前那个科学尚不发达的时代，修建一个如此浩大的工程要耗费无数的人力、物力、财力，给百姓带来的苦难是难以想象的。相比这些，更让人难以想象的是，这座绵延万里的长城修建的

日本 内藤湖南绘《八达岭长城图》

起因，竟是源于一句"亡秦者胡也"的谎言。

秦始皇之忧

　　尽管秦始皇不是历史上修筑长城的第一人，也不是最后一人，但是一提到万里长城，人们首先想到的就是秦始皇。在后人的印象里，长城与秦始皇有着不解之缘，只要一提到长城就不得不说秦始皇。

　　不过，这里要说的，并不是他统一六国建下的不朽功业，而是他得天下后的担忧和不安。秦始皇自统一天下之后，并不像其他帝王那样为自己的成就而陶醉，相反，他一直忧心忡忡。因为他知道，大秦是在暴政之下建立起的帝国，虽然表面上看起来风平浪静，但其实内忧外患不少。所以，如何才能谋求大秦帝国的长治久安，对他来说已经成了一块心病，无时无刻不令他困扰。

秦代长城　图为清代画家石涛所绘《搜尽奇峰图卷》。

于是，为了稳定江山，安定民心，秦始皇在完成统一大业之后的第二年，开始巡游天下，视察民情。他巡游的地点先是选择在原秦国境内，试行一年之后，逐步推广到秦国以外的领地。始皇二十八年，他从咸阳出发，经齐地（也就是今天的山东）到达海边，又转经江苏、湖南、浙江、湖北返回咸阳，其行程几乎遍及大半个中国。

这场漫长的巡游过程，让秦始皇大开眼界，也让他的思想受到了很大冲击。因为他发现，处于西部边陲的秦国，虽然在武力上足以雄霸天下，可是若论发达程度，无论是文化还是经济，与齐国等中原核心地带相比都有着不小的差距。

能够意识到自己的不足，对于一位一国之君来说应该是一件好事，可惜秦始皇却是一位心术不正的君主，他发现这个问题后，不但不去想着怎样提高秦国的自身实力，反而试图通过一些歪门邪道来解决当前的危机。在巡游之时，他被一种流行于齐地的方术吸引，由此便引起了对求仙问道以及寻求长生不老之术的浓厚兴趣。

这些带有强烈神秘主义色彩的方士的确为秦始皇排解了不少身心压力。其中一位名为卢生的方士是秦始皇的宠臣，也就是后来编造谎言引起秦始皇修建长城的主角，他曾对秦始皇的施政产生了非常重要的影响。秦始皇被后世广为诟病的两大残暴统治——修筑长城和坑儒，其实始作俑者都是卢生。

此事暂且不表，下面接着说秦始皇之忧。很多人可能想不通，当时正值壮年又刚刚建立伟业的秦始皇为何会对自己的生死以及秦朝的江山怀有如此强烈的危机感和忧患意识呢？这除了之前提到的，秦始皇看到六国经济、文化之强大外，还有一个原因是他在巡游过程中和在首都咸阳遭遇的几次遇刺事件，这些都让他深感恐慌，终日战战兢兢，无法安心。

长城的诞生

正是在这样的背景之下，秦始皇对神秘主义的倚重更为强烈，于是他急于找出威胁秦帝国存亡的准确原因和有关自身安危的确切答案。

公元前 215 年，即始皇三十二年，他派卢生去求仙人指点秦帝国未来的发展方向。卢生此去没有任何收获，回来后，他对秦始皇大肆歌功颂德，极尽溜

清人绘《秦始皇出巡图》

须拍马之能事，却没有给出任何实质性的帮助。已经听惯了阿谀奉承的秦始皇当然对这些不甚满意，深处惶恐中的他，急切需要对巩固政权真正有益的东西。于是他再派卢生入海寻求仙人指点，为了不再让秦始皇失望，总是无功而返的卢生这次带回了一本谶书，名为《录图书》。而正是在这本书上，记录着一个惊天秘密："亡秦者胡也。"

卢生这次带回来的消息让秦始皇大惊，同时也让他大喜。因为一直渴望能有新对手的秦始皇终于找到了一个可以打击的目标，一个切实存在的威胁比起他内心那些莫名的不安和恐惧要好对付得多。

就这样，卢生一句搪塞责任的谎言，在秦国掀起了一场空前的战略性震荡。秦始皇立刻派大将蒙恬率领30万大军北征匈奴，把匈奴逐出河套赶到阴山以北。但秦始皇仍然不放心，为了防患于未然，他又不惜血本，征用70万劳工，历时多年，起临洮止辽东，在将各国原有长城连在一起的同时，绵延万里大规模修筑新长城，以绝胡人亡秦之患。

如此浩大雄伟的万里长城，竟然是一本谶书的杰作，谁能想到？历史上荒唐的事情不少，可是像这样因为一个谎言而成就的奇迹，读罢还是令人唏嘘。

秦始皇陵墓：皇陵内藏匿几多未破解疑团

1974年，一个庞大的地下军团被发现，这就是秦始皇陵兵马俑。时至今日，这座千年皇陵仍旧深埋地下，一丘坟土长满枯草。但是不断出土的陪葬墓文物，却又时时诱惑着人们去不断遐思：如果打开秦始皇陵，那么将会有多少历史谜题迎刃而解？

秦始皇陵因何选址骊山

骊山以它特有的温泉和风景而闻名于世，然而，这块宝地却依旧饱受争议。因为若从中国古代的传统风水之说看，骊山绝对是一块福荫之地。但是追溯历史，在这里发生的事情却并不太吉利。西周末年，周幽王与爱妾褒姒曾在这里自导自演了一出烽火戏诸侯的历史悲剧，从而葬送了西周王朝。后来，秦始皇建陵于此，又导致了秦二世而亡的悲剧。那么，骊山到底是福地还是祸源呢？既然在秦始皇之前已有西周王朝的历史悲剧，那么秦始皇为何还非要建陵于此呢？

据《水经注》载："秦始皇大兴厚葬，营建冢圹于丽戎之山，一名蓝田。其阴多金，其阳多玉，始皇贪其美名因而葬焉。"骊山之南的蓝田玉著称于世，现代地质队也曾在骊山北麓开凿金矿。因此，从事如事生的中国古代传统观念分析，秦始皇建陵于此，大概是想死后继续占有这里的金和玉。

除了以上原因，秦始皇选骊山为陵还有可能是因为这里的有利地势。按《水经注》的记载："水出骊山东北，本导源北流，后秦始皇葬于山北，水过而曲行，东注北转，始皇造陵取土，其地于深，水积成池，谓之鱼池也……池水西北流途经始皇冢北。"而《两京道里记》又载："始皇陵南有尖峰，名曰望峰，言筑陵者望此为准。"根据勘察，秦始皇陵封土中心顶端以及外城垣的南北两门与其南边的骊山最高峰望峰南北相对在一条直线上。而每一道峰脊好似一个花瓣，秦始皇陵就在花蕊位置，因此，民间也称秦始皇陵为"莲花穴"。这里的确是建墓的绝佳位置，由此，也就不难理解为何秦始皇会选中骊山作为自己百年之后的安身之处了。

地宫深几许

弄清了秦始皇陵的选址谜题，接下来再来探究一下秦始皇陵的地下宫殿。据传说，这座千古一帝的皇陵地宫深似黄泉，那么，这个传言究竟是真是假呢？

在《史记·秦始皇本纪》中有关于秦始皇陵深度的记载，文中说其地宫可以"穿三泉"。《旧汉书》中也有对秦始皇陵的描述，书中用的是"已深已极""深极不可入"之语。据说公元前210年，即秦始皇49岁生日时，丞相李斯向他报告说："我带了72万人修筑骊山陵墓，已经挖得很深了，连火也点不着了，凿时只听见空空的声音，好像到了地底一样。"秦始皇听后，下令"再旁行三百丈乃至"。而《吕氏春秋》则记载"浅则狐狸扬之，深则及于水泉"，即最深到泉水。

如此说来，莫非当年秦始皇真的将地宫挖到了地表的最深处，与他所向往的仙境的九重天界相匹敌？

这个谜题一直延续了两千余年，从古至今人们对此猜测不断。近年来，国内文物考古、地质学界专家学者对秦始皇陵地宫深度做了多方面的研究探测，根据最新钻探资料显示，秦陵地宫并没有人们想象的那么深。实际深度应与芷阳一号秦公陵园墓室深度接近。这样推算下来，地宫坑口至底部的实际深度约为26米，距秦代地表最深约为37米。

专家们考证的这一数据应该是依据目前勘探结果推算的，应当不会有大的失误，但秦始皇陵的地宫到底深有几许，确切答案还有赖于考古勘探的进一步验证。

秦始皇的遗体是否完好无损

关于神秘的秦始皇帝陵地宫，除了不可探测的深度之外，还流传着许多其他传言。比如，民间一直流传秦始皇陵的地宫内有水银所制的五湖四海，秦始皇躺在纯金制造的棺材里，游荡在水银制成的江河上，巡视着秦帝国的领地。当然，在揭开这些不为人知的真相之前，这些仍然只是传说。

关于始皇陵以水银制江河大海的说法在《史记》确有记载，《汉书》中也有类似文字。不过关于这种用水银为江河湖海的说法历来只被看作一个天方夜谭般的神话，并没有太多人相信这个离奇的传说，毕竟，人们很难想象，在这座秦王地宫之中，水银灌注的湖海会是怎样一幅景象。

然而，人们关于这条离奇传说的怀疑和猜想，在用现代科学手段发现秦陵地宫汞含量异常时发生了改变。专家的多次采样分析试验和遥感测量都不约而同地显示出——皇陵封土土壤样品中出现"汞异常"。相反，其他地方的土壤样品几乎没有汞含量。毫无疑问，这意味着《史记》中关于秦始皇陵中埋藏了大量汞的记载是可靠的。专家们的这一重大发现给了人们希望，人们仿佛真的看见了《史记》中所描写的光怪陆离的场景。

即便关于以水银为江海的说法能够成立，但是，已经历经千年时光的始皇帝遗体，能像震惊中外的马王堆"女尸"那般完好如初吗？

虽然单从遗体保护技术来讲，如果相距秦代不足百年的西汉女尸能够很好地保护下来，那么秦代也应具备保护遗体的防腐技术。但问题是秦始皇死在出巡途中，而且更糟的是正值酷暑时节，相传"尸体"未运多远，便发出了熏人的臭味。为了防止臭味扩散，走漏"风声"，赵高、秦二世胡亥立即派人从河中捞了一筐筐鲍鱼，将鲍鱼与尸体放在一起以乱其臭。这样，经过50余天的长途颠簸，直至九月，尸骨终于运回咸阳发表。

这些说法似乎并非空穴来风，因为《史记·秦始皇本纪》是这样说的："棺载辒凉车中……会暑，上辒车臭，乃诏从官令车载一石鲍鱼，以乱其臭。"这样看来，可能秦始皇的遗体在途运中就已经腐烂。若真是这样，哪怕神仙来也是回天乏术，如今深埋地下，长眠于金棺之中的只能是一副白骨了。

但同时也有人猜测，秦始皇的遗体还是有保存完好的可能性。首先从地点来说，秦始皇病死在沙丘平台。这里的七月天气还是比较凉爽的，不像今人想象的那么酷热难熬。从乘舆的设备来说，秦始皇的遗体放在辒凉车里，即有窗牖的车，闭之则温，开之则凉。

再从秦始皇自身的情况来说，众所周知，秦始皇热衷于吃炼制的丹药，以求长生不老。而古代的方士往往会在丹药之中加入大量的汞，这也很可能就是秦始皇最终致死的原因。但他体内的这些汞元素却阴差阳错地充当了防腐剂的作用，使他的遗体得以防腐而可能长久保存下来。

但是，如果此种说法成立，那么，专家们在始皇地宫中检测出的"汞异常"现象也极可能是他遗体中汞含量超标所致，而关于水银成江海的传说又要重新考量了。总之，不管怎样，现在关于秦始皇陵的猜测也只能止步于此，要想对这座掩埋了无数秘密的地宫进行彻底揭秘，还有待后人对秦始皇陵的进一步发掘探测。

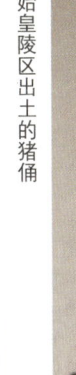

秦始皇陵区出土的青铜编钟

秦始皇陵区出土的青铜器

秦始皇陵区出土的猪俑

119

平民皇帝：刘邦崛起之谜

秦末，天下动荡，农民运动风起云涌。一位平民领袖率众揭竿而起，之后成为西汉王朝的开国皇帝，他就是中国历史上最著名的平民皇帝——刘邦。也许刘邦自己也没有想到，自己会成为皇帝，因为他少时的境遇与皇帝的身份有着天壤之别。那么，他究竟是如何从一介布衣跃升为开国皇帝呢？不得不说，这的确是一件令史学界十分感兴趣的事。

刘邦的真实出身

楚汉战争的故事一直是人们津津乐道的话题，刘邦等人的故事也在中华大地上相传至今。两千多年来，人们对他们的英雄事迹有着各种各样的评说，究其原因，主要在于这个时期留下来的史料文献比较少而且零散，因此，楚汉史中的很多细节问题，即使是楚汉史学专家也难以给出确切的解答。比如以下一些问题：作为亭长的刘邦，缘何能和县城里的几个头号大官萧何、曹参交情如此之厚？沛县起义，缘何沛县子弟公推小亭长刘邦为首？类似的疑惑，如今仍然残存于人们心头。

尽管史料不足，后人还是通过不懈的研究和探索，对这段历史提出了许多新的见解。比如，千百年来人们都认为刘邦不过是一个不学无术的地痞无赖，其实不然，现代专家提出了新看法：刘邦当年其实是一位文武兼备的全才。先说文，据考证，在今日丰县，尚有"马公书院"遗址，据说那里是刘邦少年时代与卢绾一道师从马维先生读书的地方。谈到武，刘邦也有过人之处，试想，假如刘邦没有一定的武力，他如何斩白蛇？张良与人谈兵法，唯独觉得刘邦能一点就通。由此可见，刘邦并非无知的地痞无赖，而是一位文武全才。再加上他曾在大梁拓展过视野，增长过见识，因此才识自然远在大多数沛县子弟之上。

有了"才"只是踏出了成功的第一步，若再有"财"，那么成功就指日可待了。据记载，刘邦家底殷实，善于结交朋友，为人豁达、大度，很多沛县子弟慢慢聚集到了他的身边，其中较杰出者有夏侯婴、樊哙、灌婴、卢绾等人。由此可见，刘邦不但有钱，而且懂得利用钱财积累人脉，这也难怪他日后能够成就大业了。

天赐良缘成为人生拐点

秦朝后期的统治极其混乱，地方政府存在很多权力真空，而这些真空基本都靠民间的政治形态来填补，因此，刘邦就钻了这个空子。他逐步发展自己的势力，久而久之，便成为沛县最有实力的地方势力之一。

随着影响力越来越大，刘邦慢慢结交到了沛县的高层，如萧何、曹参之辈。因为当时中央对地方政府控制力减弱，地方上的官吏往往要借助于民间组织的力量来处理地方事务。而在接触的过程中，由于刘邦豁达大度，因此萧何、曹参都渐渐对他产生了好感。

当然，如果仅凭这些条件，刘邦还不足以超越王陵、雍齿。当时，刘邦一直把王陵当作兄长一样看待，而雍齿却是素来都不服刘邦。可是，上天好像在有意成全刘邦，特意给予了刘邦一个提升身份的机会。

县令的好友吕公因为避难来到沛县，沛县的名人听说了吕公的到来，都争相向吕公献礼。大富翁吕公到沛县的目的，是躲避仇家的追杀，因此他需要在沛县找一个可靠的靠山，才能真正保障自己的安全。县令虽与他交好，却没有群众基础，而吕公选择刘邦，不是认为刘邦面相好，而是看重他在沛县的影响力。刘邦与沛县高层萧何、曹参交好，同时又是最有实力的地方势力之一，不仅如此，刘邦既有"豁达大度"的美名，又有不俗的外表，而且还是单身。因此，刘邦成功胜过了其他潜在竞争对手，成为吕公的乘龙快婿。从此，刘邦如虎添翼，在沛县混得风生水起。可以说，与吕家结下亲事，成为刘邦一生中一个极为重要的转折点。

西汉　玉辟邪　约长 13 厘米

西汉早期　玉兽佩

西汉 玉青绿色玉剑摽

成就大业

秦二世元年七月，陈胜、吴广在大泽乡起义，各地响应者风起云涌，沛县县令也打算起兵响应陈胜，可他在沛县没有群众基础。在这不容拖延之际，还是刘邦的群众基础发挥了作用，于是，沛县县令开门迎接麾下有百余壮士的刘邦进城。论群众势力，刘邦此时未必胜过王陵、雍齿；但是论与沛县高层的关系，刘邦显然胜过一筹。同时，刘邦因与吕家结亲，所以金钱充裕；除此之外，刘邦还找了几个托儿制造他"为赤帝子""有王气"的舆论，因此，沛县人公推他为首，领导大家起义。

刘邦率领沛县子弟，最初也打过几个小胜仗，但是他毕竟势单力孤，没有力量做长远的发展，更让他感到郁闷的是，原本一直不是很服他的雍齿带着丰邑脱离了他的组织，投奔了魏人。刘邦攻打丰邑好几次，都没有攻下来，这个时候刘邦才明白自己是何等弱小。在痛定思痛之后，刘邦决定找个靠山。几经衡量，刘邦投奔了楚国名将项燕之后项梁，项梁借给刘邦五大夫将十人、士卒五千人，刘邦凭借这部分兵力方才收复了丰邑，赶跑了雍齿。至此，刘邦的雄伟霸业正式宣告开始。

又经过多年的艰难打拼，公元前202年，刘邦正式称帝，建立了汉朝。因为刘邦建都长安，所以历史上称他建立的汉朝为"西汉"，又称"前汉"或"先汉"。刘邦是西汉的第一个皇帝，历史上称他为"汉高祖"。

由此可见，作为中国历史上第一位由平民登上帝位的皇帝，刘邦的崛起，不仅依靠运气，更取决于他自身的才能和胆识。正如他自己所说："要论出谋划策，决胜于千里之外，我不如张良；要论治理国家，安抚百姓，筹集粮饷，我不如萧何；要论带兵打仗，战必胜，攻必取，我不如韩信。这三个人都是人中龙凤，我能用好他们，这是我能够得到天下的重要原因。项羽有一个范增却不能好好使用，那是他失败的缘故。"

阿房宫之火：是谁毁灭了宏伟的阿房宫

史书记载，西楚霸王项羽进入咸阳后，看到如此奢华的秦朝宫室后大怒，一把火烧了阿房宫。从此，人们一直认为阿房宫是项羽烧的。但现在不断有人指出，项羽烧的是秦始皇在咸阳的宫室建筑，而不是阿房宫。那么，项羽究竟有没有烧阿房宫呢？如果没有烧过，那规模宏大的阿房宫又到哪里去了，为何消失了呢？

中国秦朝最著名的宫殿——阿房宫

据说，秦始皇在统一中国的过程中，每征服一国，就命人绘制该国的宫室图，在秦国都城咸阳的渭水南岸仿造宫殿，称"六国宫殿"。相传当时秦始皇所造的"六国宫殿"有145种，其中著名的有信宫、甘泉宫、兴乐宫、长杨宫等。当时的咸阳宫可谓殿宇林立，楼阁相属，曲廊幽径，花香景深。

秦始皇三十五年，秦始皇在消灭六国一统天下后，认为都城咸阳人口太多，而以前的皇宫又小，于是，他下令征发刑徒七十余万人伐运四川、湖北等地的木材，开凿北山的石料，在故周都城丰、镐之间渭河以南的皇家园林上林苑中，汇集天下建筑之精英灵秀，营造一座新朝宫。这座朝宫便是后来为众人传颂仰慕的著名宫殿——阿房宫。

阿房宫一朝建成，规模空前，气势宏伟。据《史记》记载："前殿阿房宫东西五百步，南北五十丈，上可以坐万人。"《汉书》中也记载："起咸阳而西至雍，离宫三百，钟鼓帷帐，不移而具。又为阿房之殿，殿高数十仞，东西五里，南北千步，从车罗骑，四马骛驰，旌旗不挠，为宫室之丽至于此。"

而唐代诗人杜牧则在著名的《阿房宫赋》中写道："六王毕，四海一，蜀山兀，阿房出。覆压三百余里，隔离天日。骊山北构而西折，直走咸阳。二川溶溶，流入宫墙。五步一楼，十步一阁；廊腰缦回，檐牙高啄；各抱地势，钩心斗角……一日之内，一宫之间，而气候不齐。"

按照文中所说，根据《史记》记载推算，秦代一步合六尺，三百步为一里，秦尺约 0.23 米。如此算来，阿房宫的前殿东西宽 690 米，南北深 115 米，占地面积 8 万平方米，容纳万人真是绰绰有余了。

灰烬探索中的惊人发现

然而，这样一座耗费了巨大的人力物力修建而成的极度奢华的阿房宫殿，却只在人间矗立了数十载，便被西楚霸王一把大火烧成灰烬，据说当时大火烧了整整三个月，方圆百里尽成灰烬，联想到其庞大的规模，此言应该非虚。不过，再细想当时这幅繁华化为灰烬的画面，不禁让人痛惜。

不过还好，宫殿不在，残迹仍存。于是，为了寻找曾经的辉煌，考古学家们来到了今陕西西安西郊三桥镇以南，东起巨家庄，西至古城村的阿房宫遗址上，开始了探索。

在第一次挖掘探坑之后，并没有找到任何东西，然而，大家并没有气馁，决定继续挖掘，随着勘探工作的进一步深入，大家决定从夯土层入手开始探测。古代建筑的地基都是夯土打成的，铺一层打一层，从夯土台基的侧面看过去就像千层饼一样。夯土和普通的耕土不同，它非常坚硬，也很密实，普通的平头铁锤都很难砸进去。阿房宫遗址的夯土层虽然经过了 2000 多年的岁月，却几乎没有任何变化，依然坚硬。然而，就在考古队顺利地打进了探杆之后，结果却出乎人们的意料：这里竟然没有发现阿房宫被火烧的痕迹。

没有找到大火烧后的残留物，最开始，考古队猜测可能是挖掘的地方较少，刚好错过了阿房宫被烧的那一部分。于是，考古队开始对阿房宫遗址进行了"地毯式"的全面勘探，但是，在钻探了数万个孔和对地层的土样进行了元素分析后，还是没有发现火烧的痕迹。

这究竟是为什么呢？会不会因为经过了 2000 多年风霜雨雪的侵袭，已经把大火留下的痕迹抹去了呢？为了进行比较，阿房宫考古队来到了汉代长乐宫的遗址，这里曾经是汉朝首都长安城中华美的宫殿之一，是汉武帝母亲的居所，至今被人们津津乐道的"金屋藏娇"的风流韵事就发生在2000多年前的这个宫殿中。东汉末年，长乐宫也和汉代其他宫殿一样，逃不过被焚毁的命运，但2000多年过去了，这里被火烧过的痕迹仍然历历在目。

看来此种猜测并不成立，于是人们又提出了另一种猜想：是不是流传了2000多年的西楚霸王项羽的军队入关以后，移恨于物，将阿房宫及所有附属建筑纵火烧为灰烬的说法不真实呢？

阿房宫，到底毁于什么？

据《史记·项羽本纪》记载："项籍为从长，杀子婴及秦诸公子宗族。遂屠咸阳，烧其宫室，虏其子女，收其珍宝货财，诸侯共分之。"项羽对咸阳采取了烧、杀、抢、掠的做法，然而这里并没有明确提到烧阿房宫。

《史记·项羽本纪》载："烧秦宫室，火三月不灭。"在这里也只字未提火烧阿房宫，由此看来，当时火烧的很可能是秦朝的其他宫殿。而《史记》中的另一条记载又从侧面证明了阿房宫其实并未建成："四月，（秦）二世还至咸阳，曰：'先帝为咸阳朝廷小，故营阿房宫。为室堂未就，会上崩，罢其作者，复土骊山。骊山事大毕，今释阿房宫弗就，则是章先帝举事过也。'作阿房宫。"但是在这年七月，陈胜、吴广就起义造反了。所以如果上述记载属实，那么很显然，秦始皇不可能在这么短的时间内建成阿房宫。

假设当时阿房宫并未建成，那么，史书上记载的，项羽所烧的又是什么宫殿呢？有人认为：项羽火烧的是秦咸阳宫。据《史记·项羽本纪》中记录，项羽在咸阳屠杀当地民众，"烧秦宫室，火三月不灭"，这里所说的火烧秦朝宫的地点在咸阳。而《史记》中其他各篇更明确地指出火烧秦朝宫的地点在咸阳。如《高祖本纪》中所说，项羽"屠烧咸阳秦宫室"，《秦始皇本纪》也说项羽"遂屠咸阳，烧其宫室"。咸阳本是秦朝的首都，因此项羽当时烧毁的也是首都宫殿，根本不是秦朝时地处渭水之南的上林苑中的阿房宫。后人根据此说对咸阳宫遗址进行了考古发掘，果然在此处发现了大片的红烧土遗迹，由此，持阿房宫未被火烧观点的人，对此更加坚信不疑。

杜樊川作阿房宮賦敷敘條暢讀之

巴西鄧文原

趙伯駒阿房宮圖書為陳氏北
所藏繼而歸東堅陸先生之
屢世遞不知此在甲辰歲余于蜀
中陳諫議閣中後以寓目覽人
代廢興物之播遷不勝山陽舊笛
之感諫議子孫當玉、知秋

畫於七年四月既望序福邑右

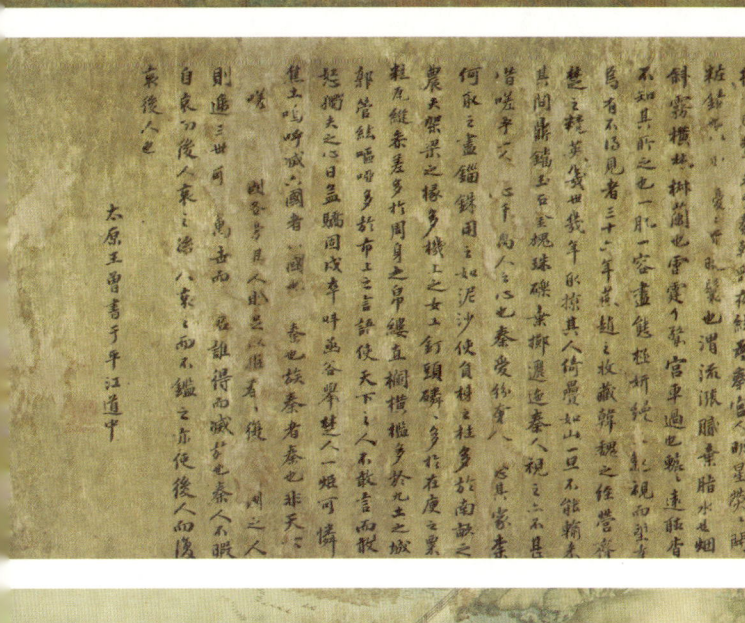

尽管关于项羽当时烧毁的是咸阳宫的说法看起来都证据确凿，又有人提出了新的疑问，如果阿房宫不是项羽所烧，那么它又是如何被毁的呢？虽说很有可能阿房宫当时并未修建完成，但是根据众多史料所载，这座宫殿在当时应该已经初具规模。所以，如果坚持说它并非毁于项羽之手，那么，现在就还要为它的毁坏找出一个合理的解释。显然，这又是一道需要后人穷尽努力才能解答的千古谜题。

垓下之役：楚汉大决战的地点究竟在哪里

楚汉战争持续没多久，到了公元前203年时，楚强汉弱的形势已经彻底改变。尽管优势很大，刘邦仍没有全胜的把握。最后，为了决出最终胜负，楚汉双方在垓下进行了惨烈的决战。然而，这次决战进行的地点究竟在哪儿至今还未定论。为何如此重要的战役地点竟然成谜？史学家的三种说法究竟哪种是真的？要想解开众多谜题，故事还得从头说起。

"灵璧说"和"鹿邑说"

决战之前，楚汉双方的优劣态势已经相当明显。当时刘邦后方稳固，兵强马壮；而项羽三面受敌，粮草不继，战略形势明显处于下风。项羽别无他法，只得与刘邦讲和，约定以鸿沟为界，双方和平共处。但是，刘邦在张良、陈平等人的劝说下，很快背弃和约，向楚军进军，双方在垓下进行了惨烈的决战。

在这次决战中，楚军近十万精锐部队全军覆没，而一度叱咤风云的西楚霸王项羽，也走向了穷途末路，自刎乌江。一段旷日持久的天下之争终于告一段落，刘汉王朝的基业至此已基本落定。可以说，垓下之役是楚汉战争最重要的一次大决战，那么，这次战役究竟发生在何处呢？关于这个问题，目前史学界对垓下究竟属于现今哪个地区，有两种截然不同的

西汉（滇文化）青铜管銎戈

说法。

唯物主义史学泰斗郭沫若认为垓下应该是灵璧，他在《中国史稿》中这样写道："垓下在安徽省灵璧县南、沱河北岸。"郭老的观点是根据下列史书记载推断的，《汉书·地理志》沛郡洨侯国这样注释："垓下，高祖破项羽处。"《水经注·淮水篇》载："洨水东南流，经洨县故城北，县有垓下聚，汉高祖破项羽所在也。"唐《元和郡县图志·河南道五》也在宿州虹县下注释："垓下聚，在县西南五十四里，汉高祖围项羽于垓下，大破之，即此地也。"这种观点是最传统的说法，绝大多数学者也都支持这一观点。

而著名的史学家范文澜则认为垓下应为今天的鹿邑，他在《中国通史简编》中写道："垓下在河南省鹿邑县境。"范文澜这一观点的提出是根据唐代张守节《史记正义》的记载。该书中有这样的记述："高岗绝岩，今犹高三四丈，其聚邑及堤，在垓之侧，因取名焉。今在亳州真源县东十里，与老君庙相接。"范文澜分析道：唐朝的真源县是秦汉时的苦县，故城在今河南鹿邑县，老君庙即今天鹿邑城东的太清宫，所以垓下在今天的鹿邑。由于此说晚出，因而认同其说者较少。

决战地点"新说"

以上两种观点，是史学界的"老调"，究竟谁对谁错至今仍未明确。然而旧说尚未定论，又有"新说"来袭，陈可畏先生认为，上述二种关于垓下地址的说法均不能成立，据他推断，垓下应该是陈县。

在论证此说的时候，陈可畏首先指出探究垓下的一条重要信息，即在楚汉之争中，项羽被围垓下之前与刘邦发生的一场固陵之战。

刘邦与项羽以鸿沟为界平分天下之后，刘邦的军事实力逐渐强大。后来刘邦采用张良的建议背弃和约，于汉五年（公元前202年）十月率军越过鸿沟进击项羽。刘邦追杀项羽的部队到阳夏以南，并约定与大将韩信、彭越等人会和，在固陵一带消灭项羽。但是，刘邦率军到固陵后，韩信、彭越的军队却没有按期到达，致使刘邦兵败又被项羽追杀。刘邦率众退守固陵，在固陵城周围坚壁不战，因而楚汉两军在固陵城一带形成暂时的对峙局面。固陵战场方圆百里，运师数十万，楚军在固陵城附近阻击汉军，以防汉军东进或南下。刘邦被困固陵，危急中以裂土封王为代价，封韩信为齐王，封彭越为魏王，以换取韩信、彭越等及时出兵。

汉五年（公元前202年）十二月，韩信、彭越等部约40万人分别从齐、梁等地出发夹击项羽。刘邦也在固陵开始反击。同时汉将灌婴也率部从彭城西进，参与了这场决定楚汉成败的固陵之战。项羽的军队被汉军以十倍之师层层包围在垓下达三个月之久。项羽被汉军重重围困，兵少粮缺，陷于困境，楚军军心大乱。刘邦等人见时机成熟，深夜用楚歌瓦解楚军军心。后来项羽率800随从冲出重围，连夜逃亡，于凌晨到达乌江一带。然而，项羽自叹无颜见江东父老，自刎身死。

陈可畏认为，根据《史记》《汉书》记载，固陵之战以后，汉王退保固陵县城，深堑据守。其时楚军集结在附近进行阻击，以防止汉军继续东进或南下。而至垓下之围前，史书并没有项羽从固陵附近败走的记载，也没有汉王从固陵追击楚军至垓下的记载，那就是说，垓下应距固陵县城不远，否则两军无法交战。而垓下如果在今安徽灵璧的话，相隔200多千米，楚军根本无法阻止汉军东进。况且，

西汉早期　双身兽面玉纹璧

西汉 彩绘陶舞俑 53.3厘米×24.8厘米×17.8厘米

灵璧一带自古是平川，县东南是古蕲水、古波水、澳水、沱水、唐水的五河河网地带，既不能攻，又不能守，根本不适合兵团作战。

另外，垓下也不可能在今鹿邑县。理由主要有两点：第一，鹿邑县城东距固陵约有 70 千米左右，不可能近距离作战，楚军当然也不可能阻止汉军东进或南下；第二，据史书记载，汉军包围垓下前，灌婴的军队由彭城西进，后破苦县（即今鹿邑县）、谯县（即今安徽亳县），又西至苦县之颐乡驻军，最后才破楚军于垓下。如果垓下在鹿邑的话，灌婴军就应来回穿插项羽大军的驻地，而史书上没有这样的记载，事实上也没有发生这种情况，因此，垓下不可能在鹿邑。

引发"垓下之争"的原因

陈可畏先生对以上两种的"垓下旧说"的否定虽然听起来有理有据，但却仍未能证实自己"新说"的正确与否。总之，关于垓下地点的争执，在史学界延续了很久，究竟哪一种才是正确的，现在还很难定论。那么，为何这场"垓下之争"竟犹如当年那场楚汉战争一样，如此旷日持久呢？引发这个争论的原因是多方面的。

首先，垓下作为一个地区名，并没有明显的标志。《史记》等著作记载，也仅记其名，这样一些地名便因文言简记而产生一些不同的解释或推断。如"垓下"可理解为"垓"之下，即山之阶梯之下，但也可理解为一个地名。

其次，史志书籍的转摘沿用等，也会产生一些谬误，有时甚至会以讹传讹。许多史志书籍都有参考前人，甚至转摘前人的现象。若底本记载有误，则底误就会引出许多后来者的误解，如"垓下聚"和"垓下"在《史志》中的解释就并不一样。

再次，附会现象、攀附心理等也能引起史志地名或事件的误传。中国人的传统思想中普遍有一种攀附心理，攀名人、名地、名事等。正因为这种心理，才会把一些名人名事附会到各处。如中国民间的梁祝故里之争、三顾茅庐之争等，都源于没有摆脱这种观念。当然，这次的"垓下位置之争"，同样如此。

兔死狗烹：刘邦为何接连杀三将

"飞鸟尽，良弓藏；狡兔死，走狗烹。"向来大业建成之后，有功之臣难免得此下场。然而，刘邦将韩信、彭越、英布这三名在楚汉战争中立下汗马功劳的大将一一斩尽杀绝，仍不免令人唏嘘。到底是怎样的理由，让他连续布局杀掉三员大将呢？

借吕后之手，除掉韩信

早在楚汉战争时，刘邦为了集中兵力，笼络人心，特封广袤大地于各个诸侯。而在刘邦开国后，占地广阔，抚民众多的诸侯王便成了刘邦的眼中钉、肉中刺。因为在众多的诸侯王中，不乏野心勃勃者，他们利用手中的权势和财富招贤纳士，形成强大的政治军事集团，对汉朝的统治产生了巨大的离心力，严重威胁着汉朝中央政府的安全。如果任其发展，后果将不堪设想。所以，刘邦为巩固和加强汉朝的统治，不惜大开杀戒，屠杀各路诸侯。而韩信、彭越、英布这三名在楚汉战争中立下汗马功劳的大将，便是刘邦最先斩杀的三位。

楚王韩信勇略超群，他原是项羽的属下，

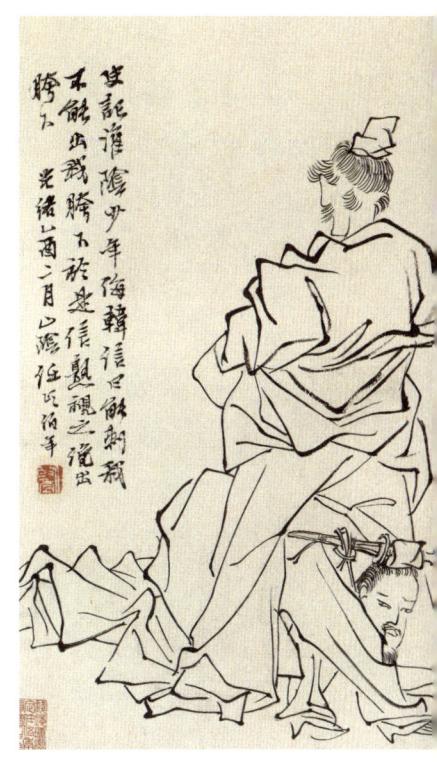

清　任伯年绘《韩信胯下之辱》

137

在汉弱楚强的形势下背楚助汉。他"连百万之军，战必胜，攻必取"，为刘邦战胜项羽立下了汗马功劳。对韩信这样功高震主的开国元勋，刘邦先以并无实据的"谋反"罪名将他逮捕，后贬他为淮阴侯，并没有杀之。但韩信一心想当王，不甘心做侯，对污蔑、贬谪一事痛恨不已，遂暗中集结自己的兵力，打算趁刘邦在外平叛之际，起兵造反。但密谋计划还没来得及实施，就被自家家将出卖告发。这时刘邦在外平叛，无暇顾及，而同为野心家的吕后与萧何合谋，将韩信残忍斩杀，正好顺了刘邦的心意。

失去信任，死状凄凉

韩信死后，下一个自然就轮到了彭越。

楚汉战争时，彭越在刘邦的游说下，背叛项羽，成为刘邦的同盟者。彭越亲自率军在东方同楚军作战，屡建功勋。随着麾下军力的增长，彭越的权势也急剧膨胀。

公元前 203 年，刘邦率汉军主力进攻楚军至阳夏，派使者敦促彭越迅速统兵前来参加聚歼楚军的战斗。此时彭越正在觊觎魏王豹死后留下的王位，在未得到刘邦的许诺之前，他坚决按兵不动。结果在固陵一战，刘邦因兵力不足陷入困境。刘邦无奈之下遂按照张良之计，派使者许彭越以王位，彭越这才发兵参战。

楚汉战争后，刘邦正式封彭越为梁王，成为与韩信、英布等并峙而立的诸侯王之一。彭越的个人欲望虽然暂时得到了满足，但也从此失去了刘邦的信任。

公元前 197 年秋天，刘邦亲自率军北上平叛。因兵力不足，刘邦再次向彭越征兵。彭越出兵但不亲自带兵，此举一下刺激到了刘邦的敏感神经。刘邦一怒之下派人告发彭越密谋造反，并让身居都城的吕后下令，将彭越剁成肉酱，并诛其宗族。这样的死法，听起来就令人感到不寒而栗。

异姓诸侯的败亡

彭越之死，令人发指，再下一个，轮到了英布。

西汉　玉神鹰玉佩

西汉　玉剑首

西汉　软玉刀鞘　长12.1厘米

英布原为项羽手下悍将，由于在楚汉战争时与项羽发生龃龉，被刘邦的谋士策反，叛楚降汉。他为刘邦战胜项羽立下汗马功劳，被刘邦封为淮南王，与韩信、彭越并峙天下。

韩、彭二人之死令英布颇有兔死狐悲之感，他心中充满了恐惧。为防止刘邦诬陷，英布开始加强兵力戒备防范，但此举正巧被人抓住了小辫子，于是英布密谋叛变的消息不胫而走。早已是惊弓之鸟的英布，只能一不做二不休地起兵造反了。最终英布战败，被刘邦斩杀。

三大诸侯王相继覆灭，而其他异姓诸侯王也都先后走上了败亡之路。铲除韩信、彭越、英布这三大诸侯王后，刘邦又用了七年的时间，先后消灭了燕王臧荼、韩王信、赵王张敖、燕王卢绾等主要异姓王。自此，"敌国破，谋臣亡，大汉一统天下"的格局才真正形成。

"兔死狗烹，鸟尽弓藏"是跟随帝王打天下常常会得到的悲惨下场，而刘邦布局连杀三将，原因也没什么特别的，无非是因为几位功臣功高震主，不利于以后皇权的集中。所以，三位大将被接连诛杀，也就不奇怪了。

望族失势：名将班超家族垮台之谜

班超，东汉时期一代名将，此人有勇有谋，是国之栋梁。其家族在东汉一朝可以算得上是名副其实的望族，不仅家业庞大，并且班氏一门在当时可以说都是声名卓著的英才。班氏家族得以名扬天下，无疑是经过了数代人的不懈努力。但就是这样的名门望族，也难逃垮台的一天，这其中，有着怎样的前因后果呢？

真正的贵族

班超是东汉时期著名的军事家、外交家，其父为史学家班彪，长兄班固、妹妹班昭也是名号响当当的史学家。班超兄妹三人给东汉王朝增色不少，同样地，他们也肩负着班氏家族的荣辱兴衰。

班超自少年起便胸怀大志。他博览群书，文才武略俱佳。后来投笔从戎，随窦固出征，成为平定西域的大将。班超征战数十年，平定了西域五十多个国家，功勋卓著，对中国的版图划定以及历史传承有着深远的影响。

班超的能力由此可见一斑，而他的兄妹相比起他也毫不逊色。其兄班固继承了父亲学史的志向，立志完成一部史书。在班固的不懈求索下，中国二十四史之一、全面记录西汉史料的巨著《汉书》得以诞生。《汉书》的问世使班固晋升为史学大家，地位紧随司马迁之后。其妹班昭是常出入宫中担任后宫嫔妃的老师，得到东汉皇室的赏识和尊重；著作有《女戒》七篇，是洛阳城无人不知的大才女。

正是这样一个家族，经过家族成员的努力，从籍籍无名到声名显赫，最终在汉和帝时期成为东汉王朝著名的大家族。

巅峰之后的下坡路

家族崛起之路从来都不是平坦的，辉煌的保持更非易事。世人常道，巅峰之后的路都是下坡路。这一规律在班氏家族身上也得到了体现。

荣辱兴衰、起起落落也是官场上的常事，不过，令所有人没有想到的是，撼动班家根基的第一人，竟然是班超的大哥班固。班固为创造班氏家族辉煌出力不少，谁知却会成为家门倒塌的诱因。

班固在窦宪手下做事，两人关系密切。窦宪因为和匈奴作战，战功卓著。再加上其又是窦太后一族的人，于是，慢慢成为权倾朝野的重臣。然而庞大的权力并不都是好事，也会引来灾祸。

后来，汉和帝终于得到机会，将窦宪斩杀。班固由于和窦宪关系密切，难免受到牵连。虽然汉和帝考虑到还需要班超在西域为国家卖命，并不想赶尽杀绝。但是，由于班固在功成名就之后得罪过许多人，于是有些人在此时落井下石，使班固不幸死于狱中。

虽然汉和帝后来将始作俑者处死，但也无力回天。班固之死对班氏家族无疑是个巨大的打击，也令家族悲戚了许久。

后来，班超长期驻扎在西域，直到公元102年才重返首都洛阳。但是，回到洛阳没多久，这位大将便去世了。

班超去世后，长子班雄继承了他的侯爵。小儿子班勇，由于颇有胆识，后来也是子承父业，被朝廷派往西域。但是，他并没能像父亲一样建立奇功，反而遭到了陷害。

公元127年，班勇与敦煌太守张朗谋划攻打焉耆国的大事。本来双方已经制订好了计划，约好了期限。谁知由于张朗想要独揽这一大功，早早便赶到了焉耆。于是，焉耆先向他投降，而班勇却落得触犯军令的下场。汉顺帝此时没有对他痛下杀手，顾及其家族面子，加上其有一定的功劳，只是将他罢免官职。但是，此后班勇一直待在家里，后来抑郁而终。

一重又一重的打击接连而来，不难预见，班氏家族这棵大树，早晚要枯死。

刮倒大树的最后一阵风暴

班固和班勇相继倒台，承袭班超定远侯封号的班雄一家，也在多灾多难中消磨着。

班雄死后，其长子班始又承袭其位。由于此时班家名望并未完全散去，很多人都愿意与其交往，许多达官贵人都费尽心思想与班氏家族联姻。

班始是班超的嫡孙，是地位尊贵的世袭定远侯。想与之联姻的必然也都是名门望族，最后，班家还是选择与皇室联姻，于是班始娶了当时清河孝王的女儿阴城公主。

阴城公主生性放荡，仰仗皇家势力胡作非为，根本不将夫家放在眼里。她不仅到处找情人，而且毫不遮掩，令夫婿班始颜面扫地。

班始是名将之后，自然难以忍受这样的羞耻。公元 130 年，班始用一把刀将阴城公主杀死。杀公主的罪名自然非比寻常，汉顺帝一怒之下将班始腰斩。同时，他为了显示皇家的威严，还将班始的兄弟姐妹全部诛杀，并将尸体摆在街上示众。班超一定想不到，他的后代竟会落得如此凄惨的下场。

就此，班氏家族这棵大树终于倒塌了。对东汉王朝有重大影响的班氏家族，终于走向了衰落。

古人有言，福兮祸之所倚。凡事都有代价，盛名之下，往往隐藏着很多的危险。家大业大，子孙后代也将面临更多风险。纵观班超家族由兴盛到衰落的轨迹，正是印证了这个道理。

汉　青铜鹿形席镇　7.3厘米 × 6厘米 × 11.7厘米

汉　石鸟　7.6厘米 × 7.9厘米

东汉　绿釉陶狗　26.7 厘米 × 11.4 厘米 × 24.1 厘米

东汉 彩陶公羊（墓葬） 16.51厘米 × 7.3厘米 × 17.15厘米

汉 青铜螭龙 长 4.6 厘米

汉　青铜马　高 6.5 厘米

东汉　铜印　1.8 厘米 ×1.2 厘米

娃娃皇帝：东汉为何盛产低龄无权的小皇帝

东汉是中国历史上的一个大一统的朝代，共有13帝，历经195年。但是，在这13位皇帝中，15岁以下的小皇帝，就占了8位。这不禁令人好奇，东汉为何盛产低龄无权的娃娃皇帝呢？这些年幼的小皇帝，又有着怎样不寻常的命运呢？

史上第一小皇帝

史上第一小皇帝，非东汉殇帝刘隆莫属。刘隆生于公元105年，是汉和帝刘肇少子。

汉和帝体弱多病，年仅27岁便死于京都洛阳章德前殿。和帝有阴氏、邓氏两位皇后，但都未给他生下嫡皇子。其他嫔妃所生的皇子，也大多早夭。正因如此，刘肇生前未能立太子。

汉和帝死后，邓皇后将由宫女所生、为避邪而养在宫外的幼子刘隆迎了回来，立为皇帝。其实当时宫内还有一位8岁的皇子刘胜，但因为刘胜有先天疾病，不便迎立，所以，只能选刘隆为帝。那时候，刘隆刚过"百日"，还不会说话，便身不由己地当上了皇帝。

刘隆登基，年号"延平"。但这样的年号未能让他延年益寿，也没有保其平安。登基时仅3个月的刘隆，在次年便死去了，实际年龄还不满一岁。

刘隆是中国历史上即位年龄最小的一位皇帝，在位时间也极为短暂，仅有8个月，后人皆道刘隆没有帝王命。这位小皇帝死后，以帝礼归葬于康陵，也算是享受了帝王的特殊待遇。

幼主临朝现象普遍

在中国有详细生卒记载的帝王中，史上第二小的皇帝也出在东汉，即汉顺帝刘保之子，汉冲帝刘炳。刘炳生于公元143年，次年被立为太子。汉顺帝刘保死后，刘炳于当年八月即位，改年号为"永熹"。这位娃娃皇帝在位时间只有5个月，去世时只有3岁。

事实上，东汉名副其实的娃娃皇帝绝不止刘隆和刘炳。比这两位稍大一些，八九岁就登基的还有两人。

其中一个便是孝质帝刘缵。刘缵是汉章帝玄孙，当时，刘炳去世后，汉顺帝皇后，也就是梁太后，和其兄梁冀一起，拥立8岁的刘缵为帝，承汉顺帝嗣。

刘缵登基之后，朝政大权基本上还是由梁太后和其兄梁冀独揽在手中。梁冀执掌朝政期间，一手遮天，独断专行，引起了一些忠臣的不满和抵制。以太尉李固为首的众多朝臣纷纷上书，驳斥梁冀的胡作非为，力求挽救朝廷，矫正时弊，但纷纷遭到梁冀的打压和报复。

梁冀在朝堂之上盛气凌人，对皇帝颐指气使，毫无敬畏可言。刘缵虽然年仅8岁，却并非无知，他对于梁冀这样的行为十分反感。于是，在一次朝会中，刘缵当着群臣的面训斥梁冀"此跋扈将军也"，以此表达自己的不满。这一举动激怒了梁冀，退朝后，梁冀心中无比愤恨，他意识到，刘缵虽年幼，但天资聪颖且早熟，再加上毕竟是一朝之主，所以十分担心他年长后难以控制。于是，梁冀决定让他永远离开皇帝的宝座。

公元146年闰六月，梁冀让安插在刘缵身边的亲信暗中把毒药掺在刘缵的食物之中。刘缵吃过之后，顿觉胸闷腹痛，不一会儿便中毒倒地，死于洛阳宫中。刘缵死时年仅9岁，死后的谥号为"质帝"。

还有一位，便是东汉最后一任皇帝刘协，9岁时由董卓拥立即位，称孝献皇帝。后来曹丕代汉称帝，刘协被迫禅让于曹丕。

由此可见，幼主临朝的现象在东汉王朝确实极为普遍。

宦官、外戚惹的祸

东汉为何盛产小皇帝呢？究其原因，与宦官和外戚脱不了干系。

众所周知，东汉是中国历史上宦官最为猖獗的时期之一。宦官专权的特点极为明显，而且其中往往掺杂着外戚夺权。于是，宦官就在皇帝与外戚斗争的夹缝中，逐步增强自身的实力，进而把持朝政。

东汉的宦官专权现象，追根溯源，始于10岁即位的汉和帝。此后历代的东汉皇帝，大部分都是年幼即位。上文提到，最小的汉殇帝即位时刚满百日，年龄较大的皇帝即位时也不过15岁。

小皇帝登基之后，因其年幼无知，朝政大权往往控制在其母后之手，而其母后想把持朝政又往往依赖于外戚，于是，外戚专权的局面就这样形成了。当皇帝逐渐成长起来之后，自然是想收回权力，这显然是对外戚利益的极大冲击。

在皇帝与外戚的斗争中，皇帝由于势单力孤，大部分都要依靠宦官。然而宦官一旦帮助皇帝取得大权，便会居功自傲，进而产生把持朝政的野心。皇帝好不容易夺回的大权，自然不愿意拱手让给宦官。可见，长大成人的皇帝要面对外戚与宦官对皇权的双重威胁。

当外戚或宦官感到自己的权力受到威胁时，便会废掉甚至杀死皇帝，另立年幼的新君。这样的循环，便使东汉的小皇帝成了特色。

可以看出，小皇帝频出的朝代，政局基本上都是动荡不稳的。这些娃娃皇帝，不过就是宦官与外戚手中的一枚可以随时舍弃的棋子。

帝王墓葬：汉少帝死后何以被葬入宦官墓穴

古人对于死后的墓葬，向来是十分重视。百姓家如此，皇室贵族更是如此。按理说，皇帝的墓葬，即使不是金碧辉煌，也是非常讲究的。但是，汉少帝去世后，却被随随便便埋入了宦官的墓穴。这在历史上可谓绝无仅有，也令人难以理解。一代帝王，丧事为何如此不风光？可谓疑点重重。

登上帝位

汉少帝刘辩，汉灵帝刘宏之子，母亲是来自南阳郡宛县的宫女何氏。刘辩出生后，何氏母凭子贵，被封为贵人。

在刘辩出生之前，汉灵帝的皇子们纷纷早夭。所以刘辩出生后，汉灵帝没有将他养在皇宫中，而是养在道人史子眇的家里。传闻史道人通晓道术，所以何氏想凭借他的道术保护刘辩。并且，为了好养活，不敢叫他的本名刘辩，称他为"史侯"。

汉灵帝对这位皇子并不怎么喜爱，觉得他没有受过严格的宫廷礼仪教育，礼节和气质都远不如王美人所生的皇子刘协。

于是，群臣奏请汉灵帝立皇太子时，汉灵帝以刘辩行为轻佻，没有帝王的威仪，不适合做皇帝为由，欲立刘协为太子。但是，由于已成为皇后的何氏在宫中地位非同一般，再加上此时何皇后的兄长何进在朝中位高权重，所以，立太子之事一直悬而未决。直到汉灵帝驾崩，太子之位仍然没有定论。

随着何氏一族的势力逐渐强大，朝中立刘辩为太子的呼声一浪高过一浪。于是，刘辩终于在舅舅何进的强势拥立下当上了皇帝。而刘协则被封为渤海王，后改封为陈留王。

短暂的帝王生涯

刘辩即位后，东汉皇室内部暗流涌动。

大将军何进权倾朝野，一手遮天，朝廷比汉灵帝时更加黑暗没落。一众宦官和大臣借着先帝认为刘辩不适宜当皇帝的言论，欲拥立渤海王刘协。何进当然无法容忍这帮人动摇他的地位，于是，将他们统统诛杀。主犯杀尽后，何进随即又把屠刀伸向其他宦官，准备制造一场屠尽所有宦官的血腥事件，肃清宦官势力。

但是，何进还没有来得及下手，风声便走漏了出去。宦官张让、段圭等人先下手为强，趁何进宫时秘密将其刺杀。何进的下属袁绍等人见何进被杀，率军闯宫报仇，见到宦官就杀，共杀掉两千多名宦官。

张让等人见势不妙，于是劫持刘辩、刘协逃离了皇宫。不久，张让、段圭被卢植追兵斩杀，其余的宦官没了领导人，也纷纷投河自尽。

在逃亡期间，刘辩风餐露宿、缺衣少食，尝尽了人间疾苦。但他的厄运不止如此，因为他此时遇到了董卓。

董卓虽然是性格粗野的武夫，但他的政治嗅觉还算敏锐，投机意识也很强。董卓是何进请来诛杀宦官势力的帮手，途中听说宫中有变，刘辩被劫，立马前去迎驾，想以此捞取日后立足朝廷的政治资本。

但是，在这种流离失所的环境中，刘辩由于不知董卓来意，见到大军不免心生恐惧，吓得涕泗横流。在董卓面前丝毫没有君主的威仪，说话时也磕磕绊绊，语无伦次。倒是刘协，神色从容，思维缜密，一举一动颇具帝王之风。于是，董卓便动了废掉刘辩而立刘协的念头。

回宫之后，经历九死一生的刘辩改元昭宁，并大赦天下。这样的举动却丝毫没有动摇董卓叛乱的决心。董卓成功收编了何进的部队，之后，又将其与自己原有的西凉兵合二为一，使得自身实力大增。尤其是在将并州刺史丁原的大将吕布收入帐中之后，更是得意非凡，内心变得更加狂妄自大。

在刘辩改元后的第三天，董卓便迫不及待地开始了新动作。他先是主持群臣大会，明确表示刘辩年幼且能力不足，实在难以胜任一国之君。紧接着，逼迫何太后下诏书废刘辩为弘农王，另立刘协为皇帝。

152

不寻常葬制的由来

董卓之所以有此废立之举，原因很明确。首先，连其生父都认为其"天姿轻佻，威仪不恪"，必然是有其自身原因。无威仪、无能力，刘辩在战乱中留给董卓的印象印证了这一点。其次，刘协当时年仅9岁，比刘辩更小，所以董卓认为刘协控制起来更容易。另外，由于董卓初入宫廷，根基尚且不深，群臣不服，通过废立皇帝，足以提高自己的威望，令朝野震动，心生畏惧。

刘辩被废之后，董卓也因擅自废立君主，祸国乱政，加之其恣意妄为，引发天下豪杰起兵讨伐。

董卓对这样的阵势感到恐慌，因担心群雄会用迎废帝刘辩复位为名讨伐自己，所以，董卓决定将刘辩害死，以绝后患。于是，董卓派人进献毒酒给刘辩，并逼迫他喝下去。刘辩自知难逃此劫，含泪与妻子家人告别。这位曾经名义上是东汉帝国最高首脑的废帝，就这样潦草地结束了自己的人生，年仅15岁。

刘辩死后，他的葬制也是个大问题。新帝刘协年幼，难免要看董卓的脸色。更何况，刘协和刘辩还有一些历史过节。据说，当年王美人怀刘协时，何皇后为保儿子刘辩的地位不受威胁，曾逼迫王美人堕胎。王美人畏惧皇后，于是服下了堕胎药。但是，由于胎气异常稳固，并没有威胁到胎儿。后来，王美人顺利地生下了刘协，何皇后气急败坏地将其鸩杀，致使刘协自幼无母。

正是因为这些因素，刘协无力也无心为刘辩厚葬。于是，刘协下诏将刘辩葬于已故宦官赵忠生前为自己修成的墓穴。赵忠是汉灵帝时期著名的"十常侍"之一，后来，赵忠在宫变中被袁绍诛杀弃尸，其墓穴也就成为一座空墓，于是便成了刘辩最后的归宿。

将刘辩葬入赵忠墓穴，可以看作是刘协对这位皇兄的报复。曾经的帝王死后却只能葬在宦官之墓，刘辩自己肯定做梦也不会想到这个结局。

第三章
三国两晋南北朝：分裂时期的难解之谜

赤壁之战：到底是不是一场子虚乌有的战争

中学时代学过课文《赤壁之战》，让我们了解到这次战役是历史上有名的以少胜多的典范，也让我们对三国时期的概况、人物有了一定的了解。可是，现在有人提出来，历史上的赤壁之战并不是我们在课本中读到的那样，甚至有人怀疑，这场战役是否真的存在过。那么，历史上的赤壁之战真的存在吗？这场战役是否真如人们想象中那样传奇呢？

草船借箭的偏差

我们都曾在课本中读过诸葛亮"草船借箭"的故事，也正是因为这篇文章，诸葛孔明料事如神的聪明才智在大众心中留下了深刻的印象。然而，理想是美好的，现实是残酷的。纵观三国时期的历史记载，以及后来的历史学家们做出

的合理推测，我们不得不承认，"草船借箭"这个故事只是一个"借来"的故事！历史上的诸葛亮并不曾有过"草船借箭"之举。不然大家可以想一下，倘若孙刘要联手抗曹，到最后连箭支都很缺乏，是借来的，那他们还凭什么抗曹？所以这个故事的真实性还有待考证。

不过，既然已经说了这是个"借来"的故事，就意味着"草船借箭"这个故事并非完全杜撰，而是有据可查的。据《三国志·吴主传》裴松之注的有关记载，建安十八年，即赤壁之战五年后，曹操平定关中，率大军南下进攻东吴。当时孙权领兵迎战，两军战于长江水入巢湖的濡须口。曹操受挫后仍不放弃，依然坚守营垒以待战机。有一天，孙权借江面有薄雾，乘轻便战船从濡须口闯入曹军前沿，观察曹营部署。曹操生性多疑，见江面水雾缭绕，东吴军队整肃威严，恐敌军有诈而不敢出战，只是下令让弓弩齐发，箭射东吴战船。孙权的船很快便落满了箭，船也因一面受箭偏重而渐渐倾斜可能面临翻沉。幸运的是，聪明的孙权下令掉转船头，让另一面也受箭，等受重平均后，船身就平稳如常了。这时孙权指挥战船列队缓缓离去，曹操这才明白上了当。

所以说，这只是发生在孙权身上的一个故事，起初他没料到船身会中这么多箭，使船要倾覆，仅仅是急中生智之举罢了。他也没有计划要"借箭"，史书中也没说是草船。时至今日，由于多数人只熟悉《三国演义》这本小说，不研究历史，便想当然地认为"草船借箭"的主角就是诸葛亮。因此，我们才说，

明 仇英绘《赤壁图》

清　陈祖章雕橄榄核舟

船底刻苏轼的《后赤壁赋》全文。

清乾隆　掐丝珐琅赤壁扁壶

腹前后壶面纹饰同为掐丝组成的写生赤壁赋图景。

"草船借箭"是赤壁之战中最典型的一个虚构。

"周瑜打黄盖"子虚乌有

在《三国演义》中，周瑜为了使曹操深信黄盖不是诈降，而是真降，特地实行了一番"苦肉计"，先叫黄盖在举行军事会议的时候，公然冒犯周瑜。于是周瑜大怒，叫左右把黄盖拖下去斩首，东吴众将领纷纷求情，黄盖才幸免一死，改打了50下"脊杖"，被打得"皮开肉绽，鲜血迸流"。然而事实的真相是，历史上黄盖并不曾吃过这个苦。不过，黄盖诈降这件事是真的。

当时，黄盖为保证无武装的火船不被截击而能够顺利地接近曹军水寨，便向曹操投书诈降。《江表传》记载了黄盖的诈降书，他在诈降书里说自己认为以江东地区6个郡的兵力，不能够抵挡中原的100多万兵力，但是孙权、周瑜执迷不悟，妄想抵抗。所以，他为了避免与孙权、周瑜一起被消灭，情愿向曹操投降。而曹操也真的如黄盖所愿，很容易就相信了黄盖的投降是真的。

这就令人感到疑惑了：曹操不是一个很聪明的人吗？为何这么容易就被黄盖迷惑呢？其实，曹操并不是被黄盖所迷惑，而是他有充足的理由觉得黄盖会投降。首先，曹操的兵力比孙刘联军的兵力多，而黄盖不愿与周瑜同归于尽，这在曹操看来是很合乎常理的；其次，黄盖曾经做过孙坚的部下，他的资格比周瑜老，现在却屈居在周瑜之下，曹操认为其心有未甘；最后，十几年来各方的将领背弃原主而投降曹操的太多，曹操受降成习惯，因此对于黄盖之降，没有存太多怀疑之心。于是，曹操轻而易举地就接受了黄盖的投降。

借东风之谬误

一直以来，人们都以为黄盖要火攻曹军沿江停靠的船队，必须要借助东南风，否则他的火攻绝不能成功。然而，事实的冷水又一次无情地泼向我们，告诉我们这个结论是很片面的。

据《三国志·周瑜传》记载，武锋校尉黄盖向周瑜建议："今寇众我寡，难与持久，然观操军船舰，首尾相接，可烧而走也。"那么，曹操船队的"首尾相接"，到底是一个怎么样的状况呢？据说，曹军的战船之间并没有像课文中说的那样用铁链相连，而是首尾相连、紧密衔接，看上去好像连成一串。曹军的船舰之所以这样做，是因为用木板把船只两两钉在一起，会使船身的晃动幅度大大减小，这样北方兵在船上可以保持战斗力。同时，两大船连在一起，可以及时进行接舷战的步兵数量增多，这令东吴军特别头疼，也使孙刘联军均无计可施。于是，就在这个时候，黄盖提出了火攻的方案。

但是，黄盖在建议长途火攻突袭时，并没有提及风向问题，只是提到曹军的船只是首尾相连，就可以进行火攻。以三国东吴万震撰写的《南州异物志》中对帆船技术的记载为证，这里面详细记载了可利用侧向风力的用卢头木叶制成的帆，这种帆可以"其四帆不正前向"。因此，当时东吴水军战船装备中有可利用侧风的帆是可以确定的。所以，黄盖的火攻船，并不是必须正好沿风向开进，而可以利用侧向风开进。加之周瑜、黄盖多次在长江流域进行水战，周瑜十分清楚这个季节的风向均可以进行火攻。

退一步说，即使没有风力的作用，火攻的计划依然可以实施。黄盖完全可以把装满了干草的船，由南岸的上游之处，向斜对着北岸的下游之处行驶，倚仗水力，而不是风力。

由此看来，"借东风"明显就是后世对赤壁之战的第三处误读。为什么会出现这么多的误解呢？这是因为，当今学者对1800多年前战争真相的探寻与历史史实能有多大程度的相合，已经无从考证，而今天留在人们印象中的赤壁之战，更多的只是服务于扬刘贬曹的一个失真的历史故事罢了。

霸主曹操：至死不称帝有何用意

曹操的一生颇受争议，他"挟天子以令诸侯"，建立了魏国，与蜀国、吴国形成三国鼎立的局面。可就是这样一位三国时期的霸主，他竟然一生都没有称帝！这一行为真是让古往今来的人们都跌破了眼镜。那么，曹操为何至死都不肯称帝呢？他到底是怎么想的呢？

不愿背负乱臣贼子的骂名

关于曹操的评价，历来众说纷纭。在《三国演义》中，作者将他描绘成了大奸大恶的代表，这种观点也对后世的人们造成了深远的影响。相比之下，与他同时代的许邵用"治世之能臣，乱世之奸雄"来形容曹操则更显客观。然而，有一个问题始终困扰着世人：曹操一生，可以说离皇位只有一步之遥，他可以轻松地废掉小皇帝并取而代之，可是他并没有这么做。而是在之后的 25 年时间里，始终"挟天子以令诸侯"，甘居人下。那么，曹操为什么这样做呢？究其原因，主要在于"名声"二字。

东汉末年，汉室衰微，天下大乱，但朝纲伦常依然在形式上存在着，儒家文化的忠、孝、仁、义等理念依然是整个社会的价值标准，这也是何进、董卓等人把持朝政后不敢贸然称帝的主要原因。曹操虽然具有不同于其他军阀的雄才大略，却也摆脱不了儒家文化对他的影响，故而他在争夺权力、对外征战的过程中一直以朝廷的名义行事，以天子的名义兴师问罪，让自己表面上站在正义的一面，以便取得道义上的制高点。曹操平定董卓、吕布叛乱打的正是朝廷这张王牌，如果曹操废掉汉献帝，自己登上皇帝的宝座，那他跟董卓、吕布还有什么区别呢？董卓、吕布可是当时天下公认的残暴之人，是人人欲得而诛之的对象。曹操的智慧谋略远在这二人之上，当然不愿成为千夫所指的罪人。

而且，虽然曹操竭力宣称自己是奉天子诏，但汉献帝的权力早已被他架空，这也是路人皆知之事。为此，孙权、刘备还唾骂他"名为汉相，实为汉贼"。但曹操并不惧怕这种责骂，因为当时天下分裂，群雄并起，相互之间的责骂和攻讦本属正常，曹操同样以乱臣逆贼的名义指责他们，他惧怕的是留下历史的骂名，那可是有口难辩、影响深远的。因此曹操一直保持丞相的身份而不敢随便僭越称帝。据《魏氏春秋》记载，夏侯惇曾对曹操说："天下咸知汉祚已尽，异代方起。自古已来，能除民害为百姓所归者，即民主也。今殿下即戎三十余年，功德著于黎庶，为天下所依归，应天顺民，复何疑哉！"王曰："'施于有政，是亦为政'。若天命在吾，吾为周文王矣。"由此可见，曹操为自己设定的标准是非常高的，他想做周文王那样的圣人，成为千古传诵的对象。在历史的长河中，这种亘古流传的圣人称号比一个身背骂名的皇帝称号美好多了！

同时，曹操在《述志令》中进一步明示："齐桓、晋文所以垂称至今日者，以其兵势广大，犹能奉事周室也。"这就说明，在曹操心中，他是以齐桓公和晋文公自喻的。曹操也是通过这番言论告诉天下人，虽然他势力非常大，但他绝无二心，并不是想篡汉的"奸雄"，而是一心辅佐幼主的"能臣"。由此可见，上述所有的一切都说明曹操深受儒家正统文化的影响，他不想背上千古罪人的历史骂名，而是想做一个流传千古的圣人。

不具备绝对的称帝条件

曹操至死不称帝除了他想要好的名声，做一个流传千古的圣人外，还因为他当时不具备称帝的客观条件。

从当时的形势来看，虽然他已经取得汉王室的绝对控制权，但他的势力还局限于中国的北方，东南、西南等地方还有孙权和刘备在虎视眈眈，国家尚未统一，天下并不太平。如果这个时候曹操敢冒天下之大不韪贸然称帝，势必会成为众矢之的，让刘备、孙权抓住把柄，带领天下英雄讨伐他。这样一来，他"挟天子以令诸侯"的政治优势便不复存在，就会陷于政治和道德上的被动，甚至可能会引起新一轮的军阀混战。虽说曹操此时兵多将广，但以乱臣贼子的

163

第三拍

羈囚兮在縲絏
憂慮萬端無處說
使余朝兮不免饑
使余夜兮不得息
余驚食兮飲余血
誠知殺身兮不如死
早被蛾眉累此軀
空悲弱質柔如水

水到宿兮草頭坐
風吹漢地衣裳破
辛勤
沐髮長不梳
羔子皮裹領仍左
狐裘貉袖
腥復膻
晝披行兮夜披卧
氈帳時移無定
居日月長兮不可過

霜震風土蕭條近胡國萬里重陰烏不

寒沙莽莽無南北

明 佚名绘《胡笳十八拍图》卷 绢本 水墨设色 29.2 厘米 × 1544.5 厘米

《胡笳十八拍》为中国乐府名诗，古琴名曲，相传为东汉末年蔡文姬以胡笳音色融入古琴中作成，有「大胡笳」「小胡笳」等39种不同版本。蔡文姬名蔡琰，博学有才，工于书法，通音律，据称能用听力迅速判断出古琴的第几根琴弦断掉了（《三字经》中有「蔡昭姬，能辨琴」。初嫁名门之子卫仲道，后守寡归宁。董卓乱京时，被董卓部将所掳，后流落至匈奴，嫁南匈奴左贤王刘豹，诞下二子。公元207年，由于曹操发迹前与其父蔡邕相熟，便遣使以重金将她赎回，安排她再嫁同乡陈留董祀。即为「文姬归汉」的故事。

童稚牵衣雙在側將未不可留又憶還

第十三拍

身份与天下豪杰对抗，却也没有必胜的把握，反而有可能使自己的大好形势得而复失，这显然是对曹操不利的，所以他对称帝一事非常谨慎。

但是，有人也说了，当时曹操的许多部下都曾劝说过他称帝，就连孙权也曾劝曹操废汉建魏，由此可见，曹操还是有一定人心的。但是，曹操的态度为什么还是如此坚定，不肯称帝呢？因为这是别有用心之人的谋略罢了。据《三国志》记载，建安二十四年（公元219年），孙权上书给曹操，表示愿意俯首称臣尊奉曹操为帝。曹操当即识破了孙权的伎俩，笑着说："是儿欲使吾居炉火上耶！"他很明白，一旦自己称帝，势必会陷入水深火热之中，曹操的见识实非一般。曹操清楚：只要紧紧靠着汉献帝这棵大树，谁也奈何不了他，谁也动不了他，否则便是自取灭亡。曹操被封为魏公、魏王之后，内部的反对派和外部的敌对派凡有所行动者，都没有什么好下场，事实也证明了这一点。

实用主义至上

曹操是一个志向远大、雄心勃勃的人，而且坚持实用主义，并不看重虚名。他的目标很明确，就是要统一天下，安邦定国，其他的都是手段，只要是能帮助他实现这个目的，什么方法都可以用。因此，选择"挟天子以令诸侯"也是他非常高明的手段，这一选择让他在军阀混战中处于极大的优势。他的这种实用主义还表现在用人上，他的用人原则是不问出身，唯才是举，荀攸等人正是因此被招到他的麾下，帮助他奠定了霸王功业。

这种讲究实际、不务虚表的作风在是否称帝的问题上得到了极致的体现。曹操平定北方之后一步步剥夺了汉献帝的权力，直到把汉献帝完全变成自己的傀儡，成为为他发号施令的道具。建安十八年，曹操以荀彧之死为代价受封魏公及九锡，并把全国合并为九州，并使最大的冀州归他管辖。建安二十二年，曹操逼迫汉献帝诏令他设置只有天子才可使用的旌旗，头戴悬垂有十二毓的礼帽，乘坐专门的金银车，套六马。至此，曹操既把持了朝廷的一切大权，也合法拥有了身为天子才能有的装束仪仗。此时，陈群、桓阶、夏侯惇等人都劝曹操称帝，然而曹操不为所动，坚持不做皇帝。

其实此时的曹操称不称帝只是一个名号的问题，天子的诏令由他口授，官员的任命由他授意，朝廷的政策由他决定，他是以丞相的名义做皇帝的事，曹操已经成为事实上的皇帝，又何必去计较"皇帝"这个称号呢？汉献帝刘协倒有"皇帝"的名号，可又有什么用呢？曹操在《述志令》中说："身为宰相，人臣之贵已极，意望已过矣！"意思是自己做到丞相，已经非常尊贵，非常满足了。成为事实上的皇帝，曹操当然满足了，已经享受到了皇帝的各种待遇，也就没有必要去公然登基称帝了，那样反而会让刘备、孙权抓住把柄，实在是没有必要。因此，曹操说："若天命在吾，吾为周文王矣！"意思是说，他要让自己的儿子登基为帝。后来的历史也证明，曹操的确是为自己的儿子称帝做好了准备。

　　总之，曹操在要不要称帝这件事上处理得非常聪明，他以丞相的名义做了应该由皇帝做的事，在形式上维持了儒家的伦理纲常，在实际上实现了自己的野心和欲望，既让刘备、孙权抓不住把柄，又为自己的儿子日后称帝准备了条件。

战宛城　山东潍县，戏曲年画。讲的是曹操征讨宛城与张绣打仗的故事。《战宛城》为京剧传统剧目，一名《张绣刺婶》，又名《割发代首》及《双盗戟》。

名医之死：曹操杀华佗之谜

受《三国演义》的影响，今天的众多读者都认为神医华佗不仅医术高明，而且医德高尚，时刻心系天下百姓的疾苦，因不肯服侍权贵、专门为曹操一个人看病，而被曹操一怒之下给杀了。但是，历史上的事实果真是如此吗？神医华佗到底有哪些不为人知的秘密呢？

一代神医之死

神医华佗是沛国谯人，年轻时，他曾到徐州一带访师求学，"兼通数经，晓养性之术"，专心致志地研究医药学和养生保健术。

华佗一生行医四方，足迹与声誉遍及中国各地。曹操听闻华佗医术精湛，遂征召他到许昌为自己看病。曹操常犯头风眩晕病，经华佗针刺治疗后有所好转。当时的《三国志》对此是这样记载的："佗针鬲，随手而差。"后来，随着政务和军务的日益繁忙，曹操的"头风病"加重了，于是，他想让华佗专门为他治疗"头风"病，随侍在自己左右。但是华佗心里不愿意，于是他借口妻子有病，告假回家，不再到曹操那里去了。华佗的做法让曹操非常愤怒，他便派人到华佗家里去调查一番，还说："如果华佗的妻子确实有病，就送给他小豆四十斛；要是没有病，就把他逮捕来治罪。"

传说，华佗被逮捕送到曹操那里后，曹操仍旧请他治病。华佗给曹操诊断之后，对曹操说："此近难济，恒事攻治，可延岁月。"就是说曹操的病在短期内很难彻底治好，只能苟延岁月。可是，华佗也不是没办法全部治好，办法就是需要曹操先饮"麻沸散"，麻痹脑部，然后用利斧砍开脑袋，取出"风涎"，只有这样，才可能去除病根。华佗这样一说，多疑的曹操以为他是要借机杀掉自己，为关羽报仇，于是，他命人将华佗关押了起来。

华佗被关进牢狱以后，他知道曹操不会放过自己，于是抑制住悲愤的心情，逐字逐句地整理出他的三卷医学著作——《青囊经》，希望借此将自己的毕生所学流传下去。这三卷著作整理好以后，华佗把它交给牢头，牢头却不敢接受。在极度失望之下，华佗把它丢在火盆里烧掉。牢头这时候才觉得可惜，慌忙去抢，只抢出一卷，可惜的是，这一卷是关于医治兽病的记载。因此，华佗并没有留下医学上的专门著作，这对于我国医学而言，是一个很大的损失。

华佗的过失

虽然历史上的记载大多是说曹操诛杀了华佗，说神医之死的责任全在曹操。但这种说法真的正确吗？难道华佗就没有任何过失吗？

俗话说得好："一个巴掌拍不响。"受文学作品《三国演义》的影响，今天的许多史学家大都认为华佗不仅医术高明，而且医德高尚，时刻心系天下百姓的疾苦，不肯服侍权贵。殊不知，这其中有大量的虚构成分。

在中国古代社会，"万般皆下品，唯有读书高"和"学而优则仕"是众多读书人的信条。华佗生活在东汉末年，当时社会上读书做官的热潮已经达到了顶点，公卿大多数是熟悉经书者，汉顺帝时太学生多达3万人，学儒读经成为社会的风尚，而医药技术虽为上至帝王、下至百姓所需，却为士大夫所轻视。因此，在东汉时期医生的社会地位并不高。这种社会风气也给华佗带来了一定的影响。据《三国志·魏书·方技传》记载，华佗年少时曾经在徐州一带游学，是个兼通经书的读书人，在当地还很有名气。众所周知，东汉时期普通的读书人要进入仕途的途径只有被"举孝廉"，也就是因为品德高尚而被推荐进入官场。当时，沛国相陈珪和太尉黄琬都曾举荐华佗为孝廉，征辟他做官。但是，华佗却颇为自负，认为自己才气大，不屑于去做他们举荐的那些低级文案工作。再者，华佗那时已经迷恋上医学，他不愿意为此小官而抛弃自己所喜好的医学。

然而，社会的现状却给了他迎头痛击。如《三国志·方技传》中记述的那样，"然本作士人，以医见业，意常自悔"，华佗在行医的过程中，深深地感受到医生的地位低下。随着他医名的远播，前来请他看病的高官权贵越来越多。在这些高官权贵的眼中，华佗即使医术再高明，也只是一个医生而已。这使华佗在同他们接触的过程中，失落感更加强烈，性格也变得乖戾，难以与人相处。因此，范晔在《后汉书·方术列传》中毫不掩饰地说他"为人性恶，难得意"。所以说，华佗在后悔和自责的同时，其实也是在等待重新入仕为官的机遇。

颠覆以往的真相

华佗一心等待好的时机入仕为官，恰巧曹操找到了他看病，这个机会让华佗看到了走入仕途的机会。华佗利用为曹操治病的机会，以医术为手段，要挟曹操给他官爵，因此才说出了"头风病比较顽固，只能苟延岁月"这一番危言耸听、明显带有要挟成分的话语。

但是，曹操毕竟不是一般的人物，他识破了华佗的用心，所以他说："佗能愈此。小人养吾病，欲以自重。"表示自己对华佗的要挟很不满，因此，他并没有满足华佗的要求。于是，华佗便以家中有事为借口请假回家。到家后华佗又托词妻子有病，一直不回，对曹操再度进行要挟。曹操这才大怒，将华佗拘捕。可是为了治疗头风病，曹操再度容忍华佗，没有将他处死，于是华佗提出了用利斧砍开脑袋，去除病根的治疗方法。多疑的曹操对此再也不能容忍，于是，他命人将华佗杀害。

看到这里，有人就问了：或许这种方法真的能治好曹操的病，只是因为曹

操多疑才错失良机，误杀了华佗。这种说法真的正确吗？假如曹操真的同意用此方法治病，又会出现什么结果呢？

首先，要是动手术的话很难克服感染的问题。在当时的医疗条件下，华佗使用利斧作为医疗器械根本不可能做到无菌，在有菌的条件下进行头部手术，曹操在手术后肯定会发生颅内感染。而且，当时没有有效的广谱抗生素，仅仅一个感染就足以致曹操于死地。现代医学那么发达，手术后的感染还是经常发生，稍有不慎就会造成不良后果。曹操那时动手术，后果就更加难以预料了。因此，除非曹操的免疫能力非常强，否则他必死无疑。

其次，华佗是否能够顺利地进行脑部手术也不确定。华佗的确是当时最杰出的神医，但他对人的大脑是否有过研究以及是否做过脑科手术，在史书中并无一字记载。按照颅脑的解剖来看，人的大脑不同区域的功能是不同的，就是现在，大脑斜坡部位仍是手术的相对禁区。按照当时的认识，华佗不可能知道大脑的精细解剖结构。如果真动手术，稍有不慎，曹操立即命丧黄泉。

再次，华佗能否对曹操进行急救也是一个问题。开颅手术时要有起码的急救设备，比如心电监护设备、输血补液设施、吸氧设备等，这些起码的设备缺一不可。一旦血压下降或者心搏骤停，在这些起码的急救条件不具备的情况下，曹操开颅凶多吉少。

综上所述，曹操因华佗提出的开颅手术而在暴怒之下杀掉他是很有可能的，也是情有可原的。

清　禹之鼎绘《春泉洗药图》卷　纸本设色　克利夫兰艺术博物馆藏。

清　药箱

刘备墓穴：刘备真正的葬身之所在何处

近来，随着学术界和媒体界的争论不休，刘备墓穴之谜变得扑朔迷离。那么，刘备究竟埋葬在了哪里？是在奉节夔州宾馆地下还是在成都武侯祠？这些问题已经越发神秘起来。

刘备的衣冠冢何去何从

公元222年，刘备兵败白帝城，翌年，病逝于永安宫。《三国志》中有这样的记载："夏四月癸巳，先主殂于永安宫，时年六十三……五月，梓宫自永安还成都，谥曰昭烈皇帝。秋，八月，葬惠陵。"从这段文字中不难看出，1700多年前的夏天，刘备死在奉节，随后梓宫被运往成都安葬。这也成了后来成都方面的学者认定刘备葬在武侯祠的一个重要依据。但是，史学家们关于刘备葬身何处的意见并不统一，甚至有很多学者认为成都的刘备墓只是一个衣冠冢而已。实际上情况到底如何呢？刘备的墓究竟在什么地方？

关于这个问题，史学家们一般持两种说法。一是"成都说"，以成都武侯祠为代表：据《三国志》记载，刘备四月死于奉节，五月启运，八月到达成都，刘备就葬在武侯祠，此为"成都说"。然而，中国史学泰斗级人物郭沫若最先公开反对"成都说"。郭沫若1961年在奉节考察后认为：四月到八月酷暑难当，当时还没有甲醛和水晶棺等"保鲜设备"，刘备若真运回成都，早已尸水长流。所以他认为，刘备墓在武侯祠缺乏依据，于是引发了人们关于第二种说法的争议，即"奉节说"。奉节人说起刘备墓，满脸的自信。而且，经多年建筑挖掘和探测发现，奉节人对于"刘备墓在奉节"的说法充满了信心。

20世纪60年代奉节修县委办公楼时，曾挖出一个大洞。县政府在修建原四川汽运公司出城公路的时候，曾挖出一条 1 米宽的土槽。这一洞一槽，当时被文物界认为是刘备墓的墓道，但因缺乏资金和确凿证据而封存至今。但土槽引起了文物界的极大关注。安徽物理探测所于 1982 年应邀前往探测，发现夔州宾馆地下有 18 米的空洞，并有金属反应，推测可能是金属随葬品或铁墓碑。在后来的多次探测中，均有相同报告。

史料也为"奉节说"提供了佐证，目前有四种版本的刘氏家谱均记载刘备葬于夔州府后花园，即现在的奉节旧县城夔州宾馆内。

"奉节说"也存悬念

虽然前文说了"奉节说"的真实性最强，但是刘氏家谱也给"奉节说"带来了麻烦：奉节是在唐代改信州为夔州的，三国时代并不称夔州，因此，"夔州府后花园"与其年代是矛盾的。所以，众人对"奉节说"的正确与否也持怀疑态度。

之后，"奉节说"的专家立即进行反驳，说称谓不是大问题，后人可以沿用"夔州"称谓，并以明代的《夔州府志》为证继续反驳："昭烈之陵依依，甘后之墓匿匿"。刘备和甘夫人感情甚笃，应该合葬。而今，甘夫人墓在夔州宾馆地下已无争议。但奉节县政协副主席魏靖宇称：即使刘备墓在奉节，也不在甘夫人墓附近——考古发现，白帝城池并不是现在的奉节县城，现在的奉节旧城建于三国之后。

这场持续几十年的争论成为学术界和旅游界关注的焦点。人们都希望打开刘备墓，亲眼看看三国皇室墓葬的辉煌。

刘备遗诏有何异常

自古以来，帝王将相的下葬都非易事，需要牵扯到很多事情。可是，大量的史料证明，刘备病死在奉节已没有争议了，学术界也达成了共识，但刘备死后是就地下葬还是尸体被运往成都？目前尚没有确切的实物证明。有关学者认为，就当时的情形看，要将刘备埋在奉节，丞相诸葛亮和蜀国后主刘禅都不可

174

能做这个决定。那么，只有一种可能，就是刘备自己下遗诏。

　　史学家们之所以会有这个猜测，是因为刘备死在气温极高的夏天，当时没有公路，交通很不方便，从奉节到成都全是逆行而上的水路，仅单行也需要花费30多天时间，如果花这么长的时间把他的遗体运到成都，遗体肯定会腐烂。因此，史学家们认为，刘备的遗诏里应该提到了他葬身何处的问题。

　　此外，史学家还分析，甘夫人是刘备最钟爱的女人，但甘夫人早逝，死时才22岁，初葬于南郡。公元222年，她追谥为"皇思夫人"，迁葬于奉节，后又被追谥为"昭烈皇后"。刘备和甘夫人感情甚笃，从刘备的性格和当时的心境来看，他极有可能留下和甘夫人合葬的遗诏。但这仅仅只是猜测而已，要使这个学术界和旅游界争论多年的悬念云开雾散，唯一的办法就是发掘刘备墓。只有这样，才能解开这个千古之谜。

三国时期　陶瓦　高9.5厘米　宽15.6厘米

近代　张大千绘《诸葛亮像》

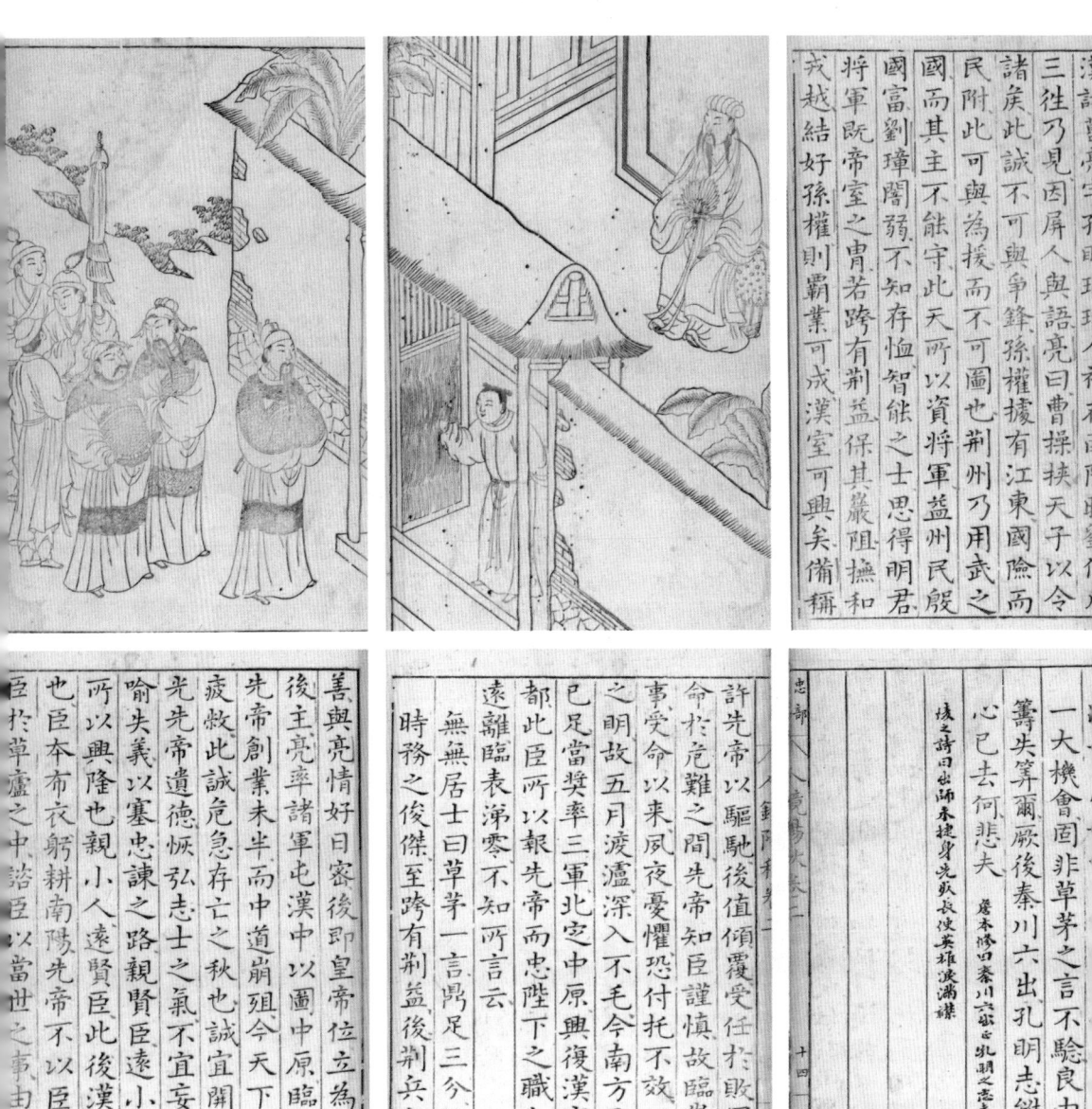

漢諸葛亮字孔明琅琊人
三往乃見因屏人與語亮曰曹操擁天子以
令諸侯此誠不可與爭鋒孫權據有江東國險而
民附此可與為援而不可圖也荆州乃用武之
國而其主不能守此天所以資將軍益州民殷
國富劉璋闇弱不知存恤智能之士思得明君
將軍既帝室之胄若跨有荆益保其巖阻撫和
戎越結好孫權則霸業可成漢室可興矣備稱

善與亮情好日密後即皇帝位立為丞相繼事
後主亮率諸軍屯漢中以圖中原臨發上疏曰
先帝創業未半而中道崩殂今天下三分益州
疲敝此誠危急存亡之秋也誠宜開張聖聽以
光先帝遺德恢弘志士之氣不宜妄自菲薄引
喻失義以塞忠諫之路親賢臣遠小人此先漢
所以興隆也親小人遠賢臣此後漢所以傾頹
也臣本布衣躬耕南陽不以臣卑鄙三顧
臣於草廬之中諮臣以當世之事由是感激

許先帝以驅馳後值傾覆受任於敗軍之際奉
命於危難之間先帝知臣謹慎故臨崩寄臣以大
事也故受命以來夙夜憂懼恐付托不效以傷先帝
之明故五月渡瀘深入不毛今南方已定兵甲
已足當獎率三軍北定中原興復漢室還於舊
都此臣所以報先帝而忠陛下之職分也今當
遠離臨表涕零不知所言
時務之俊傑至跨有荆益後荆兵向宛洛益
無無居士曰草茅一言邂逅足三分孔明真識

一大機會固非草茅之言不驗良由廟堂之
籌失筭爾厥後秦川六出孔明志雖酬索天
心已去何悲夫

凌之詩曰出師未捷身先死長使英雄淚滿襟
磨本隆中秦川六出孔明之志未獲真此苦大少

忠部　人鏡陽秋卷之一
十四　翠堂

三顾茅庐　选自明代《人镜阳秋》

诸葛亮受刘备三顾之礼，提出著名的《隆中对》，策动孙刘联盟，于赤壁之战中大破曹操，奠定三国鼎立的基础。

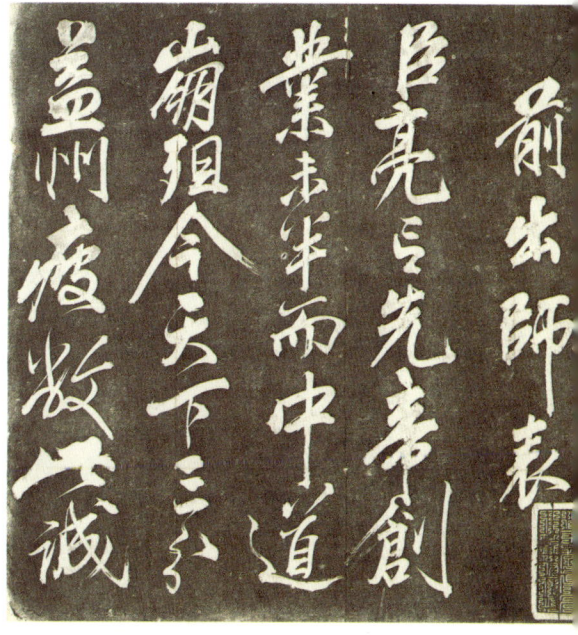
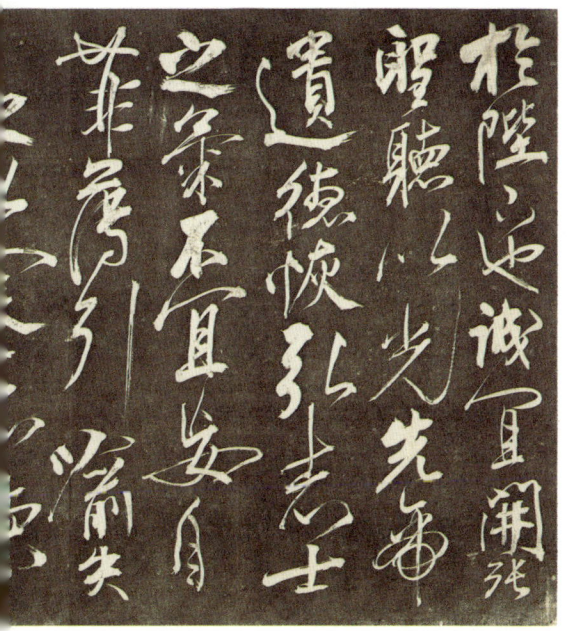

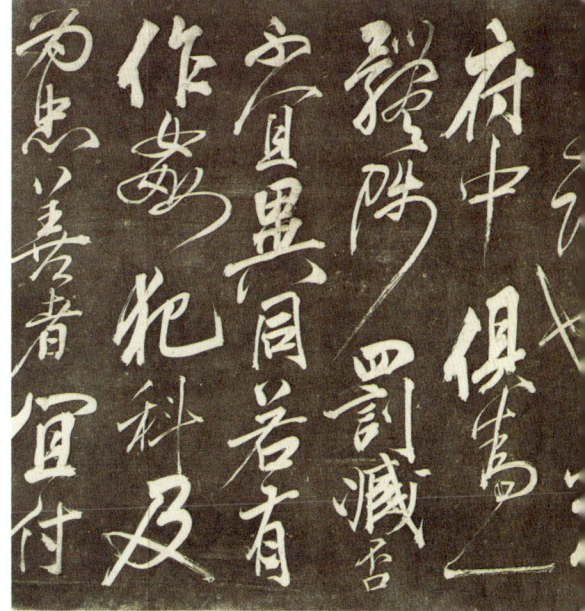

出师表

三国，诸葛亮撰；南宋，岳飞书；清，胡升猷翻刻。光绪四年（1878年）初拓本。原石现藏于陕西岐山县武侯祠。
通常，我们所说的《出师表》一般指《前出师表》。《前出师表》作于蜀汉建兴五年（227年），收录于《三国志》
卷三十五。彼时诸葛亮决意北进征伐魏国，遂上表后主刘禅。其文章情意真切，感人肺腑，主要内容有规劝君王、
委托政事、回顾经历、表明北伐决心四部分。其中名句"五月渡泸，深入不毛"指的就是征孟获。

七擒孟获：著名的历史佳话是否具有真实性

关于诸葛亮"七擒孟获"的故事是真是假，历来众说纷纭。有学者认为，"七擒七纵"的故事实际上是不存在的，是被后来的《三国演义》和剧本加以演绎的，情节尤为离奇，怪诞不稽。那么，历史上关于这件事到底是如何记载的呢？

孟获，是否确有其人

"七擒孟获"是《三国演义》中大书特书的桥段，流传已久。在这个故事里，诸葛亮以"七抓七放孟获"这种攻心的战略，成功地平复了叛乱，稳定了南方，使他可以专注于北伐而无后顾之忧，也使他声名远播。

从古至今，几乎没有人怀疑这件事的真实性：史家裴松之、司马光等人对此极尽赞美之词；文人有机会就加以宣扬赞赏，如赵藩的"能攻心则反侧自消，从古知兵非好战"；小说《三国演义》更是汇集了各种传说故事，把"七擒七纵"这四个字加以渲染，使之成为耳熟能详的长篇故事。其影响所及，以至于异国他乡也是有口皆碑。

然而，事实的真相却是，我们翻遍《三国志》这本权威的历史著作，也找不到任何地方提到过孟获，更没有关于"七擒孟获"的记载。也有部分史学家们认为，对于一个叛乱领袖，抓住七次又放掉七次，既不符合诸葛亮小心谨慎的性格，也不符合战争的常规。故而，我们不得不提出疑问，历史上究竟有没有孟获其人？

在《三国志·诸葛亮传》中，有关诸葛孔明平定南中的记载总共12个字："三年春，亮率众南征，其秋悉平"。另外，《三国志》其他章节中关于南征的零星记载也没有提到过"孟获"这个名字。有人据此认为，历史上可能根本就没有"孟获"这个人。而且，如果历史上真有"七擒孟获"这种史上罕见的成功战例的话，《三国志》怎么会毫无记载呢？然而，与《三国志》几乎同时代的历史著作《汉晋春秋》却提到了诸葛亮对"孟获""七擒七纵"的记载，写作时间稍晚一点点的著名历史地理著作《华阳国志》和《水经注》也都提到了"七擒孟获"。再者，云南昭通县（今昭通市）县城南十里白泥井第三中学内出土的著名汉代"孟孝琚碑"上明确记载，汉代孟姓在历史上是南中的最著名的两个大姓之一。除此之外，据已发现的实物资料显示，有关孟获祭祀的历史最早是唐代和宋代时期。至于新中国成立前西南诸省，或建祠庙，或附祀土主庙以祀孟获者有多处。仅西昌县（今西昌市）石柱子土主庙、青龙寺、五显庙就都设像祭祀。民间所供五显填神，其画轴左侧第三层排列中有一孟获像，俗称"扫坛蛮王"。据此，史学界大多倾向于认为，虽然孟获的生卒时间无法考证，但在历史上应该是有"孟获"这个人的。

诸葛亮是否真的"七擒孟获"

孟获确有其人，那么，诸葛亮是否对其"七擒七纵"呢？

从时间上来看，据史书记载，诸葛亮七擒孟获之后，"遂至滇池"，时间正是这年秋天。从他"五月渡泸"，只用了大约四个月左右的时间，就把"称兵倡乱"长达两三年之久的反叛势力"其秋悉平"。在那么短的时间里，"方务在北"的诸葛亮一方面要攻城克寨，安抚边民，筹集粮草，另一方面又要率领全军克服险峻恶劣的自然条件。用这么短的时间，要完成那么多的事，这在当时科技和交通都不发达的社会里，无论如何都难以办到。《通鉴辑览》也说，"七纵七擒为记载所艳称，无识已甚。荒蛮夷固当使之心服，然以缚渠屡遣，直同儿戏，一再为甚，又可七乎，即云几上之肉不足虑，而脱鞲试鹰，发押尝虎，终非善策。且彼时亮之所急者，欲定南而伐北，岂宜屡纵屡擒，耽延时日之理，知其必不出此。"

从地理位置上看，南中在三国时期，指现在的云南、贵州和四川的西南部，当时是蜀国的一部分，自古称为"夷越之地"，即少数民族居住的地方。诸葛亮是建兴三年三月从成都出发，四月平定四川西昌，五月渡金沙江，至秋，四郡俱平，遂取道滇东北，冬至四川庆符，十二月回到成都的。从上述情况可以看出，诸葛亮在安定南中时显然没有到过滇西。非常奇怪的是，在滇西却留下了许多有关诸葛亮南征的"遗迹"和民间传说。如《滇云纪略》称："七擒孟获：一擒于白崖，今赵州定西岭。一擒于邓赕豪猪洞，今邓川州。一擒于佛光寨，今浪穹县巡检司东二里。一擒于治渠山。一擒于爱甸，今顺宁府地。一擒于怒江边，今保山县腾越州之间。一以火攻，擒于山谷，即怒江之蹯蛇谷。"从这些地点的分布来看，几乎全都在今天云南西部的大理、保山一带地区。试问，诸葛亮怎么会在一个自己都没到过的地方"七擒孟获"呢？

由此，我们已经明白，"七擒七纵"的故事实际上是不存在的，民间传说诸葛亮"七擒孟获"是因为诸葛亮"南抚夷越"的政策已经深入人心，当地百姓对诸葛亮极为崇尚，难免会将一些其他人物的事迹，都牵强附会到诸葛亮身上，有些好事者甚至编出一些故事附加到诸葛亮身上。这些故事随着时间的推移，以讹传讹，致使史学家们也不得不信了。

街亭失守：挥泪斩马谡是否另有隐情

　　"诸葛亮斩马谡"这个故事千古传诵，除了因为马谡在原本有胜算的街亭一战失败了令人惋惜外，还因为诸葛亮军法严明让人佩服。其实，历史上对于街亭失守这次战役的记载与我们熟知的故事还是有很大差异的，甚至有人说，诸葛亮斩马谡另有隐情，是为了一己之私！那么，事实的真相到底如何呢？让我们来揭开这一谜团。

本有胜算，奈何失手

　　公元 228 年，踌躇满志的诸葛亮第一次兵出祁山北伐时，可谓形势大好。诸葛亮先是用疑兵之计，老谋深算地诈称大军由斜谷道攻取眉县，派赵云和邓芝据箕谷以引诱魏军，魏国大将军曹真果然上当，尽出精锐防御之。而诸葛亮则率领大军星夜兼程攻占祁山，这种出其不意、攻其不备的战略效果非常明显，南安、天水、安定三郡的魏军孤立无援，相继倒戈投降，关中大地为之震动，魏明帝曹叡西镇长安，知人善用地派遣五子良将张郃领兵迎战诸葛亮。

　　从当时蜀国的战备和战争策略上来看，诸葛亮五出祁山中，只有这一次是最有胜算的。为什么这样说呢？

　　主要原因有五个。第一，南抚诸蛮，永久性地解决了后顾之忧，不必担心自己在全力北伐时后院起火；第二，蛰伏伺机，治戎讲武，民富国强，此次北伐举蜀国全国之力，尽起精锐劲卒，麾下名将云集，赵云、魏延、王平、邓芝、吴懿等蜀汉名将此时都是当打之年；第三，统一思想，开动舆论机器，以光复汉室，讨伐魏国为己任，力排众议，全国同仇敌忾，信心爆棚；第四，后勤保障工作有备无患，相府各级文官各司其职，兵饷粮草充足完备；第五，战略上已经取得主动，诱兵之计出乎意料的成功，弹指间关中之地唾手可得，曹魏政权岌岌可危。

但是，诸葛亮身为蜀国的一代良相，终究也难逃"智者千虑，必有一失"的谶语，他可真是一着不慎，满盘皆输呀！当时诸葛亮竟然不顾部将非议，在最需要慎重和冷静的时候做出了一生中最为错误的一次选择，竟然派遣了没有实战经验，从来没有独当一面领兵打过仗的参军马谡督率前军在街亭迎战一代名将张郃。结果"谡违亮节度，举动失宜，大为郃所破"，便如《三国演义》中描述，马谡在街亭以书生之见，舍水上山，结果水源之地被张郃占据，蜀军不战自乱，马谡举措烦忧，溃不成军，第一次北伐就这样夭折于纸上谈兵的马谡之手。

诸葛亮的失误

表面上看马谡在这次战役中犯了重大错误，归根结底，这次战役失败的原因在于诸葛亮用人不察。

据说，刘备曾经在临死前谆谆劝诫诸葛亮，"马谡言过其实，不可大用，君其察之"，但诸葛亮置若罔闻，我行我素，把先主刘备的话当作耳旁风，反而重用马谡。而且，诸葛亮还寄希望于后天改造，与马谡时常通宵达旦地谈论军事，希望将之培养成又红又专的北伐事业接班人。但这种主观意念上的改造和超乎寻常恩宠的结果，却让马谡更加自以为是和刚愎自用，这就为将来的覆败埋下了伏笔。

其次，诸葛亮重用马谡不说，还错位使用，这才酿成大错。按理说，以马谡的才能，做一个参军、幕僚就可以了，例如他曾献攻心计，诸葛亮纳其言赦孟获以服南方。但是，诸葛亮非要他行军打仗。兵戎大事，马谡一个文人，怎么可能做得来呢？再说了，上战场需要的是经验和战场上瞬息万变时的即时应变能力，马谡却只会死读兵书还不求甚解，而且固执己见，自视甚高听不得反对意见，可是诸葛亮却偏用他领兵打仗。而且，当时诸葛亮帐下并不是没有可用之人，相反，可用之人很多，《三国志》上就说："时有宿将魏延、吴懿等，论者皆言以为宜令为先锋，而亮违众拔谡，统大众在前，与魏将张郃战于街亭，为郃所破，士卒离散"。

所以，正是诸葛亮的用人失误直接造成了第一次兵出祁山的靡费国力和无功而返，诸葛亮深知自己犯下了不可饶恕的错误，所以第一次兵出祁山失败后上书后主自贬三等，以右将军行丞相之责。

痛斩爱将的历史隐情

前面说了诸葛亮在这次事件中的失误，那他挥泪斩马谡的心理也就昭然若揭，再清楚不过了。

其一，杀马谡以掩盖自己的过失。与《三国演义》中的解释不同，街亭守将一职，并非马谡自动请缨，而是诸葛亮的苦心孤诣造就，他"违众拔谡"，就是要让自己看重的马谡阵前历练，期待军功章"有你的一半也有我的一半"，而忽略了诸如魏延等宿将。此为诸葛亮主观用人的大错，也是其培养接班人太功利，太心急的结果，不杀马谡则自己的威望会大打折扣，同时杀掉马谡也是为北伐失利寻找一个替罪羊，就这样，倒霉的马谡注定了毫无生路。

其二，杀马谡以堵天下人之谤。北伐曹魏，并非是众口一词，所有

传统戏曲《阳平关》中的诸葛亮

传统戏曲《阳平关》中的魏延

传统戏曲《阳平关》中的马岱

人都赞同，最起码当时的益州集团核心利益代言人李严就不是很赞同，因为蜀国国力单薄，与曹魏作战，无异于以卵击石，蜀国还没有强大到同曹魏一较高下的地步。而诸葛亮自认占的是汉室正统扫清六合的舆论主阵地，北伐徒劳无功，则正中以李严为代表的益州集团众臣的下怀，而杀马谡就是为了堵住悠悠众口，不让这些人看自己的笑话，为下次北伐重新做准备。

其三，杀马谡以愧对先主教诲。相信诸葛亮在做出一生中最艰难的选择时，即杀马谡时一定想起了先主刘备的那段话。

诸葛亮一生谨慎，只用蜀汉利益集团内部的自己人，而不用其他有才华的人，比如李严、彭羕以及魏延和马超等人，这是诸葛亮作为蜀汉丞相的最大失误，也是毕其功于一役的北伐事业没有结果的最大根源所在。同时需要指出的是，虽然诸葛亮下了诛杀马谡的命令，但是马谡并非死于刀斧之下，而是街亭战败后畏罪潜逃，并被丞相长史向朗隐藏，后被缉拿归案收于狱中，在惊惧交加中因病死亡。街亭失利，马谡罪无可赦，然作为最高统帅和领导干部的诸葛亮，其违反提拔使用年轻干部的相关程序和规定，用人失察和不明，才是导致北伐失利的最主要责任人。马谡不冤，而诸葛亮更不傻，诸葛亮执意为自己的用人失误寻找替罪羊，才会不顾蒋琬等人求情而下达了对马谡必杀令，所以才有史书"十万之众为之垂涕"的记载。

刘禅之智："扶不起的阿斗"是否真的平庸无能

在世人的眼中，刘禅是平庸昏聩的君主，是一个"扶不起的阿斗"，是一个蠢笨无能之人，更有甚者，称之为"亡国之昏君，丧邦之庸人"。然而，刘阿斗是否真的如传言中所说的那样平庸无能？世人到底对他有着怎样的误解呢？千百年后，让我们用辩证的眼光看待阿斗，来解开萦绕千年的谜题。

到底是昏君还是大智若愚

在世人眼中，刘禅是平庸昏聩的君主，因刘禅小名为阿斗，于是在千百年后，汉语中仍然有一句"扶不起的阿斗"来形容蠢人难以成才。那么，阿斗是真的扶不起吗？此君真的是个昏庸、愚钝甚至智力低下的君主吗？其实不然，刘禅有可能是在装傻、装病、装"孙子"，也就是我们日常所说的"大智若愚"。

《三国志》中有这么一段记载，说诸葛亮对人称赞刘禅，听到称赞的人又将这件事告诉了刘备，刘备很高兴，在其遗诏中有这么一句话："丞相叹卿智量，甚大增修，过于所望，审能如此，吾复何忧？勉之，勉之。"刘备的意思是说，连诸葛亮都称赞刘禅"智量甚大"，比想象中聪明，那他还有什么可担忧的？刘备之所以如此相信诸葛亮的话，是因为诸葛亮不是喜欢阿谀奉承之人，而且，编写《三国志》的陈寿也犯不着弄虚作假地编这么一出。所以，根据最亲近、最了解刘禅的人的看法，刘禅绝不是传说中的那么蠢笨。

不仅如此，诸葛亮还在《与杜微书》中这样评价刘禅："朝廷年方十八，天资仁敏，爱德下士。"刘禅就任蜀汉皇帝共计41年，是三国时期各国皇帝中在位时间最长的一个。有人提到刘禅的皇帝生涯，往往会说他不过是命好碰上诸葛亮，实际上诸葛亮只辅佐刘禅11年，在诸葛亮去世后，刘禅

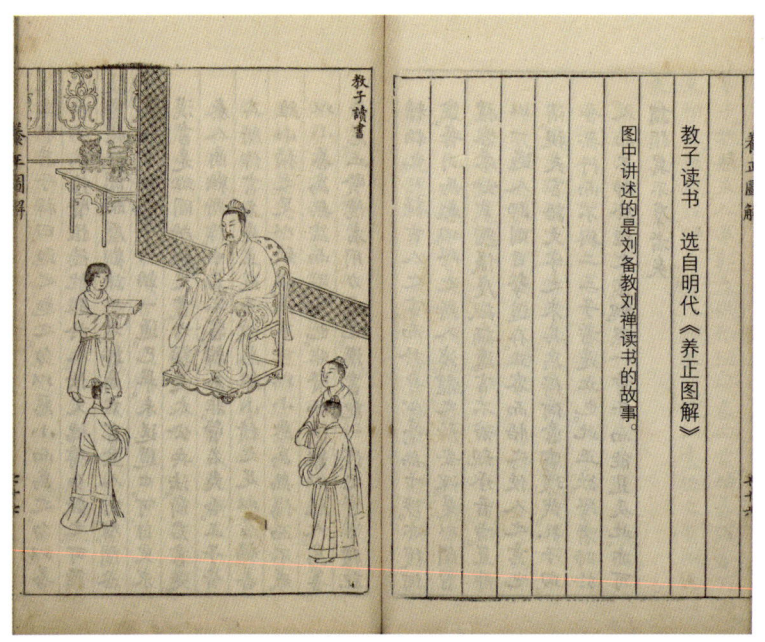

教子读书　选自明代《养正图解》

图中讲述的是刘备教刘禅读书的故事。

还做了 30 年的皇帝。在那个群雄割据的动乱时代，一个昏庸无能的阿斗能执政这么久吗？所以，千百年来，世人都误解了刘禅，不了解刘禅的真正面目。那么，刘禅到底有哪些不为人知的过人之处呢？

首先，刘禅有容人之量。众所周知，刘禅继承帝位时年仅 17 岁。刘备临终前特意叮嘱："汝与丞相从事，事之如父。"意思是让刘禅把诸葛亮当成父亲来看待。而且，还让刘禅"政事无巨细，咸决于亮"，就是所有的事情都遵循一个原则——按丞相说的办。所以，当时的诸葛亮可以说是大权独揽。联系到前面提到的怕大权旁落而寝食难安、不择手段的皇帝们，这样看来刘禅也确实做到了凡事谦让，"以父事之"，单从这个角度评价，我们必须要说刘禅这个皇帝能做到这一点是非常不容易的。

后来刘禅年纪渐长，按照王朝常规，诸葛亮应当逐渐地将大权交还给刘禅，让刘禅顺利"转正"。可是，诸葛亮依然大权紧握。理由也很简单，因为刘禅没有治国经验，诸葛亮只好总揽全局。人们不禁要问，诸葛亮从不给刘禅实践的机会，他哪儿来的经验，这样下去他岂非永远没经验？甚至诸葛亮带兵出外征战，对已年满 22 岁的刘禅依旧不放心，还派心腹监管刘禅。对这些，刘禅一让再让，诸葛亮主张北伐，刘禅虽然不赞成，但他还是为诸葛亮鼓劲加油。可以说，刘禅深知"君臣不和，必有内变"的道理，充分领会并严格执行了刘备的教导以及对长辈的尊重，更重要的是他团结了内部领导班子，保持了领导集团的稳定。

其实，刘禅不仅对诸葛亮宽宏大量，对其他大臣也是如此。比如魏延叛乱被杀，身为皇帝，最不能容忍的就是谋反叛乱，但刘禅并没有完全否定魏延，而是下旨："既已名正其罪，仍念前功，赐棺椁葬之。"因为刘禅明白，魏延的智慧不比诸葛亮差，他这个人的缺点就是过于刚愎自用，周边人际关系不好，再加上诸葛亮逝世后，诸葛亮利益集团没人能制服得了他，所以他才被杀了。但魏延阵前叛乱，刘禅仍"赐棺椁葬之"，由此说明，他这个皇帝是很有气度的。

其次，刘禅不仅有超于寻常皇帝的容人之量，而且头脑清楚，知人善任，有很强的分析能力，绝对不是智力低下。刘禅全权委托诸葛亮来治国，就是他聪明的地方，除去穷兵黩武的问题，诸葛亮可谓治国有方，即便在诸葛亮死后，刘禅仍然继续延用诸葛亮的措施，甚至重用诸葛亮选拔的人。

在人事任免上，刘禅也表现出过人的一面。鉴于诸葛亮生前权力太大，刘禅废除了丞相制，以费祎为尚书令和大将军，以蒋琬为大司马，两人的权力相互交叉，相互牵制，又各有侧重。蒋琬以管政务为主，兼管军事；费祎以管军事为主，兼管政务，军政及内政大权不再由同一人一把抓。这种新的政治格局安排，意味着刘禅绝不允许再次出现事无巨细皆决于丞相一人，而自己大权旁落，以至于再次出现明知北伐是错也无法阻止的尴尬局面。蒋琬死后，刘禅更进一步"自摄国事"，统掌一切，直接掌管蜀汉政权达 19 年之久。这一系列举措以及背后体现的治国理念，都证明刘禅绝不是一个智商低下的人，更不是一个昏君，而是一个大智若愚的聪明人。

软弱无能还是能屈能伸

各路史学家学者们对后主刘禅的评价多数就是软弱无能、贤愚不辨，其中最大的把柄就是刘禅不战而降、苟且偷生，被俘后"乐不思蜀"。这个成语让刘禅被彻底定格为一个没皮没脸的窝囊废。然而，结合当时的客观原因，我们

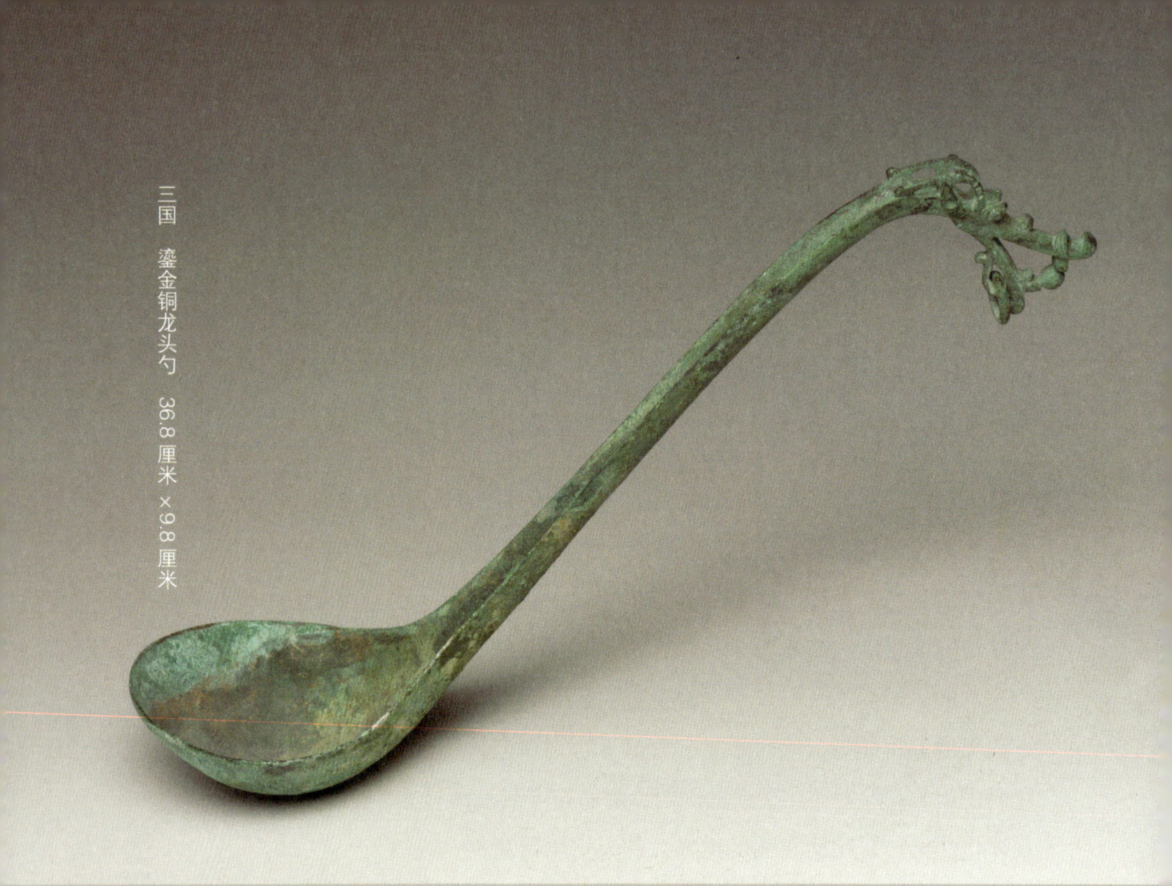

三国　鎏金铜龙头勺　36.8 厘米 ×9.8 厘米

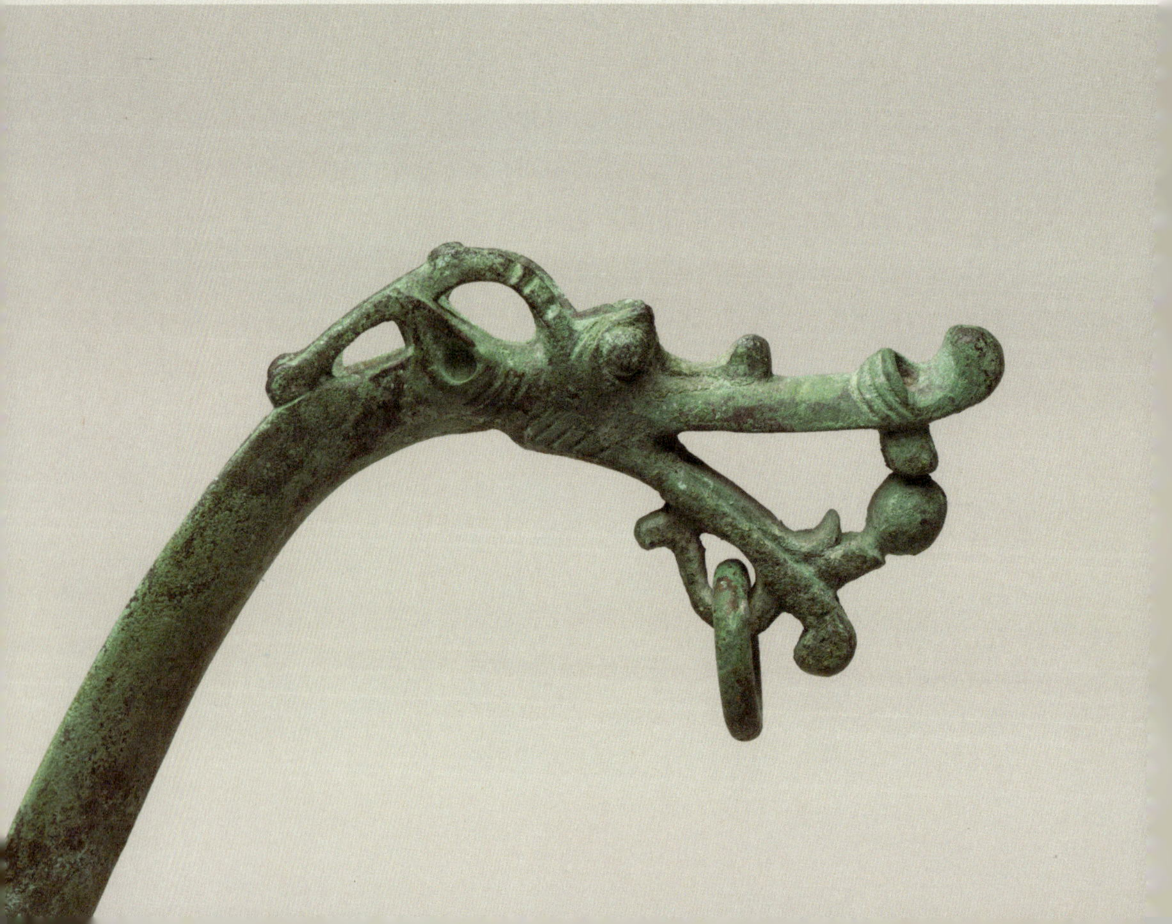

会发现，刘禅"乐不思蜀"的行为并不是他软弱无能，而是因为他懂得能屈能伸的道理。

当时曹魏军队兵围成都，刘禅衡量双方实力后，心里很清楚，要是自己拼命抵抗，士兵的伤亡一定非常巨大，而且很有可能招致曹魏军队屠城，让百姓遭殃。在经过深思熟虑后，刘禅决定打开城门投降，之后被俘北上到达洛阳，被封为安乐公。所以，这能说是刘禅胆小吗？不是。他大可以为一己私利而不断地鼓动老百姓为自己卖命，最后即使国灭，自己仍是被俘，仍然可以"乐不思蜀"，但却落得一个好名声。但刘禅选择了主动投降，这样一来，即使自己背了一个卖国的骂名，却保全了百姓的性命和财产。

亡国之后，刘禅的自家生命掌握在人家手里。为了活下去，刘禅必须装憨卖傻，处处隐藏自己的才能。据说，刘禅降魏后，司马昭在一次大宴蜀国君臣时，特意令人奏起了蜀地音乐，以观察刘禅的反应。蜀国旧臣听后无不现出悲戚之容，只有刘禅一人不悲反笑，开心得不得了。司马昭当时就跟人说，一个人怎么可以没有心肝到这种地步！后来司马昭又去问刘禅："你还想念蜀国吗？"刘禅马上回答："此间乐，不思蜀。"所以，在刘禅表面的麻木和愚懦之下，潜藏着过人的狡诈和机智。

北朝皇后：十七位皇后何以纷纷出家

说起皇后，人们脑海里出现的都是"母仪天下""雍容华贵"等词语，可是，令人想不到的是，在政权更迭的北朝时期，竟然出现了17位尼姑皇后。这些皇宫中最尊贵的女人纷纷落发为尼究竟为哪般？让我们推开历史的大门，仔细一探佛门与皇家之间有何不可说的秘密。

为荣华，皇后甘为尼姑

提起中国历史上的北朝时期，人们印象深刻的就是朝代的频繁更替以及佛教的大肆兴起。在大约 200 年的时间里，北朝经历了北魏、东魏、西魏、北齐和北周五个朝代，佛教也经历了由极盛到毁佛的过程。更加令人不解的是，北朝中后期竟然先后有文明皇太后冯氏、宣武皇后高氏、孝明皇后胡氏等 17 位皇后出家为尼。即使北朝时期的人们再怎么喜爱拜佛求经，众多皇后纷纷出家在当时仍然是世所罕见。

那么，是什么原因使这些高高在上、享受荣华富贵的皇后们成为孤独寂寞、陪伴青灯古卷的尼姑呢？其中又隐藏着怎样的历史未解之谜？让我们来解开这一佛教史和北朝发展史上的怪异现象。

在老百姓的眼中，皇后都是德容兼美的。她们一生都生活在堆金攒玉之中，贫穷和苦难是最不可能出现在她们的人生辞典里的词汇。可是当国家灭亡后，这些享尽荣华富贵的皇后们难以习惯由奢入俭、颠沛流离的生活，更难以接受人生的大起大落，故而纷纷落发为尼。

另外，由于北朝时期的朝廷都十分重视佛教，给予了寺院很高的地位。当时各地方大量兴建寺院，仅国都洛阳就建寺达 1367 所，全国的出家僧尼达

北魏　佛碑　石灰石　李真王　姚郎字出资修复　17.8厘米×60.6厘米×24.1厘米

北魏　彩绘石雕交脚菩萨像　砂岩　云岗第 25 窟　高 146.1 厘米

194

北魏 石雕燃灯佛像 砂岩 高 322.6 厘米

200 余万人。当时的寺院不事生产，享有世族地主阶层的特权：僧人们通过出租或役使依附农民，经营商业，发放高利贷等，剥削广大劳动人民，聚敛财富。因此，这些僧人们的生活十分优渥。这也成为皇后出宫为尼的重要原因。

除了生活富裕，还有一些其他原因。比如健康的原因，出家入寺的环境有利于身体的康复，或者是寻求政治避难，等等。总之，这些原因都促使皇后们纷纷出家。当时，在皇后出家的寺院，名义上说是寺院，其实就是养尊处优的别院，生活待遇与宫内差异不大。从生活上讲，与打入冷宫相比，出家是一种优待。

第四章

隋唐五代：繁荣顶峰的重重迷雾

隋文帝之奇：隋文帝画像为何"大骇"陈叔宝

据《隋书》记载，杨坚"为人龙颔，额上有五柱入顶，目光外射，有文在手曰王，长上短下，沉深严重"。陈叔宝听说隋文帝杨坚状貌异人，便让袁彦画像而归。当陈叔宝看到杨坚的画像后，大骇道："吾不欲见此人！"立刻命人将画扔了。杨坚的相貌到底奇异在何处，以致陈叔宝看到画像后竟如此惊惧？

表面风光，内心恐慌的陈叔宝

当年陈霸先称帝建陈后，经过多年征战，终于将各方势力统一起来。但是，那时陈国的国力根本无法与刘宋时期相比。不过好在陈武帝、陈文帝、陈宣帝都是明君，在这三位帝王执政的几十年间，国家的政治、经济情况相较梁末时期大有改善，遭到破坏的江南经济也逐渐得到了复苏。然而，好景不长，自"一代昏君陈后主"登上历史舞台后，陈国的国力急转直下。

陈后主，名叔宝，字元秀，于公元582年继位，而陈国的"丧国之钟"也就是在陈叔宝登基的这一刻正式敲响了。

陈叔宝在位期间，不但每日与妃嫔、文臣游宴，还沉迷于作艳词，荒废朝政。为了满足一己私欲，他不惜劳民伤财，大兴土木，建造了三座豪华楼阁。

俗话说得好，上梁不正下梁歪，陈国有这样的昏君，自会有类似的臣子。其宰相江总、尚书孔范等人，都是彻彻底底的"腐败分子"。陈后主和宠妃经常在宫里宴请大臣，他们非但不加劝阻，反而附和陈后主，通宵达旦地喝酒赋诗。他们还专门为诗词配上美妙动听的曲，然后挑选一千多个宫女来演唱……

表面上看，陈叔宝过得逍遥自在、风光无限，其实，他的内心是十分恐慌的。试问，倘若一国之君整日担惊受怕，这个国家还能长久吗？而极端地自我放纵，正是遮掩恐慌的方式之一。那么，陈叔宝恐慌的究竟是什么呢？抑或说他怕的究竟是谁呢？

杨坚到底有多可怕

北周武帝是一位很有作为的皇帝，可惜在灭掉北齐后的第二年（公元578年）便病死了。但他在位时所实施的一系列政策，已为灭掉南陈以及统一全国打下了坚实的基础。

周武帝死后，其子宇文赟继位，是为周宣帝。宇文赟是一位不恤政事、淫奢残暴的帝王。整日沉湎于酒色不说，还大肆装饰宫殿，滥施刑罚，种种恶行使其"臣心丧尽"。最为夸张的是，他还并立5位皇后，此举在中国历史上堪称"前无古人，后无来者"。而隋公杨坚的女儿杨丽华，就位列其一。

公元579年，周宣帝又做出一个惊人的举动，他诏示天下，"禅位"于年仅8岁的长子宇文衍，自称天元皇帝，将杨坚之女杨丽华封为天元皇后，对臣下自称为"天"；大臣朝见时，必须事先吃斋三天，沐浴一天。并在全国甄选美女，以充实后宫……荒淫到了极点。由于纵欲过度，嬉游无度，宇文赟的健康状况急剧恶化。公元580年5月，宇文赟染疾而逝，时年21岁。

太上皇一命呜呼，皇帝尚且年幼，谁来治理天下？这个问题不难回答，因为在中国历史上，这样的事情再平常不过了，出面"临时辅政"的，不是权臣，就是外戚宦官。而在北周担任"临时辅政"一角的，就是杨坚。

太上皇刚死，杨坚便凭借国丈身份，假称受遗诏辅政。于是，北周朝政就落在了杨坚手中。与此同时，杨坚也暴露了"称帝"的野心。

不过，要取代北周谈何容易？此时的北周依然强盛，并且宇文氏的众多子弟都掌有军权。其中，赵王宇文招、陈王宇文纯、越王宇文盛、代王宇文达和滕王宇文迪五人对于杨坚而言，是最大的障碍。经过一番谋划，杨坚假传圣旨将这五王召回长安，后凭借自己的强大兵力，将这五王软禁并杀害。而此时，已然洞悉杨坚野心的相州总管尉迟迥以及益州总管王谦，相继起兵讨伐杨坚。不过都被杨坚迅速镇压。之后杨坚大开杀戒，尽灭北周宗族，彻底控制了北周政局。

公元 581 年 2 月，北周静帝下诏宣布禅让帝位，杨坚代周称帝，定国号为隋，定都长安，改元开皇。杨坚称帝后所做的第一件事，就是命子杨广率军南下，攻打陈国。

说到这里，大家就应该明白了，令陈叔宝整日担惊受怕，且试图以骄奢淫逸遮掩恐慌的人，正是隋文帝杨坚。

杨坚的画像吓倒陈叔宝

在陈叔宝与大臣逍遥快活的五年里，陈国"税江税市，征取百端，百姓流离，僵尸蔽野，货贿公行，帑藏损耗，神怒民怨，众叛亲离"。这时北方的隋朝已渐渐强大，而陈国的统治也接近了末日。

一日，陈叔宝听说隋文帝杨坚状貌异人，便让袁彦画像而归。当陈叔宝看到杨坚的画像时，大骇道："吾不欲见此人！"立刻命人将画扔了。杨坚的相貌到底奇异在何处，以致陈叔宝看到画像后如此惊惧呢？

关于杨坚的样貌，《隋书》是这样记载的，杨坚"为人龙额，额上有五柱入顶，目光外射，有文在手曰王，长上短下，沉深严重"。

根据《隋书》上的描述，我们大致可以归纳出杨坚的相貌有五"奇"：一、额头突出，并有五个隆起的部分从额头直插到头顶上；二、下颌很长，而且很突出；三、目光犀利，咄咄逼人；四、掌纹形似"王"字；五、上身长，下身短。而杨坚这个长相，生下来不久就让他的母亲吕氏"大骇"了一回。

吕氏在冯翊（今陕西大荔）般若寺生下杨坚时，"紫气充庭"。这时，有个从河东来的尼姑对吕氏说："这个孩子不是凡人，不能在凡间养。"于是，尼姑把他抱到庙里一个别院里亲自抚养。一次，吕氏抱起小孩，突然发现小孩头上长角，身上长鳞，又惊又怕，立即把小孩丢在地上。尼姑进来看到，说："你已经惊到了孩子，他要多花些年头才能得到天下。"

长相如此"奇特"的人，在相术发达的古代却是"其贵无比"之相。别的不说，光是他突出的额头和额头上那五根"入顶"的"肉柱"，就是"龙颜"的象征。

杨坚的额头，用相书上的术语叫作"龙犀"，是帝王的象征。唐朝李善

200

说："额有龙犀入发，左角日，右角月，王天下也。"也就是说，这种囟下骨头隐起，下连鼻梁不断的"龙犀"，以及由于额头上隆起，在左右鬓角形成的肉"角"，都是"王天下"的贵相。相书上对这种长相还另有一个说法，叫作"龙颜戴干"。龙颜自然是指帝王的相貌，戴干就是指头部有肉突起如干戈对立。据说颛顼就是这副长相。

因此我们可以断定，已是惊弓之鸟的陈叔宝，其实不是被杨坚奇特的外表所吓倒，而是被杨坚之貌所赋予的象征意义吓倒。此外，杨坚大开杀戒、所向披靡、统一北方、建立隋朝的事迹世人皆知，这更加剧了陈叔宝内心的恐惧。

公元 589 年的正月，隋军兵分八路，大举南下向陈朝进发。沿江警报如雪片般飞来，但是陈后主依旧用淡定从容的口吻，掩饰着自己内心的恐惧。他对部下说："陈国有长江天险，何惧隋军！除非隋军插上翅膀。"说罢，陈后主将军报扔于床下，继续喝酒行乐。

两个月后，隋将贺若弼的人马从广陵渡江，攻克京门；而另一位隋将韩擒虎，亦率领人马渡过横江，向建康逼近。在这千钧一发之际，陈后主才从梦中惊醒，赶快组织兵力抵抗。可惜为时晚矣，隋军已攻入建康，俘虏了大量陈军。而绝望的陈后主亦成为大隋的阶下囚。自此，凭长江天险而雄踞江南一百多年的南朝彻底终结，分裂了近三百年的中国大地重新迎来了统一。

隋 击鼓俑 墓陶器 高 24.1 厘米 宽 10.2 厘米

隋　陶制双峰驼　墓葬品　27.9厘米 × 29.2厘米

隋　带环花瓶　高 21.9 厘米

隋炀帝之死：暴君隋炀帝被活活勒死的前因后果

隋文帝杨坚是一位励精图治的开国皇帝，他顺应历史趋势，完成了统一大业，并从政治、经济、军事等方面推行了一系列的改革措施，巩固了统一大业，强化了中央集权，开创了一个繁荣安定的社会局面。而隋朝天下传至隋炀帝后，就开始走向了衰败。这究竟是为什么呢？

隋炀帝"政绩"概览

中国上下五千年里暴君甚多，隋炀帝便是其一。

公元604年11月，隋炀帝征男丁数十万在山西、河南境内开掘长堑；公元605年，隋炀帝大兴土木，修建东都洛阳，仅每月服役的男丁就多达200万人；同年又下令征发河南、淮北诸郡百余万人开凿济渠，征发淮南十万余人开凿邗沟；公元608年的正月，他又征发河北诸郡男女百余万人开凿永济渠。

除此之外，炀帝在位期间曾六下江南。第一次巡游江南时，船队首尾相接，长达100多千米，而在岸上拉纤的纤夫就多达8万多人。为了满足船队大批人员的享受，隋炀帝还命令两岸的百姓给他们准备饮食，所献食物若未被用尽，就要全部掘坑埋掉。百姓为此食不果腹，倾家荡产。

公元611年，山东、河南等地发生大水灾，淹没四十余郡；次年，山东又爆发大旱灾。此后，关中地区又发生瘟疫和大旱。百姓废业，无以自给，生活于水深火热之中，然而，隋炀帝却对官仓控制严格，致使百姓只能以树皮或泥土为食。

公元612年，隋炀帝不顾百姓安危，在全国范围内大肆征兵，讨伐高丽。

第一次出兵前，他征调大批工匠在山东东莱海口大规模造船，工匠被迫在水中不分昼夜地劳作，腰部以下都生了蛆，死亡者十之三四；而行军途中的民工和兵士，大多因饥饿困乏，倒毙路旁，尸臭不绝。不过，隋炀帝还是调遣隋军100多万人分海、陆两路进攻高丽，结果大败，只有2000余人侥幸逃回。次年，隋炀帝第二次率军征讨高丽，被逼上死亡边缘的农民在洛阳兴兵暴动，隋炀帝因后顾之忧，只得退兵。

到了公元614年，国内农民起义席卷大江南北，隋炀帝妄想以对外胜利来扭转隋朝危亡的命运，又对高丽进行了第三次征讨。但当时农民起义军遍地皆是，征集的士兵或因道路阻隔不能到达，或沿途逃散，导致隋军的兵员不足，无法进军，只好与高丽议和，乘势收兵。而这一切能挽回隋朝将要灭亡的命运吗？

矛盾升级，农民揭竿而起

隋炀帝的暴政使社会矛盾日益升级；而他又连年征战，致使民间逃避军役和劳役的人越来越多。流民遍地，民怨沸腾，人民不堪重负，纷纷揭竿起义。在众多农民起义军中，有一支武装力量对隋朝的打击最为沉重，这就是翟让和李密领导的瓦岗寨起义军。

翟让本是隋朝的一个小官吏，因得罪上司而含冤入狱，后被守卫黄君汉偷偷释

隋炀帝杨广

选自唐代阎立本画作《古帝王图卷》。

放。重获自由的翟让，立即在瓦岗寨召集一批深受隋朝压迫的贫农，举起了"反隋大旗"，武装起义。后来单雄信、徐世、李密、王伯当等贵族也加入其中，起义力量一下子就壮大了起来。

公元616年12月，瓦岗军攻克郑州、商丘等郡县，缴获了大批的军械和物资，并将开封至黎阳一段的永济渠牢牢控制。隋炀帝大惊，立即指派齐郡通守张须陀镇压瓦岗军。而盲目自大的张须陀，根本没把这当回事儿，只带了部分兵力前去镇压，结果被同仇敌忾的瓦岗军一举击败。自此，瓦岗军威震天下，全国各地的起义军纷纷并入，瓦岗军的势力更加强大。公元617年2月，瓦岗军在攻占了兴洛仓后开仓济民，随即又将河南诸多郡县攻破，直逼洛阳城。

就在农民起义发展壮大之际，一些地主官僚也纷纷组织武装，这其中主要有占据涿郡的罗艺、朔方的梁师都、马邑的刘武周、金城的薛举、武威的李轨、太原的李渊。这些地主官僚将反隋进程推向了第二个高潮。

隋炀帝几次从关中、河北、淮南等地调遣援军，前后有几十万兵力，但起义势力始终处于优势。最后，隋朝只剩下洛阳和江都这两个据点，但也被起义军团团包围，成了孤城。

公元618年4月11日，隋朝禁军将领宇文化及潜入洛阳宫，用巾带将隋炀帝勒死，死相十分凄惨。隋炀帝死后，守城士兵不是弃城逃亡，就是投降瓦岗军。没过多久，瓦岗军又将企图一统天下的宇文化及及其兵力全部击灭。中国历史自此进入了战乱年代，在反隋起义中诞生的多个政权开始相互讨伐，相互征战。而瓦岗军作为推翻隋朝的主要势力，却最先产生了内讧。

贵族出身的李密，虽饱读兵书、战功显赫，在瓦岗军中的威望却不及其创始人翟让，因此妒火中烧的李密借故杀死了翟让。此举引得瓦岗军诸多将士不满，遂决定联合起来诛杀李密。但就在此时，隋军残将王世充，趁瓦岗军内乱之际，率军偷袭，致使猝不及防的瓦岗军死伤无数。而李密侥幸不死，率瓦岗军残部投靠了李渊。大唐盛歌奏起，瓦岗军至此彻底土崩瓦解。

唐太宗秘闻：李世民与大夫魏征的不传之秘

李世民与魏征，一个是圣贤明君，一个是直言纳谏的良臣，他俩有一段君臣之间的千古佳话。为什么魏征直言劝谏，刚直不阿，唐太宗却说他"妩媚可爱"？在魏征死后，唐太宗亲自为他撰写碑文，但最后为何却又毁坏魏征的墓碑？和谐的君臣关系是不是一个千古谎言？在李世民与魏征之间，有着什么样的秘密呢？

问君臣何物，一物降一物

公元626年，李世民发动"玄武门之变"，杀死胞兄李建成、李元吉时，魏征在东宫做官。他曾经在太子李建成手下做过事，和李世民的关系可以说是水火不容。为什么这么说呢？因为魏征在李建成手下做事时，敏锐地察觉到李建成和李世民之间的矛盾，不止一次地提出，要尽早铲除秦王李世民，可是李建成并未听取意见，以致招来杀身之祸。玄武门事变之后，李世民把魏征抓来，问他为什么离间其兄弟感情？魏征是这么回答的："如果太子早听我的话，哪里会遭今日

唐人绘《唐太宗半身像》轴
86.1厘米 x 48.4厘米

之祸？"其实，李世民很早就听说过魏征，这次审问，他看到了魏征不畏强权的勇气，不但没有怪罪他，反而任命他为谏官之职。这也为后来的君臣关系埋下了伏笔。

让魏征做了自己的近臣后，李世民经常把他叫来，请他评论自己的政治得失。而魏征也是喜逢知己之主，竭诚辅佐，知无不言，言无不尽。史书记载："太宗为之敛容，厚加礼异，擢拜谏议大夫。数引之卧内，访以政术。"但是，魏征性格耿直，往往据理抗争，从不委曲求全，有时候甚至让唐太宗下不来台，但他依旧如此。由于魏征能够犯颜直谏，即使唐太宗在大怒之际，他也敢面折廷争，从不退让，所以，唐太宗有时也会对他产生敬畏之心。

有一次，李世民想出去打猎游乐，车驾都准备好了，但是看到魏征来了，就取消了这次出行。后来魏征问起，李世民笑着解释为害怕魏征说他。还有一次，李世民得到了一个鹞鹰，很喜爱，正好魏征来上奏本，他就把鹞鹰放在怀里，等到魏征走了之后，鹞鹰已经被闷死了。

李世民这样害怕魏征，那么，魏征的"妩媚"又是从何而来呢？是不是也是因为敬畏，导致了魏征死后君臣关系的恶化呢？

我看爱卿多"妩媚"

史料上说魏征的长相，实在与"媚"沾不上半点关系，甚至可以说是与钟馗一个级别。那么除却容貌之后，我们可以推想，也许唐太宗李世民所说的"媚"，指的是魏征的性格。

我们来看一下魏征的生平。他先是随元宝藏起兵响应李密，李密欣赏他的文才，招致麾下，后来李密不听他劝告，导致失败投唐。投唐之后，魏征主动请缨平定山东，并以一纸书信劝降了李绩，但却不幸被夏王窦建德擒获，做了他的帐下舍人。在窦建德失败后，他二次投唐，太子李建成欣赏他的才能，引荐为太子洗马。这么看来，魏征曾经五易其主，作为一个忠诚、正直的人，还真是有点儿让人瞠目结舌。

但是，李世民爱惜他是个人才，没有因为他的过去而疏远他，并且多次在群臣面前称赞魏征。可是有这么一句话，造成了很多的疑点。有一次，李世民对近臣说："人言魏征疏慢，我视之，更觉妩媚。"对于这句话的解释，有两个不同的观点：第一，有人认为这是唐太宗夸奖魏征直言敢谏，是说魏征正直得可爱；第二，有人认为这是唐太宗讽刺魏征曾经五易其主，说是正直刚烈，实则见风使舵。

对于这两种观点，我们无法还原当时的场景，无法看到唐太宗李世民在说这句话时眼角眉梢的神情。但是，就君臣关系由敬畏到最后反目来看，第二种观点比较可信。那么是不是魏征的"五易其主"，导致了之后李世民的怀疑，以至于在魏征死后，以涉嫌结党营私的罪名，被李世民推倒了墓碑呢？

寿终正寝也难保墓碑

那么，唐太宗与魏征之间，君臣关系究竟是不是我们想的那么和谐呢？在魏征生前，唐太宗对于魏征的谏言，可以说采用得相当多，甚至在晚年，唐太宗日渐懈怠，魏征当时也是一个垂垂老者，仍然写了一份《十渐不克终疏》，唐太宗挂之于屏风，朝夕阅览，以鞭策自己。在魏征病重期间，李世民多次探望。在魏征死后，李世民亲自为他撰写碑文，并刻于石上，并赠予魏征谥号"文忠"。君臣之间做到这种地步，怪不得被传为千古佳话。

可是，疑点就是在这时候出现的。在魏征死后不久，唐太宗李世民就亲自砸掉了魏征的墓碑，甚至大骂魏征为沽名钓誉之徒。而后，撤销了他所有的封号，并下令解除了自己的女儿衡山公主与魏征的儿子魏叔玉的婚约。是什么样的原因造成了这样的结局呢？君臣之间的千古佳话以此为终，不禁令人愕然。

其实查阅史料，会发现一些蛛丝马迹。魏征前后进谏200余次，大到治国方略，小到儿女私情。比如长孙皇后都同意给唐太宗选一位美人，群臣也都同意，认为此举可行，偏偏魏征极力反对，然后李世民只能作罢。其实他心里有没有点儿怨恨呢？这是显而易见的。

还有，魏征生前曾经大力举荐侯君集、杜正伦，称之有治世之才。但在其死后，两人或被斩杀，或被罢免。其实这就犯了李世民的大忌，所谓"不在其位，不谋其政"，何况还举人失察呢？因此李世民认为他有结党营私的嫌疑。后来，唐太宗又得知消息：魏征曾将自己记录的，与唐太宗之间一问一答的谏

唐 舞女俑（残） 高 36.3 厘米

净言辞，拿给负责编写《起居录》的褚遂良做参考，唐太宗怀疑魏征故意博取清正的名声，心里很不高兴。后来唐太宗越想越生气，就推倒了魏征的墓碑，毁掉了婚约。

其实究其原因，如果一个人长期被另一个人喋喋不休地唠叨，谁都会产生一种逆反心理。而且，有时候魏征的建议过于琐碎，甚至涉及李世民的私生活。这样一来，就显得李世民似乎和一个幼稚小童一样；但恰恰相反，李世民雄才大略，有自己的主张。

魏征和李世民之间，存在着很大的"代沟"，魏征比李世民大20岁，慈父般的"关爱"给李世民带来了挥之不去的阴影。而"用人失察"只不过是导火线，我们不妨将之看成是李世民长期积压下的猛然爆发。但是，最后证明是唐太宗错了，看来"忠言逆耳利于行"，只有经历过挫折才能知道对错。

玄武门之变：大唐王朝的五次血泪史

如今人们所熟知的，就是唐太宗李世民为了当皇帝，发动了"玄武门之变"。殊不知，在大唐的历史上，除了这次政变外，还有四次"玄武门之变"。那么，唐朝为什么会有这五次"玄武门之变"呢？这五次政变，可以说是大唐的五次血泪史，这里面有什么样的玄机呢？

玄武一变贞观开

公元 626 年 7 月，秦王李世民在玄武门发动政变，杀死自己的同胞兄弟李建成、李元吉，成为皇太子。同年 8 月，唐高祖李渊被迫让位，自称太上皇，李世民即位，开创了日后的贞观盛世。历史上称这次政变为"玄武门之变"，那么，李世民为什么要杀死自己的胞兄，这次政变的起因是什么？

公元 618 年，李渊称帝，定国号为唐，并立长子李建成为太子。根据《大唐创业起居注》中说，太原造反是李渊本人的主意。但是《唐书》中却说太原造反是李世民的谋略，李渊曾答应他事成之后立他为太子。天下平定后，李世民功名日盛，李渊却犹豫不决。李建成随即联合李元吉，排挤李世民。李渊的优柔寡断，也使朝中政令相互冲突，加速了诸子的兵戎相见。

神龙二变太平终

第二次玄武门之变也称为"神龙政变"。武则天执政期间，宠信张易之、张昌宗兄弟，二人专横跋扈，朝野之臣畏之如虎，这也就造成了朝廷中很多人的不满。加之张易之兄弟逼死了太子李显的一双儿女，后来又害死了太子的女婿。在这样的情形下，太子李显认识到：除掉张易之兄弟刻不容缓，因为他们已经对自己的家庭造成了极大的威胁。于是，李显、李旦、太平公主这些李姓子孙在共同的大局下联合起来。公元705年2月，宰相张柬之联合右羽林卫大将军和左威卫将军发动兵变，并与太子一起斩关而入，来到了武则天的寝宫，杀死了张易之、张昌宗兄弟，逼武则天让位，并拥立李显称帝。次日，武则天传位于太子李显，隔了一天，李显复位。

景龙三变重俊亡

第三次政变发生在唐中宗时期，公元707年景隆元年，太子李重俊发动政变。唐中宗李显复位后昏弱无能，而皇后韦氏强悍，她与武三思内外勾结，把揽朝政。韦皇后有意成为第二个武后，安乐公主则曾要求被立为皇太女。韦后因太子重俊不是自己亲生的，很不喜欢他。武三思也很忌恨重俊，并纵容其子武崇训和安乐公主时常凌侮重俊，甚至呼重俊为奴。重俊忍无可忍，于景龙元年七月联合左羽林大将军李多祚等假称奉诏，率左羽林和千骑兵三百余人，冲入武三思和武崇训的府邸，杀了武三思和武崇训，随即他又发兵包围了皇宫，索要韦后和安乐公主。韦后听闻政变，挟持唐中宗登上玄武门门楼，并调兵镇压。重俊率军攻到玄武门前，唐中宗对军士宣布重俊谋反，于是军士倒戈，杀了李多祚等，重俊的党羽立时溃散，政变一下子土崩瓦解了。之后重俊逃到终南山，被追获杀害。

景龙四变睿宗立

第四次政变是发生在唐中宗景龙四年，李隆基的政变。韦皇后和安乐公主合谋毒杀唐中宗，韦皇后立温王李重茂为帝，是为少帝，并欲加害相王李旦。李旦的儿子，当时是临淄王的李隆基听闻告密，决定先发制人。公元710年7月，李隆基联合姑母太平公主等发难，冲入羽林卫军，杀了韦后派来统领卫军的韦璿、韦播，占领了玄武门，随后纵兵闯入皇宫，斩杀了韦后和安乐公主。相王李旦和隆基父子二人掌握了军政大权，威慑少帝重茂让位，相王李旦登基，是为唐睿宗。

先天五变盛世启

第五次政变发生在李隆基登基之后。当时，李旦立李隆基为太子，太平公主恃拥立唐睿宗有功，经常干预政事。她又感到太子李隆基精明能干，妨碍自己参政，总想另换太子。李隆基当然不愿任人摆布，亦想杀掉太平公主。公元712年延和元年七月，唐睿宗无法适应太子与太平公主之争，主动让位于太子李隆基，同年八月，李隆基称帝。于是，铲除太平公主的党羽成为当务之急，公元713年先天二年，李隆基与郭元振、王毛仲、高力士等人先发制人，诱杀了左、右羽林将军和宰相。太平公主见自己的党羽被诛杀殆尽，不得不逃入南山佛寺，于三日后返回。太上皇李旦出面请唐玄宗恕其死罪，被唐玄宗拒绝，太平公主最终被赐死家中。至此之后，玄宗完全可以自己作主一切军政大事了。

喋血玄武为哪般

这五次"玄武门之变"，可以说是大唐的五次血泪史。自大唐开国以来，皇帝最害怕的事情是什么？不是天灾水患，更不是藩镇造反，而是太子篡位！

自唐太宗李世民开启了"谋朝篡位"这个先河后，大唐后面的历代君主，除了唐高宗幸免于难外，剩下的所有皇帝，全是这样登基称帝的。这也就可以解释，为什么在安禄山拥有重兵的时候，唐玄宗李隆基不但不担心他造反，反而更加器重安禄山。有一年，安禄山觐见唐太宗，太子也在场，结果在拜完唐玄宗后，唐玄宗让他给太子行礼，安禄山就是不拜。除此之外，他还说了一句"千古名言"："臣吐蕃人，不识朝仪，不知太子者何官？"这下他彻底得罪了太子，但李隆基心里很开心，他认为太子和安禄山不和，就不会联合起来，对自己的帝位构成威胁。

但恰恰相反，这一招驱虎吞狼之计，使唐玄宗自己陷入危险却不自知，到最后，堂堂一代皇帝被叛军赶出长安。这样看来，不能不说是一个笑料。

213

唐 彩绘陶宫装乐女俑 高38.4厘米

韦氏之乱：韦氏丧心病狂的深层原因

武则天退位之后，由于唐中宗李显的昏弱无能，最终造成武三思与韦氏专权。加上安乐公主的参与，李显落得被自己的宝贝女儿和结发妻子合谋毒杀的下场，成为中国古代历史上的一段笑料。人说"虎毒不食子"，为什么韦后会丧心病狂到毒杀自己的丈夫？按理说她的权力已经很大了，怎么还要做出这种天理难容的蠢事呢？这其中又有怎样的隐秘？

苟富贵，无相忘

公元683年，唐高宗李治死去，遗诏中命太子，也就是后来的唐中宗李显枢前即位。好景不长，李显刚刚做了不到两个月的皇帝，就被母后武则天赶了下来，先后被发配至房州、均州，过了14年的流放生活。而在这个最需要关心与宽慰的时候，韦氏做到了一个妻子应该做的。

她是怎么做的呢？在流放期间，李显眼见自己的皇亲一个个被武则天杀害，每天过得战战兢兢，再加上武则天派遣的使者不定时来探查，李显的精神几乎承受不住，好几次想要自杀。韦氏使他打消了这个可怕的念头。可以说，如果没有韦氏的多次劝阻，也就没有后来的唐中宗了。公元684年，李显与妻子被人押送往房州，途中，韦氏产下一个女儿，当时的李显穷途末路，连一块包裹婴儿的布都没有，于是他撕下自己身上的衣服，包住孩子，并给她起名叫"裹儿"，这就是后来的安乐公主。对于这个女儿，李显表现出了极大的关心，当时夫妻二人相濡以沫。当时，李显就发誓说："如若有朝一日富贵加身，一定要听韦氏的话，让她过得舒适。"这一句话为后来的韦氏之乱埋下了祸根。当年他一句"我把天下都送给韦氏又有何不可"招来日后之祸，看来，唐中宗李

216

显的教训还是不够，以至于他没有吸取足够的教训。最终，过了 13 年之后，在公元 698 年，武则天拟旨召回李显，结束了他的流放生涯。

而这段时间当中，韦氏和李显的感情迅速升温，甚至于李显很依赖韦氏，艰苦的生活终于过去，而那段时间的流放生涯，也成为韦氏丧心病狂的原因。公元 698 年，李显被立为太子，又过了 7 年，公元 705 年，武则天迫于压力，让位于李显，他就是后来的唐中宗。该到李显兑现承诺的时刻了。

纵容之下，必受其乱

唐中宗李显即位之后，马上封韦氏为皇后，并且不顾群臣的阻拦，让韦后参与朝政。武则天虽然退位，但留下的问题有很多，这里就要提到武三思。当时的他权力很大，为了和这位搞好关系，李显把女儿嫁给了武三思的儿子。而当时的李显，对于女儿安乐公主的宠爱简直到了无法无天的地步，而对于自己的妻子韦氏，念及多年同甘苦共患难的流放生涯，对她是言听计从，百依百顺，让她享受了荣华富贵之后，接着享受权力带来的改变。

我们知道，拥有权力的感觉，是会让人上瘾的，于是，韦后开始不满足于参与朝政。她与武三思勾结起来，再加上上官婉儿从中策划，致使武三思权力越来越大。而韦氏，也慢慢地更加放纵，作为后宫最高的统治者，她与武三思关系暧昧，无人敢管。这一切，宫中之人敢怒不敢言。而唐中宗李显有时候还会在中间搭桥，参与这样的游戏之中，对于指责自己之人，韦后会出手将其活活打死，而李显却不过问。其实李显的再次还朝，与武三思不无关系，而这一切，归根结底在于他的妻子韦氏。在流放期间，韦氏就为了让李显回到朝廷，凭借年轻貌美，把自己献给了武三思。武三思不负所望，终于劝说武则天让李显还朝。

当初拥李显称帝的五王，相继被武三思和韦后陷害，最终，朝政被韦后和武三思掌握。得到了最大的权力之后，韦后并不满足，想要和武则天一样，亲理政事。有其母必有其女，安乐公主裹儿也以武则天为榜样，想要成为皇太女，可是当时太子是李重俊。他不是韦后所生，故而为韦后所不喜。安乐公主也对他多番欺侮。可笑的是，昏庸的唐中宗李显竟然和大臣商量此事。没人约束的

欲望会更加膨胀，因此，韦氏渐渐更加疯狂，这也加速了唐中宗李显的死亡。终于，在不久之后，上演了一出"妻女杀夫"的剧目。

妻不贤，夫之过

　　安乐公主的无法无天，韦氏与武三思两人的狼狈为奸，再加上上官婉儿的推波助澜，韦氏想要亲理朝政的欲望越变越大，这时，太子李重俊发起政变，但最后被镇压，李重俊被杀。太子之位出现空缺，于是安乐公主多次请求唐中宗李显立自己为皇太女，但李显都推脱了。安乐公主因此怀恨在心，经常与韦后商量怎样杀死李显。公元 710 年，有人上书揭发韦后的丑行，虽然韦后将这件事处理掉了，可是唐中宗李显却逐渐疏远了她。

　　因此韦后非常害怕自己的地位不保，同时安乐公主也害怕自己成为皇太女无望，于是，两人合谋毒杀了唐中宗李显。也许李显至死也不会想到，杀死自己的，是自己最疼爱的女儿，以及和自己相濡以沫的结发妻子。

　　由此可以发现，韦氏从一个和丈夫同甘共苦的女人，变成一个蛇蝎心肠的毒妇，最大的原因就是权力的诱惑，而外因武三思的诱导和上官婉儿的推动，也是不可或缺的。难道仅仅是这些因素吗？揭开重重历史迷雾，我们也许会发现韦氏变得疯狂的原因，但是，最本质的原因，还在于韦后的阴险，追逐名利的性格，当然李显的懦弱无能也是一个很重要的因素。

唐　宫廷侍女俑　高 43.8 厘米

唐 竖琴师（墓葬） 釉面陶器 高 32.1 厘米

模范丈夫：宰相房玄龄为何没有三妻四妾

房玄龄身为一代贤相，智商奇高，为李世民削平群雄，夺取皇位立下大功，李世民封他为梁国公，也可以说是功成名就了。在封建社会，有成就的男人有三妻四妾很正常，而如今让人们感慨的，就是他和妻子"从一而终"。为什么他没有纳妾？这其中又有什么样的隐秘呢？

在外运筹帷幄，对内畏之如虎

房玄龄，名乔，字玄龄，追随秦王李世民平定天下，备尝创国立业之艰难。李世民登基之后，论功行赏，晋封他为邢国公。后又屡次加官晋爵，直至司空，总揽朝政。房玄龄也有感于李世民的知遇之恩，为巩固江山社稷可谓殚精竭虑。他善谋略，与另一位善断大事的宰相杜如晦，合称"房谋杜断"，成为当时的一段佳话。可是这样一个人，即使他智深如海，在外运筹帷幄，对于自己的家事，却是剪不断理还乱。

这一切都得从他的妻子说起。为什么呢？因为房玄龄除了谋略智慧天下闻名之外，惧内之名也是有过之而无不及。用现在的话讲就是"怕老婆"。他的妻子是卢氏，名门之后，也算和房玄龄门当户对，可是，这个卢氏不是一般人，在我们印象当中，封建社会的女人一般都是大门不出二门不迈，说话也是轻声细语的，可是她不。卢氏不但敢管房玄龄，有时候还敢对他大发雷霆，以至于堂堂宰相在退朝之后都不敢回家，要请求李世民发一道圣旨让夫人不要生气，这才敢回家。卢氏的厉害由此可见一斑。

圣旨被当作安抚女人情绪的工具，这样的事情真是少之又少，一打听来龙去脉，李世民知道了房玄龄怕老婆。可是，作为自己最信赖的大臣，李世民就想了个办法给他撑腰，什么办法呢？赐给房玄龄美人。可是，不只是房玄龄不敢接受，他的老婆也不允许。史书上是这样记载的："梁公夫人至妒，太宗将赐公美人，屡辞不受。"大概意思就是梁国公夫人特别嫉妒，皇帝赐给房玄龄美人，卢夫人都给退回来了。堂堂皇帝赐予臣下的赏赐，竟然被臣下的夫人退回来了，多没面子。

是嫉妒也是爱

李世民一看送美人行不通就做第二次思想工作。怎么做的呢？派皇后去做说客说服卢夫人——因为同性之间话题比较多一点儿。"帝乃令皇后召大人，告以媵妾之流，今有常制，且司空年暮，帝欲有所优诏之意。夫人执心不回。"这一次也是以劝说失败告终，李世民心里很不高兴，于是就有了第三次的思想工作。

前两次都用很温和的态度来做卢夫人的思想工作，都行不通，于是这次就硬着来。于是，李世民摆下了酒席，身边近臣作陪，当然，房玄龄和卢夫人是不可少的。《隋唐嘉话》记载：帝乃令谓之曰："若宁不妒而生，宁妒而死？"曰："妾宁妒而死。"乃遣酌卮酒与之，曰："若然，可饮此酖。"一举便尽，无所留难。大意是说：皇帝对卢氏说："你是想因嫉妒而死，还是不嫉妒而生？"卢氏说："我愿意嫉妒而死。"皇帝于是派人给卢氏赐酒，说："这样的话，你就把这杯毒酒喝了。"卢夫人拿起来便喝，这是表明态度，即使死也不愿意让房玄龄纳妾。李世民没办法，长叹道："这女人我看了都害怕，更何况是房玄龄？"其实那杯根本不是毒酒，只是杯醋。"吃醋"这个词就由此而来，直到如今还在用来形容女人的嫉妒。

卢夫人作为女子，因何连皇帝见了都怕？这当然与她的嫉妒心强分不开。其实更深层的原因在于，当时的唐朝政治开明，女性的地位不低，可以抒发自己的想法。试想一下，如果女子地位低下，而且也没有什么话语权的话，那么，房玄龄怕老婆的情况就不会存在了。或者说，没有三妻四妾的情况是不存在的。

弱水三千，只饮一瓢

历史的原因固然有，但是从房玄龄本身找原因，也可以找到一些他没有三妻四妾的蛛丝马迹。房玄龄的老婆不只是嫉妒，而且正直刚烈，对爱情更是忠贞不贰。这也就可以解释为什么房玄龄能够"从一而终"了。史料中记载了这么一件事：龄当病甚，乃嘱之曰："吾多不救，卿年少，不可守志，善事后人。"卢夫人泣曰："妇人无再见，岂宜如此！"遂入帐中，剜一目睛以示龄。龄后宠之弥厚也。大意是说：房玄龄病重将死，就嘱咐卢夫人说："我活不了啦，你年纪还小，找个人重新嫁了吧。"卢夫人于是躲入帐中，剜了一只眼睛给房玄龄以示自己的忠贞。这样血淋淋的爱，怎么能不让房玄龄又爱又怕呢？

那么，我们可不可以理解为嫉妒也是爱呢？爱之越真，嫉妒越深。卢夫人是以这样一种血淋淋的爱来直接表达，而房玄龄的心胸则更加深厚博大，在自己病重之时，不忍结发妻子守寡，为她的将来考虑，让她重新嫁人。而一句"宠之弥厚"表现出，房玄龄对妻子的愧疚，由此可以看出他们的感情很深。没有很深的感情，也不会在自己将死之时，还在为对方的将来考虑。对方更不会因一句改嫁他人就剜目明志。因为爱得深切，所以不允许房玄龄找别人，而房玄龄报答她的，是终生不纳妾，从一而终。

从房玄龄自身原因来看，房玄龄谨小慎微，唯恐有什么事情做得不好招来皇帝怪罪，这也可以说是他的性格。从史料上我们可以看出，朝堂上一些人经常攻击他，而他却宽容以对，因此被当时的人称为"良相"。我们现在总是说，一个性格温和的男人身边往往有一个性格彪悍的女子，那么房玄龄对一个女子尚且自顾不暇，如若再有三妻四妾，那更当如何？

神龙政变：武则天退位之谜

作为历史上唯一的正统女皇帝，武则天可以说享尽了荣华。而后人对她的评价，也是毁誉参半。无论是酷吏政策，还是毒死自己的亲生儿子，在现在看来，都是为了巩固自身统治地位的手段。但是，即使这样，到了晚年她仍旧避免不了被赶下台的遭遇。她到底经历了什么，为什么会被赶下台？这里面有什么样的疑点呢？

一代女帝武则天竟被亲手提拔的宰相赶下台

随着年龄的增大，执政15年之久的武则天，由于年老体弱，终于一病不起。居住在宫中养病，而自己宠爱的张易之、张昌宗两兄弟在前伺候。这也间接造成了两兄弟的死亡。这是怎么回事呢？

公元705年，这一年武则天82岁，当时的她正在长生殿养病，不料，以宰相张柬之为首的大臣，带领禁军闯进宫中，诛杀张易之、张昌宗兄弟，随后，逼压武则天，迫使她退位，让太子李显即位。年迈的武则天没有说话，只是低下了头，她承认自己失败了，自己的男宠被杀，还要被逼宫退位。宰相张柬之是当时自己亲手提拔上来的，认为他是治世之能臣，不承想，自己竟然会被亲手提拔的宰相赶下台。退位之后，武则天被迁往上阳宫养老。

其实，对于武则天退位的原因分析主要有以下两点：一方面是"二张乱政"，这也是"五王政变"所打的旗号；一方面是武则天的晚年生活太过荒唐，加之对于朝政的不管不顾，造成朝政混乱。

究其原因我们发现，所有的政变都不是一朝一夕造就的，都是长期以来的积压，进而突然爆发。"二张乱政"固然是一个原因，但更多的还在于宰相张東之等人的政治意图，想要恢复李唐皇室。史书记载张東之"沉厚有谋，能断大事"，很有政治头脑，对于女人当皇帝有颇多不满，经常私底下要求恢复李唐王室。而这个时候，张易之兄弟在朝野气焰嚣张，而武则天不但不加以惩处，反而包庇纵容，这就使朝廷很多人都对"二张"怀有仇恨。在这样的情势下，张東之振臂一呼，剩下的人当然就会"云集响应"。

"二张"究竟有没有想过要谋反？当时武则天病重，为了自己以后有靠山，"二张"做了一些小动作，"引用朋党，阴为之备"，最后被人抓住把柄，招来杀身之祸，也就不可避免了。

兴酷吏天怒人怨，养男宠自取灭亡

武则天的退位，与纵容"二张"固然有关系，但把原因仅仅归结于此难免有些牵强。那么她还做了些什么呢？我们可以从她的执政生涯中寻找一些线索。

武则天在执政期间，大杀李氏皇亲，与之相对的，对武氏族人多加封赏，正所谓一人得道，鸡犬升天，武氏成为当时最有权势的一族，在朝野的势力盘根错节。但是，在她的为政举措之中，最有争议的是"特务"政策，也就是酷吏政策。

临朝之初，武则天很想有一番作为，于是她大量网罗人才，知人善任，但是天下仍颇多流言。徐敬业的叛乱，以及残酷的社会现实，使她认识到事情的严重性。为了打击这一现象，巩固自己的统治地位，武则天启用酷吏来打击政敌。酷吏登上政治舞台后，开始兴风作浪。武则天手下的24个酷吏，尤以索元礼、周兴、万国俊以及后来的来俊臣为最。前三者是武则天临朝称制期间得势的，后者来俊臣则是武则天称帝之后兴起。著名的"请君入瓮"就是源于来俊臣和周兴。当时的酷吏气焰嚣张，上告皇亲，下参黎民，弄得人心惶惶。史料记载：酷吏来俊臣欲罗告武氏诸王及太平公主，又欲诬皇嗣李旦及庐陵王李隆基与南北衙共同谋反，拟一网打尽。武氏诸王与太平公主都十分害怕，共同揭发其罪行，下狱处以极刑。"仇家争食其肉"，不一会儿就食尽。来俊臣凶狡贪暴，网罗无辜，织成反状，杀人不可胜计，史载"赃贿如山，冤魂塞路"。酷吏招致天怒人怨，人们恨不能生啖其肉，由此也能看出，武则天的酷吏政策，也是日后成为其退位的因素之一。

224

而另一个因素"以女主身份养男宠"则是开古之先河。武则天晚年更是宠信张易之、张昌宗兄弟，而两兄弟也逐渐开始参与政事，到最后权倾朝野，杀害元老大臣，甚至武三思、武承嗣这些武氏族人对他们也是多方阿谀。但是，有学者认为，说最后"二张"谋反其实存在很大争议，一方认为"二张"确有谋反之心，另一方认为是太子集团的栽赃嫁祸。无论结论如何，豢养男宠这件事，在后世来讲，也是武则天人格上的一大污点。那么，武则天退位原因仅仅是这两点吗？不见得。

是命中注定还是早有安排

现在看来，武则天的退位和她宠信"二张"以及实行酷吏政策不无关系。也许有人会想到，武则天把皇位传给武姓族人不就可以避免了吗？诚然，武承嗣是很好的人选，也曾有可能被立为太子，但是史料记载：武则天并不同意立武承嗣为太子。她有自己的考虑。什么样的考虑呢？

武则天有四个儿子，当时活着的只有李旦和李显，李旦被贬为皇嗣，只有一个皇太子李显。但是，如果传位给自己的儿子，那么，自己辛辛苦苦付出无数代价建立的大周王朝就要改姓了，这是她所不允许的。但是，传位给武承嗣，自己作为姑母进不了太庙，不能接受供奉。而狄仁杰的劝告使武则天认识到，相比于一个外人，还是自己儿子比较放心，毕竟姑侄和母子孰轻孰重，她自己心里有数。

我们说武则天当时立李显为太子，李显当皇帝是迟早的事，为什么要提前逼迫武则天退位呢？因为当时朝廷三派并立，即"二张"、李、武三家，武则天的打算，是为了调和李、武两家矛盾，让李显做太子，武家掌握实权，"二张"从中起到一个调和矛盾的作用。这样的安排必然使朝廷大臣相互顾忌，因为太子已经定下来了，而拥立太子当皇帝的功劳被任何一方抢去，另外两方都没好下场，于是拥李派铤而走险也就不足为怪了。

武则天的退位，究竟是她计策失误造成，还是早有安排？这一点就成为一个谜了。到底是因为她在退位前就如此安排，却不料事情发展超出预期，以至于自己无法控制，还是自己宿命就是如此呢？为登上皇位，她付出了太多太多，在退位后的同年十二月，郁郁而死。无数的繁华如同过眼云烟，只给后人留下一块无字碑，悠悠千古，功过自有后人评。

225

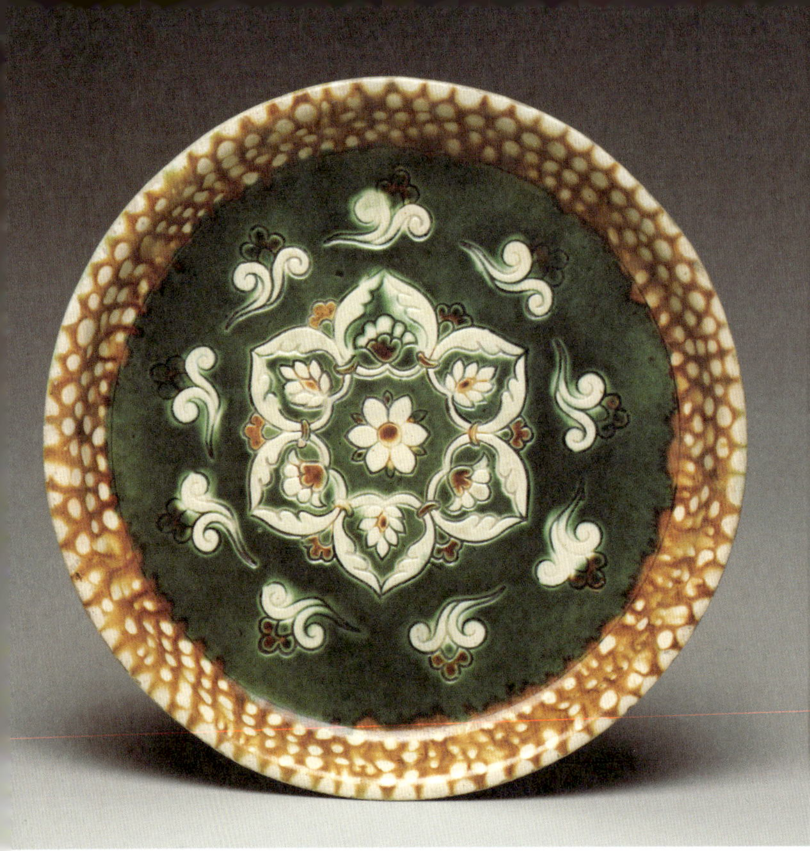
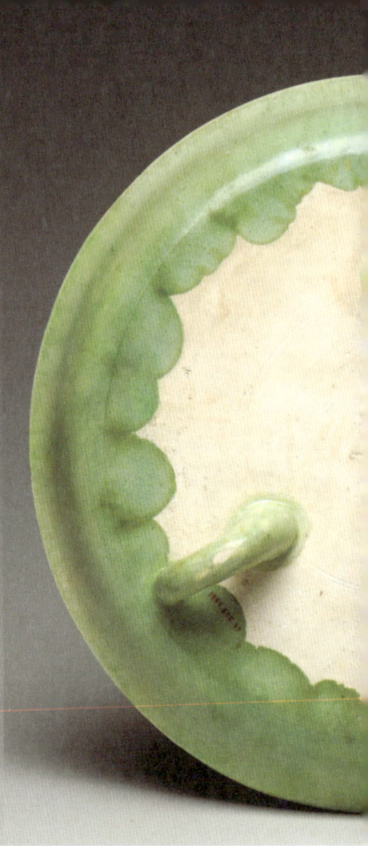
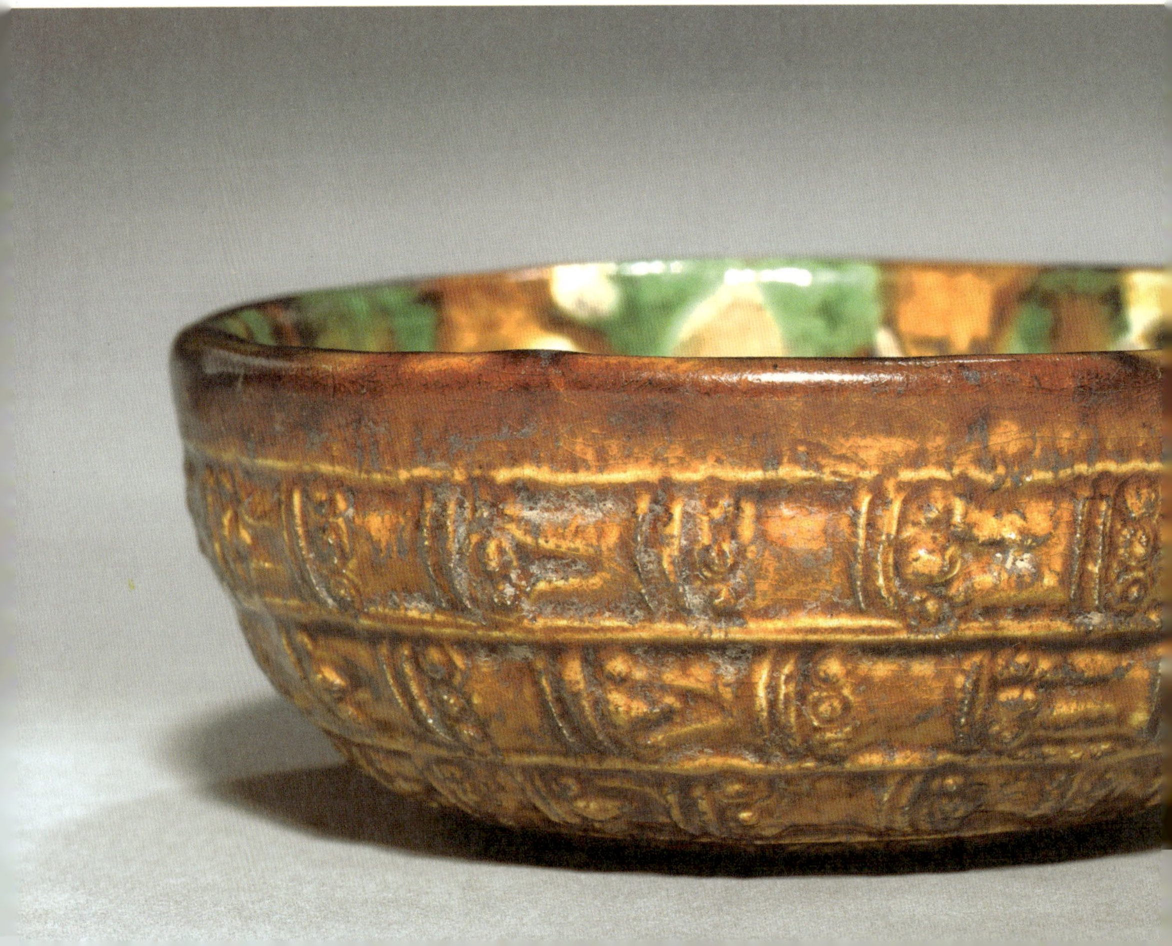

唐三彩宝相花纹盘 7厘米×29.8厘米

唐 陶碗 10.1厘米×3.9厘米

唐三彩镇墓人俑 高41.6厘米

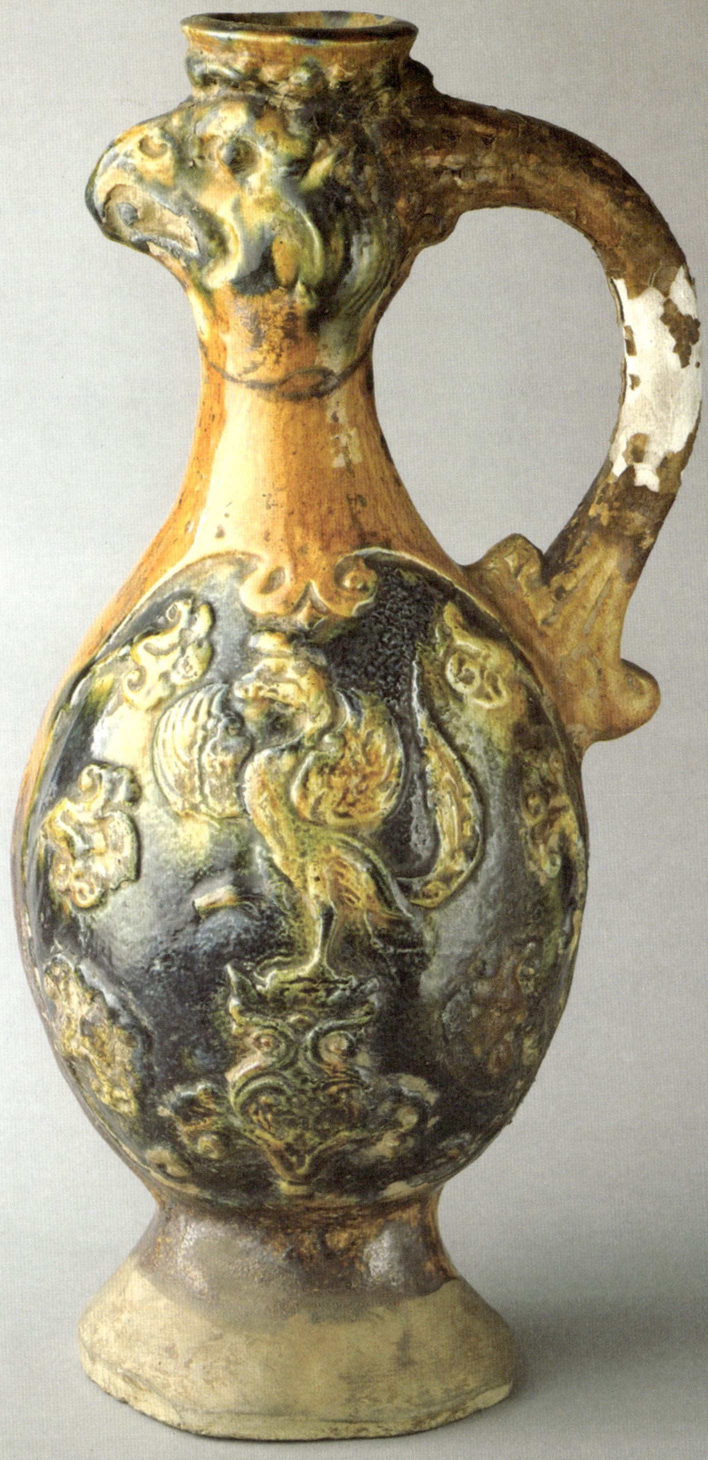

唐三彩的凤凰头壶　高 33 厘米

三让皇帝：唐睿宗为何频繁地退位

在风诡云谲的政治斗争当中，只有确定好自己的定位才能赢得立身之地。在唐朝激烈的宫廷斗争当中，动辄会有杀身之祸。可是，唐睿宗李旦却以自身的智慧，赢得了生存的权利，而在做皇帝之后，或者有机会做皇帝的时候，他为什么会毫不犹豫地拒绝？他三次让位的原因到底是什么呢？

让则生，不让则死

唐睿宗生活的那个时代，是中央政治格局最为变幻多端的时代。但是，在这样的一个时代中，唐睿宗李旦却能够保得自身平安，而他的一生，也足以称得上是一个传奇。他前后两次当皇帝的时间相差了 27 年，而现在人们津津乐道的，不是他的两次当皇帝，而是他的"三让天下"。

众所周知，皇位是无数人梦寐以求的，他却三次让位于他人，那么他都让位给了谁呢？第一次，是让位给母亲武则天；第二次，是让位给皇兄唐中宗李显；第三次，则是让位给自己的儿子唐玄宗李隆基。

第一次让位，其实是为势所逼。父亲李治在世时，母亲武则天就掌管朝政，而在李治死后，她短暂地进行临时称制，自己虽然被武则天立为皇帝，但是平常寄居深宫，所有的朝廷事务都是武则天一手操办。而武则天没有取代自己的原因，是她的势力还不够强大，这一点，唐睿宗李旦看得很清楚。于是，他知道自己该怎么做才可以保得住自己的性命。

果然，在公元 689 年，武则天开始使用周历，同时改元为载初元年。关于武则天结束"临朝称制"的呼声越来越高，而与此同时，武则天利用铁血手段，把所有反对自己的呼声都给镇压了下去。反对武则天的朝廷大臣以及宗室纷纷遭遇灭门之祸，武则天称帝已经势不可挡。这个时候，李旦站出来，请求母亲当皇帝，并主动让出皇位。因为如果他不有所表示，那么武则天必然会毫不犹豫地杀死他。在此之前，他的两位妃子就是血淋淋的教训。生死关头，唐睿宗李旦选择了生存下去。公元 690 年，武则天称帝，改国号为周，李旦被降为皇嗣。

这一次的让位，可以说是李旦情非得已，那么另外两次又是怎么回事呢？

身不由己抑或无可奈何

公元 698 年，李显被接回洛阳，李旦"数称病不朝，请让位于中宗"，显然，唐睿宗称病只是一个借口，他是认为自己年幼，不愿意陷入和皇兄的政治较量中。这一次，李旦把自己的太子之位让给了哥哥李显，李显次年被立为太子。公元 705 年，即神龙元年，爆发了"五王政变"，史称"神龙政变"，武则天被迫退位，并传位给太子李显，也就是后来的唐中宗。在这个时候，李显封唐睿宗李旦为相王，李旦坚决不接受。没多久，李显又别出心裁地封李旦为皇太弟，李旦知道这也是对他的试探，态度很坚决地拒绝了这个封号。其实这也是无奈之举。为什么呢？因为李显有自己的儿子，虽然自己当皇帝顺理成章，但是只要自己一答应，那么距离末日就不远了。

公元 710 年，唐中宗昏弱无能，被韦后和女儿安乐公主联合毒杀，韦后想效仿武则天把持朝政，于是对身为相王的李旦产生了怀疑，因为李旦曾经做过皇帝和皇嗣。然而李旦一如既往的谦恭，避免了杀身之祸。由于韦后倒行逆施，李氏族人联合起来，由李隆基和太平公主带领，率上万禁军冲入皇宫，诛杀了韦后及一干党羽，李旦再次即位。

那么，即位之后，正是李旦一展抱负的时候，他却出人意料地再次禅让，这是为什么呢？当时，以李隆基和太平公主为首的李氏族人，诛杀韦后时，李隆基和太平公主都是有功之臣。唐睿宗李旦即位后，就把儿子李隆基立为太子。太平公主也有巨大的权力，于是两人展开了明争暗斗。举一个很简单的例子，如果唐睿宗要决定什么事情，他必须要问两句话。第一句就是："尝与太平议否？"这件事情跟太平公主商量过了吗？第二句就是："尝与三郎议否？"这件事情跟三儿子李隆基商量过了吗？在这样的形势下，当皇帝可以说是左右为难。再加上自己政策的接连失误，唐睿宗意识到两点：第一，太平公主和李隆基势均力敌、难分伯仲，而且他们的能力都在自己之上，根本驾驭不了；第二，与其让他们这样龙争虎斗、让大唐局势越来越混乱，国力在内耗中越来越弱，不如让国家定于一尊，让一个人来发号施令，这才是正道。

深思熟虑之后，唐睿宗做出了一个常人难以理解却又在情理之中的举动：退位让贤。让给谁呢？太平公主不可能。于是他让给了自己的儿子李隆基，也就是唐玄宗。这一次的退让，让出了一个"开元盛世"，也给自身留下谦让的美名。

唐睿宗的"不争"思想

纵观唐睿宗李旦的三次让位，我们可以发现：第一次让位给母亲是迫不得已；第二次让太子之位给哥哥李显是情非得已；而第三次让位给儿子李隆基则是实属无奈。正是三次让位使李旦有惊无险地保全了性命，在这一点上，他足以称得上是有大智慧。"相王宽厚恭谨，安恬好让，故经武、韦之世，竟免于难。"然而，唐睿宗李旦是不是真的"好让"？这个问题就值得人去思考了。

从唐睿宗李旦的三次让位当中，我们还可以看出他的大智慧。虽然他在政治上无所作为，但是在封建社会至高无上的权力面前，能够果断放弃，是非常明智的。在不利的情势之下，能够做到韬光养晦；在至高的地位上能够退位让贤，拿得起放得下，不争不抢，因此能够保全自己。公元716年，唐睿宗李旦病逝于百福殿。相比于那些被儿子杀害的帝王，李旦可以说是寿终正寝了。

驸马难当：唐朝望族为何集体不愿做驸马

驸马，是我国古代帝王女婿的称谓。按理说，娶一位金枝玉叶做夫人，给皇帝当乘龙快婿，应该是壮大家族的好事，但在唐朝，许多名门望族对娶公主这件事望而却步，都不愿做驸马，这其中有怎样的隐情呢？

公主难嫁之谜

在历史上，有一个为了做驸马而不惜抛弃妻子的典型事例，就是陈世美案。陈世美的案子发生在宋代，他为了得到驸马这个位置，冒了生命危险，也果真付出了生命的代价。但这种事情在唐代是不可能发生的，因为唐朝人对于成为驸马这件事情，不但不羡慕，大多数人还非常排斥。举一个唐代跟陈世美境遇相似可是结果却相反的例子。

唐宣宗大中十一年，宣宗皇帝要宰相在当年的新科进士中选拔一位当驸马，于是便有人向宣宗推荐当年的新科进士王徽。但是，王徽听到了这个消息后，便赶快跑到宰相刘瑑面前，哭泣哀求说："我王徽今年已经年过四十，年老体衰，又体弱多病，实在不适合匹配公主，恳请相爷在皇上面前替我解说，千万别招我为驸马。"这件事情跟宋代的陈世美案似乎刚好相反，陈世美是拼了命地想当驸马，而唐代的王徽是听说自己会当上驸马后，便赶快去向宰相哭诉，乞求宰相帮忙推托，就是不想当驸马，可见唐代进士大多数是不想当驸马的。此外，唐宪宗有一年曾要求公卿大臣家中子弟来娶公主，结果公卿大臣纷纷托词躲避，可见当时很多公卿大臣都很害怕娶公主，也害怕与皇室结为亲家。

还有一个例子，是在唐高宗时期，当时高宗皇帝想把女儿太平公主许配给薛绍，但薛绍的哥哥薛顗觉得太平公主平时就气势强盛，是位被宠坏的骄蛮公主，非常担心弟弟的婚事。所以，薛颋便问他的族祖薛克构的想法，然而，薛克构也同样忧心地说："俗话说：'娶妇得公主，无事生官府'，实在令人感到可怕。"这恰好反映了当时社会上一般人的看法，都认为娶公主是一件既可畏又可怕之事。既然社会上一般人都认为娶公主不是件好事而不愿跟公主结婚，唐朝的世家大族就更不愿跟皇室结为亲家。所以，在唐宪宗之前，没有世家大族的子弟做过驸马。唐太宗时就曾经讲过："我贵为天子，可是一般社会人士都宁愿跟门阀世族联姻，也不愿意跟我们皇室结为亲家，我不知道为什么会这样。"

为保官位而联姻

士大夫和世家大族不愿意娶公主，一定程度上造成唐代公主婚姻的困难。于是，公主可以下嫁的对象，便多半集中在功勋大臣的家族，尤其是那些不是出身于世袭门第或世家大族的功勋之家，这些人因为出身没有世家大族那么高贵，也因为他们的地位都来自朝廷给的官位，所以为了保持自己的高官爵位，功勋大臣们也就不得不接纳公主为妻或儿媳妇。一旦某个这样的家族接纳了第一位公主，这个家族往往就会陆续接纳第二个、第三个公主嫁给自己家族的其他成员，这也就是我们讲的"亲上加亲"的观念。

有几个家族跟李唐皇室的婚姻关系非常密切。比如，杨贵妃家族。杨贵妃本人嫁给唐玄宗，她堂哥杨锜娶了太华公主，另一位堂哥杨国忠，接纳万春公主与延和郡主为自己的儿媳妇，杨贵妃还有一位堂兄弟杨鉴，也娶了承荣郡主。中唐时帮助朝廷平定安史之乱的郭子仪家族亦复如此。郭子仪儿子郭暧娶了升平公主，郭暧的女儿也就是郭子仪的孙女又嫁回李唐皇室，即是唐宪宗的正妻郭皇后；郭暧的另外两位儿子郭与和郭铦，也分别娶了汉阳公主跟西河公主。武则天时期，其侄儿武攸暨娶了她的女儿太平公主，另外三位侄儿武三思、武承嗣、武承业，也分别也娶了安乐公主、永泰公主、新都公主为媳妇。

像这类与李唐皇室数代联姻的家族例子甚多，以上仅举三个家族为例。这类家族的特点之一，就是他们几乎都不是很有社会名望的世袭门第家族，所以要想借官位保持本家族的权势，就必须不断与皇室联姻，来提高家族的政治地位。

唐 鎏金捧真身銀菩薩
1987 年陝西扶風法門寺塔基地宮出土。

驸马难为

为什么唐朝人都畏惧娶公主为妻呢？这是有原因的。

首先，说唐朝公主多半品德不佳绝不为过。不知道是否是李唐皇室家教不良的原因，多数公主表现出的品德往往不好。如唐宣宗想把永福公主嫁给于琮，后来，唐宣宗发现永福公主品行不佳，于是婚事只得作罢，也就是唐宣宗自己把婚约收回了。公主出嫁后的败德之事甚多，譬如唐高祖的女儿永嘉公主嫁给了窦奉节，却跟有妇之夫杨豫之淫乱私通。唐太宗女儿高阳公主嫁给了房遗爱，房遗爱是太宗亲信重臣房玄龄之子，双方家族都是当时有头有脸的人物，但高阳公主竟偷偷和一位和尚僧辩机私通。唐中宗女儿安乐公主嫁给了武三思之子武崇训，却又跟武崇训的堂兄弟武延秀淫乱，她还曾当着上官婉儿的面脱去武延秀的下裳高谈阔论，荒唐行径极其夸张。

除了结婚后与外人私通外，有些公主还性情暴戾、行为不法，例如唐德宗的女儿义阳公主嫁给了王士平，义阳公主平常就骄纵不可一世，驸马王士平忍无可忍只好抵抗，当然就会发生争吵，结果事情闹到皇宫里，被当时的皇帝唐宪宗知道了。唐宪宗大怒之下，先把义阳公主关在宫中禁足，但也同样命令王士平囚禁家中，不准出王家大门一步以示警戒，可见真是驸马难为。

另外，回顾上文所说的唐代民间那句俗话："娶妇得公主，无事生官府"。娶得公主为妻，凡事都要受皇室的限制，再加上唐朝皇室的诸多规矩，例如武则天就曾经嫌弃准驸马的弟妹出身不好，不配做自己女儿的妯娌，竟然逼准驸马的弟弟与弟媳离婚。虽然此事后来未果，但还是可以看出，唐朝的驸马不是那么好当的，一不小心就会给家族招来祸端。

马嵬坡之变：杨贵妃之死的若干疑点

唐朝天宝年间，安史之乱爆发，唐玄宗带着贵妃杨玉环逃出京城。在马嵬坡，军队发生兵变，杨贵妃被迫自缢身亡，她的悲剧令人叹息。但在日本，却有古老的文字记录，说当年杨贵妃并没有死，而是跨越海洋，辗转逃往日本。这是真是假？难道千年前的悲剧，只是一个出逃的妙计？杨贵妃之死的若干疑惑，已经成了历史的谜团。

宠冠后宫的美人

唐玄宗李隆基的宠妃杨玉环，与西施、王昭君和貂蝉一同被称为中国古代"四大美女"。杨贵妃自小习音律，善歌舞，姿色超群。她原为玄宗第十八子寿王李瑁之妃，唐玄宗见她有倾国倾城之色，诏入宫做女官，天宝四年封她为贵妃。入宫后，杨贵妃宠冠后宫。

《旧唐书》中有这样一节文字专门描写杨贵妃所受到的宠爱："开元已来，豪贵雄盛，无如杨氏之比也。玄宗凡有游幸，贵妃无不随侍。乘马则高力士执辔授鞭。宫中供贵妃院织锦刺绣之工，凡七百人，其雕刻镕造，又数百人。"

杨贵妃喜食荔枝，皇帝不惜耗费巨大的人力物力远送鲜荔枝。《新唐书》有"一骑红尘妃子笑，无人知是荔枝来"的史实："妃嗜荔枝，必欲生致之，乃置骑传送，走数千里，味未变已至京师。"可见玄宗皇帝对杨贵妃是有求必应。

杨贵妃受宠，杨氏一族也因此鸡犬升天，其族兄杨国忠更被封为宰相，且身兼数职。天宝十五年，安禄山起兵造反，沉迷于酒色歌舞之中的唐玄宗仓皇南逃。途经马嵬坡，大将陈玄礼和部下认为杨家兄妹祸国殃民，怒杀宰相杨国忠，迫使玄宗赐杨玉环自缢。据记载，杨贵妃死时年仅 37 岁。

《明皇杂录》记载，杨贵妃死后，回到长安的唐明皇，一天深夜登上勤政楼，感慨系之，让高力士寻访旧人。高力士第二天就为他找到了名叫红桃的昔日杨贵妃的侍女。于是，让她唱杨贵妃生前所作的《凉州词》，唐玄宗亲自吹起玉笛伴奏。演唱结束，唐玄宗和红桃、高力士都掩面而泣。一次重游华清池，玄宗又让人把新丰市上的女伶谢阿蛮找来，让她跳《凌波曲》。阿蛮跳完舞，拿出一件臂饰说："这是杨贵妃赠送给我的。"唐明皇睹物思人，拿着臂饰就"凄怨出涕"，泪流满面了。

还有史料记载，唐玄宗从成都避难之后返回长安，路过马嵬坡时，曾经想让太监祭祀一下杨贵妃，予以改葬，但是遭到了礼部侍郎李揆的反对，只得作罢。不得已，唐玄宗悄悄吩咐太监，备了棺椁迁葬杨贵妃。挖开坟墓的时候，杨贵妃生前使用的香囊还在，太监把它献给唐玄宗。唐玄宗看着香囊，眼泪哗哗地往下流。他命令画工在一处宫殿里画了杨贵妃的像，每天早晚都去那里看一看。每次去，必然泪涕横流。

香消玉殒之争议

在杨贵妃死后不久，民间就开始流传关于其下落的各种传闻。有人认为，杨贵妃并非自缢而死，而很可能是死于乱军之中。此说主要见于一些唐诗中的描述。杜甫于至德二年在长安作《哀江头》，其中有"明眸皓齿今何在？血污游魂归不得"之句，暗示杨贵妃不是被缢死，因为缢死是不会见血的。

唐代诗人李益的《过马嵬》和《过马嵬二首》中有"托君休洗莲花血"和"太真血染马蹄尽"等诗句，也反映了杨贵妃似是为乱军所杀。杜牧《华清宫三十韵》的"喧呼马嵬血，零落羽林枪"以及温庭筠《马嵬驿》的"返魂无验青烟灭，埋血空生碧草愁"等诗句，也都认为杨贵妃是血溅马嵬驿，并非被缢而死。此外，也有人认为杨贵妃是吞金而死，同样赞成她并非自缢而亡。

还有一种说法，称杨贵妃并未死于马嵬坡，而是流落在民间。俞平伯先生在《论诗词曲杂著》中对白居易的《长恨歌》和陈鸿的《长恨歌传》做了考证。他认为白居易的《长恨歌》和陈鸿的《长恨歌传》如果以"长恨"为篇名，写至马嵬坡就已足够了，何必还要在后面假设临邛道士和玉妃太真呢？俞先生由

清　佚名绘《杨贵妃出浴图》　96.5 厘米 × 44.1 厘米

此断定，杨贵妃并未死于马嵬坡。而陈鸿的《长恨歌传》所言"使人牵之而去"，则是说杨贵妃被使者牵去藏匿远地了。白居易的《长恨歌》中说唐玄宗回銮后要为杨贵妃改葬，结果是"马嵬坡下泥中土，不见玉颜空死处"，连尸骨都找不到，这就更证实贵妃未死于马嵬坡。值得注意的是，陈鸿在作《长恨歌传》时，特别点出："世所知者，有《玄宗本纪》在。"那么由此联想"世所不闻"者，即有今《长恨歌》在，由此可见是暗示杨贵妃并没有死。

后世传说

随着时间的推移，关于杨贵妃之死的传说愈来愈多。甚至有人认为，杨贵妃不仅未死，而且在马嵬坡事变后逃亡日本，这一说法在日本学界颇为流行。这种说法认为：当时在马嵬坡被缢死的，乃是一个侍女。禁军将领陈玄礼惜贵妃貌美，不忍杀之，遂与高力士谋，以侍女代死。高力士用车将贵妃尸体运来查验，而查验尸体的恰恰是陈玄礼，因而此计成功。后来，杨贵妃则由陈玄礼的亲信护送南逃，并扬帆出海，漂至日本久谷町久津，并在日本终其天年。专家认为，唐朝时，中国与日本有着频繁的往来交流，海上交通十分便利，这也为杨贵妃的东渡提供了便利。日本的山口县建有一座杨贵妃墓，1963年有一位日本姑娘向电视观众展示了自己的一本家谱，说她就是杨贵妃的后人。

据《高力士外传》认为，杨贵妃的死，是由于"一时连坐"的缘故。换言之，六军将士憎恨杨国忠，把杨贵妃也牵连进去了。《高力士外传》是根据其口述而编写成的书，从马嵬坡事变的形势来看，杨贵妃在当时是非死不可的。缢杀之后，其尸体由佛堂运至驿站，并置于庭院。唐玄宗召陈玄礼等将士进行查验。杨贵妃确实死在马嵬坡，《旧唐书》《新唐书》与《通鉴》等史籍记载明确，唐人笔记杂史如《高力士外传》《唐国史补》《明皇杂录》《安禄山事迹》等也是如此。

为什么在杨贵妃死后，民间传说却使她死而复生？这反映了人们对她的同情与怀念。事实上杨贵妃不是安史之乱的本源，高力士曾言"贵妃诚无罪"，这话虽不无片面，但杨贵妃确实不是罪魁祸首。安史之乱后，人们开始总结历史经验，终于认识到事情的真相。于是，人们幻想确实已死的杨贵妃能重新复活，以作追念。

　　杨贵妃之死，至今仍被许多文学和影视作品不断演绎着，不过，至今也仍无定论，成了一桩悬案。

唐　执梅侍女俑　43.8厘米×16.5厘米×12.2厘米

牛李党争：李商隐到底是牛党还是李党

少年李商隐在晚唐政坛中初试身手，便掉进了牛李党争这个巨大的政治旋涡之中。他在如火如荼的党争面前，想要保持一种独立，理性和超然的立场，并不因感情上的亲疏、远近和好恶而改变自己的政治主张。可惜，李商隐为自己的选择付出了沉重的代价。他被逼离开朝廷，远离京师，开始了颠沛流离的寄人篱下的幕僚生活。

卷入党争，非他本意

李商隐是唐朝中后期的杰出诗人。他的诗作以瑰丽含蓄而闻名，为了弄清他诗中所蕴含的真正含义，无数学者对他的生平进行了深入的研究，在这其中，最为众说纷纭的一个问题，就是他与牛李党争的关系。

关于李商隐和牛李党争的关系问题，从五代和北宋以来，历代文人便一直争论不休。有人说他是李党，也有人说他是牛党，还有人说他一生在牛李两党的夹缝中求生存，但是最终受到两党的排挤。新中国成立以后，大多数学者则倾向于说他是牛李党争的无辜牺牲品。不过，不管大家在这个问题上如何争论，有一点是达成共识的，那就是：李商隐卷入党争，是从他在牛党人物令狐楚死后，转入属于李党一派的王茂元幕府并成为其女婿开始的。然而，对于这一点共识，有学者在20世纪80年代提出了异议，他们认为，王茂元既不是李党，也不是牛党，他与党争无关，因此，李商隐入王茂元府，也不存在卷入党争的问题。

权力争斗中的沉浮

首先，根据《旧唐书》《新唐书》中的记载，李商隐早年受到令狐楚的赏识，曾在令狐楚的节度使幕府中做事，并且因为令狐楚的资助才考上了进士。但是在令狐楚死后，他又投到了当时为河阳节度使的王茂元门下，王茂元很欣赏他的才华，提拔他做了掌书记，还把自己的女儿许配给了他。从此，牛党的人就把李商隐恨得要命，认为他忘恩负义，诡薄无行。这是史书中最早的关于李商隐如何卷入党争的记载，后面的史书也大多参照这一说法。但是这段史料在时间的记载上存在错误。比如，李商隐做王茂元女婿的时候，是在王茂元镇河阳时，而王茂元为河阳节度使是在武宗会昌三年，那时王茂元正受朝廷之命与刘稹作战，不久即死于军中，而李商隐当时也正居母丧，因此，他不可能在这个时候成亲。根据学者的考证，李商隐入王茂元的幕府，应当是在文宗开成三年。

其次，除了《旧唐书》《新唐书》以外，没有任何一条史料可以说明王茂元是李党。如果仔细地检索一下关于王茂元生平的材料，就可以看出，从他父亲开始，王家两代担任的都是地方节度使，与中央政局的变动没有什么牵涉。此外，王茂元和牛党人物的交往倒是很多。比如开成三年牛党的骨干杨嗣复拜相，时任泾原节度使的王茂元马上送去了一封贺状。又如会昌元年，正是李党的头领李德裕当国，作为牛党代表人物的李宗闵此时在洛阳担任闲职，然而就在这个时候，王茂元给李宗闵送去了两封信。在信中，他一方面表达了对李宗闵早年提拔自己的感激之情；另一方面，他又对李宗闵在大和末年被贬职一事寄予同情，并且对他表示了真切的慰问。值得一提的是，这两封充满感恩与惋惜之情的信都是由李商隐代为起草的。

再次，《旧唐书》《新唐书》都提到王茂元镇河阳是李德裕亲自提拔，因此王茂元应当属于李党。如果再进一步深入研究史料就不难发现，李德裕对王茂元的任用乃正常的人事调动，并没有什么偏私的地方。而且会昌三年八月，王茂元军为刘稹的部将所败，王茂元也随即病逝于军中。由于这一战役的失利很影响士气，所以，李德裕马上采取了果断措施，命王宰接替王茂元为河阳行营攻讨使，实际上是罢免了王茂元的军权。

文人气节

分析完王茂元之后，学者们又对李商隐一生中的另一个重要人物令狐楚，进行了一番探究。他们认为，过去的一些历史记载和史学论著，大都把令狐楚说成是牛党，其实他的情况比较复杂，不能简单地下论断。综观令狐楚的一生，他早期的确与李逢吉等人结交，反对裴度等主张对藩镇用兵的意见，但后来他与李德裕等人并没有发生过重大的政治分歧，在后期也没有涉足党争，因此从严格意义上说，并不能把他归为牛党。至于说他与王茂元为政敌，也实在找不出任何史料依据，他的行迹可以说与王茂元没有任何关系。

学者们觉得，如果大家能抛掉王茂元是李党、令狐楚是牛党的成见，重新考查一下李商隐入王茂元幕府后，他与令狐绹等人的关系，就会得出与以往不同的看法。

据记载，令狐楚死的时候，李商隐只有 25 岁。那时他刚刚考取进士，朝廷还没有正式授予他什么官职，但是却有一大家子人要靠他来养活。这时令狐楚的儿子令狐绹只是一个小小的左拾遗，又因丁父忧免职。在这种情况下，李商隐要取得仕途上的依靠和经济上的资助，只能投靠在某一节度使的门下做一些文字工作。这种现象在唐代社会中是十分常见的，对读书人来说也是很自然的一件事，不会受到人们的责难，更不存在背恩忘德的问题。李商隐进入王茂元幕府之后，令狐绹并没有对他加以排斥，相反还在某些实际行动中资助李商隐在仕途中寻找出路，这有保存下来的两封书状为证。如果令狐绹认为李商隐背信弃义，投靠敌党，他是不可能为李商隐到处延誉，使他因此取得进身之阶的。

通过上述分析，一些人认为，所谓李商隐入王茂元幕府，从此就卷入党争，是一种旧说和成见。李商隐真正卷入党争，是从李党失势时开始的。

唐朝中期以后，朝廷中的腐朽势力越来越强大。以李德裕为代表的李党一派，在中晚唐时是一个要求改革和有所作为的政治集团。他们与以牛僧孺、李宗闵为首的因循守旧的牛党形成鲜明对立，主张剥夺藩镇和宦官之权，积极革除朝廷的种种弊端，并对当时社会上的一些腐败现象进行整顿。会昌、大中之际是牛李两党间的最后一次搏斗，结果以代表革新势力的李党的失败而告终。

就在李党面临无可挽回的失败的情况下，李商隐对他们表示了同情，并用自己的诗文为他们辩诬申冤。

因此，学者们认为，以前学术界对于李商隐的评价还有待商榷，他并不是一个只知道在牛李两党的夹缝中求生存的懦弱文人，事实上，他的行为表现了知识分子所应该具有的明确的是非观念以及倾向进步、追求理想的气概和品质。

唐 绿釉陶罐 高 7.9 厘米

245

第五章
辽宋夏金元：融合时期的沧桑变幻

烛影斧声：宋太祖死亡之谜

赵匡胤于公元960年发动陈桥兵变，黄袍加身，建立宋朝，做了16年皇帝，到公元976年便撒手归西了，正史中没有关于他死亡的明确记载，《宋史·太祖本纪》中的有关记载也只有简单的两句话："帝崩于万岁殿，年五十。""受命杜太后，传位太宗。"因此他的死一直是一个不解之谜，为历史留下了又一桩悬案。

暴毙而亡，死因成谜

公元前976年11月的一个夜里，北宋开国皇帝即宋太祖赵匡胤暴毙而亡。年50岁。谥曰英武圣文神德皇帝，庙号太祖。次日，赵匡胤的弟弟赵光义继承了皇位，史称宋太宗。

对于宋太祖的暴死，《宋史·太祖本纪》上只有一段简略的记载："癸丑夕，帝崩于万岁殿，年五十，殡于殿西阶。"
但宋代的笔记野史上却有一些颇为离奇的记载。据文莹《续湘山野录》记载，那天夜里："上御太清阁四望气……俄而阴霾四起，天气陡变，雪雹骤降，移仗下阁。急传宫钥开端门，召开纣王，即太宗也。延人大寝，酌酒对饮。宦官、宫姜悉屏之，但遥见烛影下，太宗时或避席，有不可胜之状。饮讫，

北宋　崇宁通宝　直径3.5厘米

248

禁漏三鼓，殿雪已数寸，帝引柱斧戳雪，顾太宗曰：'好做，好做！'遂解带就寝，鼻息如雷霆。是夕，太宗留宿禁内，将五鼓，伺庐者寂无所闻，帝已崩矣。太宗受遗诏于枢前即位。"

可能这段传闻在宋代流传广泛，因而李焘在《续资治通鉴长编》中虽认为这一传闻"未必然"，但也不得不摘录在书中，留待他人详考。由于《续湘山野录》中的这段记载，语气隐隐约约，文辞闪闪烁烁，于是便给后人留下了"烛影斧声"的千古之谜，自宋代以来，不知有多少文人学者探究过这个问题，即宋太祖究竟是怎么死的。

弑兄夺位

关于宋太祖的暴毙，一种说法是，宋太宗"弑兄夺位"。持此说的人以《续湘山野录》所载为依据，认为宋太祖是在烛影斧声中突然死去的，而宋太宗当晚又留宿于禁中，次日便在灵枢前即位，实难逃脱弑兄之嫌。

蔡东藩的《宋史通俗演义》和李逸侯的《宋宫十八朝演义》都沿袭了上述说法，并加以渲染，增添了许多宋太宗"弑兄"的细节。

另一种说法认为，宋太祖的死与宋太宗无关，持此说的人引用司马光《涑水纪闻》的记载为宋太宗辩解开脱。据《涑水纪闻》记载，宋太祖驾崩后，已是四鼓时分，孝章宋后派人召太祖第四子秦王赵德芳入宫，但使者却径趋开封府召赵光义。赵光义大惊，犹豫不敢前行，经使者催促，才于雪下步行进宫。据此，太祖死时，太宗并不在寝殿，因而不可能"弑兄"。毕沅《续资治通鉴》即力主这一说法。还有一种说法，虽没有肯定宋太宗赵光义就是弑兄的凶手，但认为他无法开脱抢先夺位的嫌疑。

在赵光义即位的过程中确实存在一系列的反常现象，据《涑水纪闻》所载，宋后召的是秦王赵德芳，而赵光义却抢先进了宫。当时只有皇后在场，皇后一介女流，见无回天之力，只得向他口呼"官家"，等于承认了他的新帝地位。

"金匮预盟"

赵光义得以名正言顺地登基，"金匮预盟"发挥了重大作用。

《宋史》把这份神秘的"金匮预盟"描绘得有鼻子有眼。杜太后认为，赵宋之所以能夺取后周的江山，就是因为周世宗任用了一个小孩子当皇帝，如果是一位壮年英武的君主，绝不会发生"陈桥兵变"。为了不让这种惨痛的历史重演，太后令赵匡胤必须选择一位"长君"做接班人。赵匡胤痛痛快快地答应了，并命赵普记录下来，将文件珍藏在黄金宝柜里。

倘若果真如此，赵光义即位可谓名正言顺。偏偏所谓"金匮预盟"的来历非常暧昧，仔细分析，不难看出这只是基本的政治骗术。

这是因为，杜太后去世时，赵匡胤只有34岁，何必火急火燎地安排接班人呢？即使赵匡胤几年后去世，也不会出现后周柴世宗7岁孤儿断送江山的局面。杜太后是个明白人，绝不可能出此下策。况且，"金匮预盟"是赵光义登基5年后，赵普才密奏。这种解释难以服众。

《宋史·太宗本纪》也曾提出一系列疑问：宋太宗即位后，为什么不照嗣统继位次年改元的惯例，急急忙忙将只剩两个月的开宝九年改为太平兴国元年？既然杜太后有"皇位传弟"的遗诏，宋太宗为何要一再迫害自己的弟弟赵廷美，使他郁郁而死？宋太宗即位后，太祖的次子武功郡王赵德昭为何自杀？宋太宗曾加封皇嫂宋后为"开宝皇后"，但她死后，为什么不按皇后的礼仪治丧？上述迹象表明，如果宋太宗即位是非正常继统，后人怎么会不提出疑议呢？

这一系列蹊跷的问题，至今仍无定论。近代史学界对于宋太祖之死，唯一能下的结论就是死于非命。但有关宋太祖具体的死因，则是众说纷纭。

当今史学界对于宋太祖之死还有一些新的说法。一是从医学的角度出发，认为宋太祖死于家族遗传的狂躁抑郁症。还有观点承认宋太祖与宋太宗之间有较深的矛盾，但认为"烛影斧声"事件只是一次偶然性的突发事件。其起因是宋太宗趁太祖熟睡之际，调戏其宠姬花蕊夫人费氏，被宋太祖发觉而怒斥之。宋太宗自知无法取得胞兄谅宥，便下了毒手。

纵观古今诸说，似乎都论之有据，言之成理，然而有关宋太祖之死，目前仍未找到确凿无疑的资料。

断臂太后：独臂女人如何撑起江山

对于我国历史上出现的著名的太后，我们印象深刻的无外乎西汉的吕雉、清代的慈禧。很少有人知道，在古代辽国也有一位铁腕太后。这位太后十分与众不同，因为她只有一只胳膊。正是她，用一只铁腕支撑起了大辽国的江山社稷。尊贵的她因何而断掉一只手臂？这位铁腕太后的身上究竟有一段怎样的传奇？

坚强的化身

述律平，字月理朵，其先祖为回鹘人，14岁时就嫁给了年已20岁的耶律阿保机，唐天祐四年，即公元907年，耶律阿保机继汗位后，群臣上尊号她为"地皇后"；辽神策元年，即公元916年，又加称她为"应天大明地皇后"。

这位"地皇后"性格刚烈，敢作敢为。辽太祖死的时候，她本意要为太祖殉节，被三个儿子一再劝谏阻止才作罢。没承想她竟然拔出利剑，咔嚓一声把右腕砍断，放在丈夫阿保机的棺木里，以表白自己的心志。因此人们都称她为"断腕太后"。

辽国是契丹人建立的政权，他们是鲜卑族宇文部的一支。唐朝后期主要活动在西拉木伦河一带的广大区域。公元916年，耶律阿保机在他的妻子述律平的辅佐下称帝，定国号为辽。据《金史》记载："辽朝建国，以镔铁为号，取其坚强之义。"因此，"辽"的意思是如钢铁般坚强。而一千多年前的历史证明，述律平正是用她的全部生命维护了这种"辽"的精神，她也因此由一个柔弱女子转变为坚强的化身。

果断的抉择

　　述律平的成功不仅仅是因为她的美貌和谋略，关于她与阿保机的爱情故事和金戈铁马统一北方的英雄壮举，正史与野史里都有许多描绘。述律平和阿保机的爱情结晶是他们的三个儿子，长子耶律倍，次子耶律德光，三子则李胡。长子耶律倍"性机巧灵变，博经史艺文"，是个爱好文艺和吹拉弹唱的聪明孩子，阿保机在位时曾问侍臣："受命之君，当事天神，以何为先？"众人皆谓"应敬佛"，独耶律倍说："佛非中国教。孔子大圣，万世所尊，宜先。"阿保机嘉之，即令建孔子庙，命耶律倍负责春秋祀奠。由于耶律阿保机以为"马上得天下，安能马上治之"，所以很看好长子的文化水平，以为他很有"人文精神"。古人将"天、地、人"称为"三才"，阿保机在世的时候，他本人、述律平和耶律倍分称为"天、地、人"三皇帝，也就是说，他基本上已将长子耶律倍选定为接班人。

　　公元 926 年，阿保机在行军途中病逝于扶余城，他死的时候竟然出现了沙尘暴，天上地下仿佛有浩荡黄龙奔涌，所以，后来这个地方就叫作"黄龙府"。在黄沙蔽日、刀光剑影中，面对军心浮动、大臣造反，述律平做出了她一生中最重要的选择——立在外带兵征战的次子耶律德光继承"天皇帝"位，而让"心太软"的长子耶律倍继续当他的"人皇帝"。随后她又做出第二个选择，让十几个"打着辽旗反辽"的大臣去给阿保机殉葬。此时一个叫赵思温的大臣说道："若论与皇帝最亲近的，莫过于皇后，皇后为什么不亲自去伺候皇帝呢！"一时朝堂震动。这时，述律平做出了第三个选择，她从侍卫身上抽出佩刀，一刀将自己的右腕剁下，大声说道："心已碎，身属国，将我断腕，置于梓宫中，权当身殉。"这位辽国女子的坚强，由此可见一斑。

以"坚强"为图腾

　　在中华民族的历史上，以"坚强"为国号，是辽的创举。而辽更对于中国历史有着太多巨大的贡献，特别是它将封建制度与秦以来的郡县制度有机地融合在一起，开创了多民族共治、融郡县与封建为一体的中华帝国制度，开启了中华民族历史的一个新时代。这也是为什么我们说辽才是"一国两制"构想的真正开创者。

《辽史》明确写道："以国制治契丹，以汉制待汉人。"以今天的观点来看，汉地实际上就是辽国的一个"特区"。它的主要官员，从丞相起，基本上是原来的老班子。

如何在语言文字、风俗习惯，乃至制度机构上差距很大的区域之间，建立一个高度自治而非分裂的政权呢？辽的构想为："得其宜"和"因俗而治"。也正是这一制度构想，为后来的女真、蒙古、清朝统治者所借鉴和遵循，也构成了中华帝国政治传统中的宝贵遗产。

辽太祖死后，辽太宗即位，尊述律平为皇太后。她凭着多年辅佐辽太祖的实践经验，继续辅助辽太宗，在关键时刻把握航向，给朝政施加重大影响。譬如，当时辽国和后晋互相攻伐，战争不断，给双方的国力造成了很大的损失，百姓怨声载道。述律平看到辽国的人畜死伤过多，十分忧虑。她就力劝辽太宗结束这无休止的战争，以"蕃和汉"来换取和平，以巩固和发展辽王朝。这无疑表现出了述律平的政治远见和宽阔胸怀，也显示出她辅佐儿子治国的特殊作用。

述律平虽然是只有一只手的断腕太后，但她却是一个让辽初两代帝王言听计从的"铁腕"人物，为辽王朝的开疆辟土和治国安邦做出了名垂千古的特殊贡献。述律平在 75 岁的时候走完了她的人生历程，最终与已经去世 27 年的丈夫耶律阿保机合葬在了祖陵之中。

辽至金 玉龙纹盘

辽 金玉龙首 连座高 7.5 厘米

名臣寇准：客死异乡的秘密

寇准是北宋宋真宗时期的名相，他安邦定国，心系天下安危。但是，由于他性格耿直，再加上胸无城府，因而在朝廷中树敌甚多，显得孤立无援。那些奸邪之徒狼狈勾结，合伙排挤他，使得寇准在政治生涯中饱经波折。寇准在垂暮之年被贬谪岭南，在颠沛流离中客死异乡，这其中原委究竟是如何呢？

北宋的宫廷斗争

寇准出身于书香门第，但在他出生后不久，父亲就去世了，因此他家境十分贫寒。不过，深受书香世家影响的寇母十分重视寇准的学习。少年时的寇准聪明好学，从书本上学得许多知识和道理。这为他以后入仕从政打下了初步的基础。

寇准19岁时便考中了进士，被任命为归州巴东知县，任期满后，又改任成安知县。此后他又先后升任盐铁判官、尚书虞部郎中、枢密直学士等官。

寇准官运亨通全仰赖于他的刚正廉明，不畏强权，从不行阿谀逢迎、依附权贵之事，十分令人敬仰，宋太宗就曾称赞他"临事明敏"。

有一次，寇准奏事殿中，大胆进谏。由于忠言逆耳，太宗听不进去，生气地离开了龙座，转而回内宫。寇准却扯住太宗的衣角，劝他重新落座，听他把话讲完。事后，宋太宗十分赞赏寇准，高兴地说："我得到寇准，就像唐太宗得到魏征一样。"寇准被钦誉为魏征，可见他在宋太宗的智囊团中占据相当重要的地位。

后来，正直的寇准无意间卷入一场宫廷斗争。这年宋真宗已经年过五十，身染风疾，行动不便，朝中大事悉决于刘皇后，并打算让皇太子监国，又授意他与寇准斟酌是否可行。

　　向来正直不阿的寇准当即提出应择人品端正的大臣辅佐太子，丁谓、钱惟演等奸佞之臣万万不可委以重任，宋真宗也一一答应。

　　于是，寇准找来翰林学士杨亿起草太子监国的诏书，并嘱咐他守口如瓶，不得外泄。不料寇准却因自己醉酒走漏了消息，引起了一场轩然大波。丁谓、曹利用联合向寇准发难，刘皇后又推波助澜，要挟宋真宗罢免寇准。宋真宗听信了谗言，罔顾他和寇准的约定，免了寇准宰相之职，改任太子太傅，封莱国公，并任命丁谓为相。

　　丁谓与寇准早有恩怨。原来，丁谓任参知政事时，一次中书省会餐，羹汤弄脏了寇准的胡须，丁谓赶忙前去拂拭，寇准当着众人斥责他："参政国之大臣，乃为官长拂须邪？"丁谓颇觉难堪，不禁由愧生忿，由忿生怒，欲置寇准于死地。曹利用积军功升为枢密使，寇准却认为他只是一赳赳武夫，对他颇为鄙夷不屑，每议事不合，便讥曰："君一武夫耳，岂解此国家大体耶？"由是与曹利用结怨。刘皇后则因其族人恃势横行蜀中，夺民盐井，宋真宗以皇后故欲赦其罪，寇准却主张依法惩处，惹得刘皇后不快。因而他们合伙倾轧寇准，也就在情理之中了。

北宋　磁州窑梅瓶　雕花釉下石雕
20.7 厘米 × 34.3 厘米

一波未平一波又起

在这里，不得不提到一个重要人物，就是宦官周怀政。周怀政此前依附寇准，看到寇准失势，他觉得自己也在劫难逃。于是在彷徨焦虑之时，决定铤而走险，杀掉宰相丁谓，罢皇后干政，奉宋真宗为太上皇，传位太子，以寇准为相。

客省使杨崇勋本也参与其事，谁知后来见刘皇后、丁谓一伙势大，突然转投丁谓门下，向丁谓告变。

丁谓一收到消息，便连夜秘密乘车前去告知了曹利用，第二天周怀政便被杀掉了。于是，本不知情的寇准再次被卷入旋涡。钱惟演与刘皇后、丁谓沆瀣一气，诬告寇准罢相之后交结中外，图谋东山再起。于是寇准再度被贬，先为太常卿，后辗转再贬道州司马。

病入膏肓的宋真宗对这一切并不知情，他曾询问左右为何很久见不到寇准，周围的人都不敢说出实情。在易箦之际宋真宗还说，朝中大事只有寇准和李迪可以托付，但他已无力再庇护寇准了。

乾兴元年，宋真宗驾鹤西去，时年55岁。真宗一死，丁谓对寇准的迫害也随之升级。他串通刘皇后与宦官雷允恭，再贬寇准为雷州司户参军。司户参军简称司户，管理本州的户籍、赋税、仓库，是小得不能再小的曹官。知制诰宋绶起草贬官诏制，因同情寇准而语气稍微缓和，丁谓指责说，"你整日起草诏诰，怎么写出这等文字？"宋绶只得请丁谓代笔。于是丁谓便援笔，历数寇准的种种罪状，派人拿着诏书赴道州宣读。

使者故意在马上悬了一口贮藏于锦囊的宝剑，意欲逼寇准自裁。家人都为寇准捏了一把汗，他却神色自若，请使者出示诏诰，原来只是贬谪，并非赐死，家人悬着的心这才放了下来。

寇准在道州还未遑宁居，便又打点行囊前往雷州，就这样，一个安邦定国的宰相又成了被贬的旅人。城门失火，殃及池鱼。寇准的女婿王曙、枢密副使周起、翰林学士盛度、知开封府王随等一批官员也先后遭到贬谪，还有一批下级军官被处死、流放。一夜之间，朝廷震动，人心惶惶。

流落异乡

被贬谪并流落异乡，寇准自然是悲愤难抑，以至于听到杜鹃声，便吟出了"曾为深冤无处雪，愁杀天涯去国人"的诗句。

在这样孤寂的旅途中，百姓的爱戴给了他莫大的慰藉。他赴道州途经零陵时，溪桐蛮夷乘机抄掠他的行李，酋长斥责部属说："奈何夺贤相行李耶？"连忙派人送还。初至道州，无廨宇办公，"百姓闻之，竞荷瓦木，不督而会，公宇立成，颇亦宏壮"。再贬雷州时，"吏民遮道，马复踏蹙不行"。由道州至雷州山路崎岖，行走不便，所过州县皆以竹舆迎之，寇准得以安然到达贬所。风尘未洗的寇准接过官吏拿来的地图，见州东南门离海只有十里之遥，不禁哑然失笑说："我少年时曾有'到海只十里，过山应万重'之句。不料竟一语成谶，应在今日了。"

寇准胸怀坦荡，不是睚眦必报之人。他到雷州半年之后，骄横跋扈、不可一世的丁谓也被贬官崖州。寇准贬雷州，还未过琼州海峡，而丁谓的贬谪地却在琼州海峡以南，当真算是"不是不报，时候未到"。丁谓赴崖州，雷州是必经之地，有好事者讥讽他："若见雷州寇司户，人生何处不相逢？"

寇准在雷州不以困顿而丧志，也不以位卑而无为，而是致力于为莘莘学子口授中原语言，讲授中原文化，又兴修水利，多方造福当地，颇受百姓爱戴。他汲水之井人称"莱泉井"，他读书之处人称"莱泉书院"，元代更名为"濬元书院"，至今犹存。

天圣元年闰九月，62岁的寇准一病不起，病逝于雷州。当地百姓悲痛欲绝，护送他的灵柩归葬西京。据传行至一渡口时，突然狂风大作，大雨倾盆，众人无法行进，只得就地停下，并在灵柩前插上枯竹，以防棺材被水冲走。次日雨过天晴，风和日丽，而所插枯竹已经绿叶纷披，长成遮天蔽日的粗竹了。于是人们将此渡口命名为"寇竹渡"，至今地名尚存。

10年之后，宋仁宗为寇准平反昭雪，1049年，又亲笔写了"旌忠"二字，镌刻碑首。虽然这是迟到的平反，也可告慰于九泉之下的寇准了。

宫闱秘事："狸猫换太子"事件是否为史实

"狸猫换太子"在我国民间流传已久，这个故事与宋仁宗赵祯的身世息息相关。这个故事乍一听会让人觉得十分荒唐，它能流传至今，绝大部分原因是历史上宋仁宗确有认母一事。那么，这一事件的始末是怎样的呢？狸猫换太子这样的事情，是真实存在的吗？

宋仁宗的身世疑云

据成书于清末的小说《三侠五义》中写道，宋真宗的妃子刘氏、李氏在宋真宗晚年同时怀孕，为了争夺后位，刘妃工于心计，将李氏所生之子换成了一只剥了皮的狸猫，污蔑李妃生下了妖孽。宋真宗大怒，将李妃打入冷宫，而将刘妃立为皇后。后来，天怒人怨，刘妃所生之子夭折，而李妃所生男婴在经过波折后被立为太子，并登上皇位，即为宋仁宗。宋仁宗即位后，得知真相，与已双目失明的李妃相认，而已升为皇太后的刘氏则畏罪自缢而死。

其实，这一故事自宋朝以来，便不断被戏剧等艺术形式演绎着，宋仁宗生母之谜也备受世人的关注。事实上，这一故事本身就是一件悬案。宋仁宗究竟是真宗皇后刘氏之子，还是妃子李氏亲生，无论是小说，还是戏曲，几乎众口一词，认定仁宗是李妃所生，而非刘皇后之子。

事实也大体如此，李氏本是刘后做妃子时的侍女，庄重寡言，后来被宋真宗看中，成为后宫嫔妃之一。在李妃之前，真宗后妃曾经生过五个皇子，都先后夭折。此时，宋真宗正忧心如焚，处于无人继承皇位的难堪之中。

后来李氏产下一名男婴，真宗中年得子，自然喜出望外。刚出生的仁宗赵祯还未来得及睁开眼睛看一眼自己亲生母亲的容颜，便在父皇真宗的默许下，

260

宋仁宗坐像　188.5厘米 × 128.8厘米

被一直未能生育的刘氏据为己子。生母李氏慑于刘后的权势，只能将爱子让予他人。

登上帝位

乾兴元年，宋仁宗即位，年仅13岁。刘氏以皇太后的身份垂帘听政，权倾朝野。宋仁宗就在养母的权力阴影下一天天长大。刘太后在世时，他一直不知先皇嫔妃中的李顺容就是自己的亲生母亲。这大概与刘太后有直接关系，毕竟她在后宫及朝廷内外都能一手遮天。在这种情况下，恐怕不会有人冒着生命危险告诉宋仁宗其身世秘密。明道二年，刘太后病逝，宋仁宗亲政，这个秘密也就逐渐被公开了。至于是谁最早告诉宋仁宗实情的，现在已很难弄清楚，凡是那些与刘太后不和的人均有可能向宋仁宗说明真相，但可能性最大的当是"八千岁"皇叔赵元俨和杨太妃。赵元俨自真宗死后，过了10余年的隐居生活，闭门谢客，不理朝政，在宋仁宗亲政之际，赵元俨突然复出，告以真相，应该在情理之中。杨太妃自仁宗幼年时期便一直照料其饮食起居，宋仁宗对她也极有感情，在宫中称刘后为大娘娘，呼杨太妃则为小娘娘，杨太妃在那样的政治环境中说出实情也是极有可能的。无论如何，宋仁宗知道了自己的身世。

摆脱阴影

蒙受了20年的欺骗，生母也在明道元年不明不白地死去，当宋仁宗知道了自己的身世后，其精神世界无异于天崩地裂。他抑制不住内心的悲伤，一面亲自乘坐牛车赶赴安放李妃灵柩的洪福院，一面派兵包围了刘太后的住宅，以便查清事实真相后做出处理。此时的仁宗不仅得知了自己的身世，而且听说自己的亲生母亲可能死于非命，他一定要打开棺木查验真相。当棺木打开，只见以水银浸泡、尸身不坏的李妃安详地躺在棺木中，容貌如生，服饰华丽，仁宗这才叹道："人言岂能信？"随即下令遣散了包围刘宅的兵士，并在刘太后遗像前焚香，道："自今大娘娘平生分明矣。"言外之意就是刘太后是清白无辜的，她并没有谋害自己的母亲。

李氏是在临死时才被封为宸妃的，刘太后在李妃死后，最初是想秘而不宣，准备以一般宫人礼仪举办丧事。但宰相吕夷简力劝大权在握的刘太后，要想保全刘氏一门，就必须厚葬李妃，刘太后这才意识到问题的严重性，决定以高规格为李宸妃发丧。生母虽然厚葬，依然未能冲淡宋仁宗对李氏的无限愧疚，他一定要让自己的母亲享受到生前未曾得到的名分。经过朝廷上下的一番激烈争论，最终，将宋真宗的第一位皇后郭氏列于太庙之中，而另建一座奉慈庙分别供奉刘氏、李氏的牌位。刘氏被追谥为庄献明肃皇太后，李氏被追谥为庄懿皇太后。奉慈庙的建立，最终确立了宋仁宗生母的地位，同时也意味着年轻的宋仁宗在政治上日益成熟，逐渐摆脱了刘太后的阴影。

北宋 磁州窑持瓶女子俑 19.7厘米×9.5厘米

宦官之道：童贯崛起之谜

中国的宦官历史可谓源远流长，虽然历朝历代对宦官的称呼不尽相同，宦官群体的影响力也千差万别，但是由于经年累月地陪伴在皇帝身边，宦官较之朝臣更容易取得皇帝的信任，难免被赋予行政或军事权力。大宦官童贯就是这其中最为出类拔萃的一员，那么，他究竟是怎样崛起的呢？

传奇宦官的发迹与灭亡

纵观童贯的经历，充满了传奇般的悲喜剧色彩。史书记载，此人身材高大魁伟，皮骨强劲如铁，双目炯炯有神，面色黝黑，颌下生着胡须，这可能和他年近二十岁才净身有关。

童贯为人有度量，能疏财，出手大方，很像《水浒传》里同时代那些仗义疏财的好汉。更重要的是，这样一个阳刚外形的人，却性情乖巧，心细如发，对皇帝的心理具有极强的洞察力，每次都能够事先预知皇帝的意趣意图，深得皇帝欢心。童贯净身入宫时，拜在同乡前辈宦官李宪门下做徒弟。李宪是神宗朝的著名宦官，在西北边境上担任监军多年，颇有战功。

童贯读过四年私塾，有些经文根底；跟随李宪出入前线，又打下了军事上的根基，可谓能文能武。再加上他曾经十次深入西北，对当地的山川形势相当了解，这使他在宦官中很不寻常。

后来，宋徽宗重用童贯，曾令童贯监军西击夏国，合军十万取青唐，结果大获全胜。童贯因此深得宋徽宗的赏识，被破例任命为景福殿使、襄州观察使。不久，因功迁武康军节度使，又因收复积石军、洮州，再加检校司空。政和元年，童贯晋太尉，领枢密院。从此，童贯位列三公，手握重兵转战于西北边陲，与外族夏、辽、金周旋十多年。宣和二年，童贯因战功封太师。

宣和七年，童贯因收复全燕之境，封广阳郡王，统率大军重镇边疆，驻扎太原。那时，金已灭辽，大举兴兵南侵。童贯见大势已去，由太原遁归汴梁，且不听宋钦宗令他留守汴京的命令，而随宋徽宗南巡。于是，大学士陈东等上书劾蔡京、童贯等六人为误国六贼。其中童贯的主要罪名是"结怨辽金，创开边隙"。

事实上，辽金之怨非童贯所结，边隙亦非童贯所创。童贯掌握兵权20年，在与西夏、辽、金的战斗中，有胜有负，但还算尽力，并无投敌、误国之举。北宋之亡，根本在于朝廷腐败，经济崩毁。童贯为众矢之的的一个重要原因是他出身宦官，朝廷里的官员多看不起他，加上童贯骄恣，上下结怨。

宋徽宗禅位，宋钦宗登基，童贯失势，被一连三贬，后被诏数十大罪，最终被追而斩之。

五个"第一"

我们普遍认为，宦官的黄金时代是在明朝，但是，即使是贵为"九千岁"的魏忠贤也还是没能逾越拥有宦官历史上五个"第一"的童贯。那么童贯拥有怎样的纪录呢？童贯是中国历史上掌握兵权时间最长的宦官；是中国历史上掌控军队最多的宦官；是中国历史上获得爵位最高的宦官；是中国历史上唯一一位被册封为王的宦官；是中国历史上第一位代表国家出使的宦官。

毋庸置疑，这五个"第一"，个个都是毫无水分的。兵权向来是权力的核心，汉武帝刘彻即位之初处处受到掣肘的一个最重要的原因，就是能够调动军队的虎符被其祖母窦太皇太后所控制。一个没有血缘关系保障的外人长时间地掌控大规模的军队是不可想象的，在北宋时期尤其不可想象。童贯的掌兵纪录缘于宋徽宗赵佶的信任有加，因此他的权倾朝野自然不在话下。再看看秦国兵士在军功授爵的激励下创造了怎样的奇迹和辉煌，何况在异姓不封王的政治传统下多少人止步于公爵，而童贯却博得了这个无以复加的王爵荣耀。汉代张骞和苏武的故事之所以受到千古传诵，其原因就是作为国家形象代表的他们忠肝义胆、不辱使命，尽管童贯只是副使身份，但是这份荣誉也是来之不易的。在将近 20 年时间里，童贯是北宋帝国的骄傲与荣耀，代表着相当一部分人的光荣与梦想；作为宦官，集兵权和各种荣耀于一身的童贯，足以让前辈高力士和后生魏忠贤黯然失色了。

崛起的背后

上文我们提到，童贯的崛起，很大原因来自其手握兵权。那么，还有一个问题值得我们讨论：一介宦官何以手握兵权呢？这还必须要从源头——即北宋制度上说起。

显然，科举制实际上逐步灭亡了中国的"骑士"家族。汉唐时文武双全的世家大族，到北宋以后都变成了单纯的文官家族，从而导致了文武官员对立。

众所周知，稳定的社会中实际上武将是斗不过文官的——武将擅长的军事手段在和平年代没有用武之地。所以说，重文轻武是这种社会发展的必然趋势。这种社会发展到后期，文官的触手会伸到军事领域，同时也把朝廷内的政治矛盾带入到军事行动里。这在军事里是致命的。新党在带兵打仗，旧党在后方卡后勤甚至给敌人传递消息，这必然会导致战事的失利。

试想，如果内阁策划一场战事，前线将士还不知道，敌方却已经把详细部署摆在帐篷里了。与其说是朝廷内官员不重视保密，有人故意泄密才更有可能。所以北宋的军事弱小不在军队、武器等，而是在它的制度。在这种制度下，皇帝为了避免内耗，派太监去领兵代行皇权，那是很正常的选择。

童贯的崛起在这样的大环境下看来，也似乎并不稀奇，但能做到五个"第一"，也足见童贯本人的能力是极为出众的。

名将身死：宋高宗为何要置岳飞于死地

自宋太祖赵匡胤开国以来，大宋鲜少杀戮重臣。到了生性软弱的宋高宗坐拥江山时，也基本上奉行了先祖这一优良传统。所以，在解除诸将兵权后，宋高宗并没有实行"卸磨杀驴"的政策，而是高官厚禄地将许多有功之臣"束之高阁"。可是，为什么要对为宋朝立下汗马功劳、为朝廷建功立业的名将岳飞毫不手软地置于死地呢？这其中的悲剧色彩，至今令人扼腕叹息。

表象与引子

提到岳飞之死，恐怕没有人不认为秦桧是罪魁祸首的。"青山有幸埋忠骨，白铁无辜铸佞臣。"在杭州西子湖畔岳飞的坟墓旁边，长跪着秦桧的铁像。长久以来，奸臣秦桧的陷害，被认为是岳飞身死的原因。

但是，岳飞被杀的深层次原因是什么呢？当今专家、学者认为，宋高宗才是杀害岳飞的真正凶手。秦桧只是迎合宋高宗的意思，代替宋高宗承担罪名而已。当时审问岳飞的大理寺官员何铸，向秦桧辩白说：岳飞实在无辜，为什么一定要杀。秦桧说：此上意耳。那么，宋高宗为什么一定要杀害岳飞呢？

题《宋高宗赐岳飞手敕》卷

有这样一个说法，据《宋史·宋高宗本纪》的记载：宋高宗为了迎回被金军扣押的生母，不惜放言"只要金国归还我的母亲韦太后，我不以议和为耻。如果我的母亲韦太后果然能回南宋，我们自当谨守誓约"。之后宋金达成和议，历史上称为绍兴和议。最后，金国送回了宋高宗赵构的母亲韦太后。我们可以看出宋高宗赵构是个孝子，他提出放了生母就议和，那么，金国肯定也会提出相应的条件。这个条件就是：杀岳飞，放其母。而且历史事实是，宋高宗在绍兴十一年（1141年）十一月达成宋金和议之后的第二年十二月二十九日农历除夕夜，"赐死"岳飞，而当时韦太后可能正在归途之中。

秦桧根据宋高宗的指示，以"莫须有"的罪名将岳飞毒死于临安风波亭，当时岳飞年仅39岁。岳飞的部将张宪、儿子岳云亦被腰斩于市。岳飞父子及张宪死于奸臣昏君之手，这激起了抗金军队和南宋老百姓的强烈愤怒，韩世忠当面质问秦桧，秦桧支吾其词"其事体莫须有"。

当然，宋高宗因想迎回母亲而杀岳飞只是一个借口，岳飞之死必然还有其他的原因。

心头之患，杀意根源

众所周知，宋高宗给岳飞定的罪名是"谋反"。尽管这一事实是"莫须有"，但是如果排除感情因素，尤其是排除"后知后觉"因素，设身处地地回到当时的境地，或许不能不承认，宋高宗的这一决定并不是完全没有理由。因为，客观地分析当时的情况，岳飞的确已经具备了谋反的实力和条件，只要岳飞一声号令，懦弱的宋高宗可能连逃命的机会也没有。首先，当时的岳飞已经具备了几乎凌驾于皇帝之上的威望。在国际声望方面，金国军队基本上是只知有"岳家军"，不知有"朝廷军"。而在民心向背中，岳飞大元帅更是一呼百应，就像解放战争中老百姓用独轮车推出一场淮海战役的胜利一样，如果岳飞愿意，只要他登高一呼，老百姓恐怕也会用独轮车推出一场"灭宋战役"。而更为关键的是，当时坐镇宋朝西南广大地区的最高军事长官吴玠，居然也被岳飞的个人魅力所折服，一度送上绝色美女，以表倾心结纳之意。

当时的岳飞也确实已经具备了"取而代之"的条件。经过多年的"以战代练"，岳飞已经成功培养出了一支直属的嫡系部队。率领这支部队的正是岳飞的儿子岳云、女婿张宪。可以说，这支部队是只知有岳飞，而不知有宋高宗赵构，如果岳飞要造反，这支部队绝对会赴汤蹈火，在所不辞。更为严重的是，从宋高宗的角度来看，岳飞不但在军中培植自己的势力，大肆任用裙带关系，而且，他还一直都在隐瞒这支部队的实力，比如当岳云或者张宪取得战功的时候，岳飞不是有功不报，就是大功小报，始终保持着这支部队的低调，显然是另有图谋。这也是后来宋高宗不但杀了岳飞，而且还亲自下令杀掉岳云、张宪的根本原因。

时代的悲歌

宋代皇帝有猜忌大将的传统。先是宋太祖杯酒释兵权，后来又有"兵无常帅，帅无常兵"的制度，对武将严加束缚，对拥有兵权的大将更是疑忌。历史上的岳飞既是一个好学习、不扰民、得军心的人，也是一个不好色、不爱钱、不贪财的人。有人曾送美女给他，也被岳飞退回。

岳飞年轻时喜欢喝酒，皇上劝了他一次，他从此就滴酒不沾。皇上要给他盖房子，他不要，并且说："敌未灭，何以为家？"岳飞如此高尚，如此廉洁奉公，而又常打胜仗，如此得民心、得军心，他意欲何为？宋高宗对所谓的"岳家军"是敏感而又顾虑重重，对岳飞更是不太信任的。

其次，岳飞的北伐口号是"直捣黄龙，迎回二圣"，这正中宋高宗的要害。再次，岳飞在要求宋高宗册立太子的事情上也使宋高宗对他不满。显然岳飞被杀害，一方面有宋高宗思念母亲的缘故，另一个方面从岳飞的政治单纯和精忠报国来看，宋高宗自私阴暗的一面一直占主导，他对岳飞没有好感，并且独独没有给岳飞平反。

直到宋孝宗时才给岳飞加谥"武穆"。但是放到历史的宏大背景之下，岳飞之死与南宋初年复杂的政治经济军事形势息息相关，也许他是一个时代的悲剧，说到底，也是人性的悲剧。

南宋 玉童子 高 5.9 厘米

云根紫玉

宋時端石以色為上馬肝厥之

此是也吉

宋　端石云根紫玉砚

南宋　毛笔　长25.6厘米

宋　桶形瓷花瓶　6厘米×11.7厘米

元　景德镇窑　青白瓷菩萨坐像　高 50.8 厘米　宽 30.5 厘米

大汗陵寝：成吉思汗葬于何处

　　一代天骄成吉思汗，是蒙古帝国最为伟大的领袖。他打下的江山可谓千秋伟业，令人无限敬仰。但是，这样一位杰出领袖，他的陵墓却十分神秘。成吉思汗的陵墓为何如此隐秘呢？到底所在何处呢？这至今仍是一个谜团。

雄伟陵区

　　来到成吉思汗陵旅游区，首先映入眼帘的是宏伟壮观的"气壮山河"门景。门景由成吉思汗手持苏勒德的越马柱型雕像、左右山岩石壁、底部的三层台阶以及西边与山峰连接的丘陵式墙壁等组成。

　　穿过"气壮山河"门景后是壮观的"铁马金帐"群雕。"铁马金帐"包括385尊雕像、5座金帐，形成成吉思汗出征时的核心圈。它以恢宏的气势生动地再现了成吉思汗率蒙古大军出征时的情景。亚欧版图广场占地面积一万多平方米，包括中国本土以及横跨亚欧的四大汗国。以蒙古文成吉思汗的"汗"字为造型的蒙古历史文化博物馆，分为九个展厅，陈列了"悠久的历史，英雄的民族""苍茫的草原，壮阔的文化""不朽的业绩，永存的丰碑"三部分内容。

　　但是，这里是成吉思汗真正的陵墓吗？事实上，成吉思汗死后葬身何处，一直是世界各国的考古学家们多年来无法破解的谜团。成吉思汗死后葬身何处一直被人们所关注。在没有足够的考古物证之下，一代天骄成吉思汗葬在何处将会一直是个谜。而且元朝十个皇帝，世人连一个皇家陵墓所在地都不知道。不仅如此，元朝的王公贵族的埋葬地也鲜有发现。

　　考古界对于成吉思汗秘葬地的一致看法是成吉思汗当年在宁夏六盘山病逝后，其遗体被运回草原的某处，在地表挖深坑秘葬。下葬后用土回填，然后"万马踏平"。待到墓葬地面上的青草长出，与周围的青草无异，才将帐篷撤走，这样墓葬的地点就不会泄露。

墓地之所众说纷纭

此前，蒙古国总统巴嘎班迪提起成吉思汗陵墓之时曾说："成吉思汗在他的遗嘱里说道，让他的陵墓永远不被世人知道。我们遵循成吉思汗的这一遗嘱。我认为，成吉思汗陵墓在什么地方就在什么地方，这并不重要……让它永远成为一个谜底，使那些愿意猜谜的人继续猜这个谜底吧。"

实际上，国内的许多专家、学者认为，按照明代史料记载，不仅是成吉思汗陵，而且元代的皇帝陵全部采用秘葬，死后都葬在起辇谷。根据元代皇家秘葬制度，帝王陵墓不封丘，包括陪葬的人和随葬品也不能封丘。安葬完毕还要以万马踏平，所有这些做法都是为了保护陵墓，防止被盗或被破坏。

有的记载说成吉思汗秘葬后，在秘葬地地表杀死一头小骆驼，这时，陪伴这头小骆驼前来的母骆驼就会十分悲痛地号叫，并且利用骆驼的特殊记忆力记住这个地点。第二年来祭祀的时候，把这头母骆驼牵来，离得很远时，母骆驼就会悲痛地飞奔过去，在小骆驼被杀的地方号叫，这样，前来祭祀的人就能找到墓葬的确切地点。假设传

元　八思巴文鐵牌　高 18.1 厘米　宽 11.4 厘米

蒙古族箭袋和腰带

275

说是真实的，但骆驼的寿命是有限的，那么随着时间的推移，这个记忆的标志也慢慢消失了。成吉思汗究竟葬在何处也成了一个百年问题。

各国考古专家目前对成吉思汗陵墓圈定的位置，比较认同的有四处：一是位于蒙古国境内的肯特山南、克鲁伦河以北的地方；二是位于蒙古国的杭爱山；三是位于中国宁夏的六盘山；四是位于中国内蒙古鄂尔多斯鄂托克旗境内的千里山。近年来，吉尔吉斯斯坦共和国的历史学家和考古专家又提出了一种新观点，认为成吉思汗陵墓可能就在该国的伊塞克湖的湖底。

国内的许多专家、学者提到的起辇谷，就是专家们圈定的第一处。据内蒙古自治区文化厅文物处处长王大方介绍，从成吉思汗开始，元朝皇帝就有个专门的葬地，这个地方的汉文名称，在元代文献中被称为"起辇谷"。经过考察，这个地方在今蒙古国肯特省曾克尔满达勒地方。按照传统观念，蒙古人认为，挖掘土地会带来坏运气，而触动祖先的坟墓会毁灭他的灵魂。王大方认为，发掘寻找成吉思汗墓违背了风俗和传统，因为归葬祖茔并深埋草原的秘葬方式，反映了蒙古族崇拜祖先并追求宁静与自然的文化意识。

大汗陵寝，威严象征

专家认为，中国拥有大量有关成吉思汗的史料，并了解游牧民族的习俗。中国在世界上对成吉思汗的研究最全面和透彻，在成吉思汗陵的问题上最有发言权。近十几年来找寻活动更是逐渐升温，匈牙利、波兰、美国、日本、意大利、德国、法国、加拿大、俄罗斯、土耳其、韩国等十多个国家都投入了大量人力、物力，开展了对成吉思汗陵陵墓的寻找工作，基本上都无果而终。

如今作为国家意志和民族公祭的成吉思汗衣冠冢"八白宫"，坐落于鄂尔多斯市伊金霍洛旗。作为世界上以守护成吉思汗陵寝为唯一职责的世袭的守陵人，达尔扈特蒙古人一直实行着最完备、最权威、最具蒙元特色的祭祀制度。所以，鄂尔多斯市伊金霍洛旗成吉思汗陵作为人们尊敬成吉思汗，崇拜成吉思汗，纪念成吉思汗的场所，无论成吉思汗埋葬在哪里，这里都已经成为民族团结，各民族共同发展的象征。

脱脱更化："元末贤相"是否名副其实

元史和明史对元末丞相脱脱的评价都很高，称之为贤相。然而览史发现脱脱主政以后失误颇多，元朝覆亡，脱脱难辞其咎。那么，盛名之下的脱脱是否名副其实呢？不得不说，其贤相之名必然不是空穴来风，但也不免有些过誉的成分。

因私废公，鉴人不明

脱脱最值得称道的两件事，一是尽忠，二是尽孝。脱脱本是原丞相伯颜的侄儿，见伯颜擅权弄奸，飞扬跋扈，很是忧虑。于是与元顺帝近臣阿鲁和脱脱木儿商议锄奸。伯颜本来也有所耳闻，但因是自己侄儿，不致怀疑，遂堕入计中，最终被夺官削爵，被贬岭南，客死途中。脱脱大义灭亲，这是尽忠。

尽孝的事情，是他父亲马紥尔台遭朝中小人别儿怯不花谗言，远徙西北，脱脱于是辞官事父，一路小心服侍，赤子之心可鉴。因他的父亲年岁已高，禁不住长途劳顿，溘然长逝。脱脱引以为恨，然而，他的孝行已经是远近闻名了。

虽然脱脱忠孝两全，但其人却是个典型的"直线思维"，最易受小人欺骗。先是朝廷让马紥尔台归葬，算是朝廷礼遇。这件事实际上是左丞相太平（汉名贺惟一）向皇帝进谏的结果，但是侍御史哈麻却抢先一步，跑到脱脱那里说是自己的功劳。脱脱未免耽于私情，向皇帝"严重推荐"哈麻兄弟。两兄弟一有机会接近皇帝，便日导为非，祸乱宫廷，埋下了亡国的种子。

因哈麻兄弟两人多行不轨，左丞相太平便向皇帝弹劾两人。哈麻兄弟早已给皇帝弄了许多"奇技淫巧"，本是一丘之貉，哪里再容得下左丞相的意见？于是哈麻又到脱脱面前，说之前朝廷不肯让他父亲归葬，是左丞相太平捣的鬼。

于是脱脱又站在了哈麻一边，本来还准备向左丞相下手，参他内外勾结，图谋不轨。幸而被其母得知此事，严斥阻止，才免了一桩冤案。但左丞相太平是免不了丢官了。因私废公，鉴人不明，不得不说这是脱脱的一大过失。

经济不稳，终酿祸端

脱脱还干过一件离谱的事情——滥发钞票。

顺帝年间，世祖忽必烈时代发行的钞票还在使用，伪钞泛滥。朝廷就是否应该发行新钞替代旧钞展开了议论。祭酒吕思诚强烈反对发新钞，他的观点是旧钞本来就够多了，金属货币不足，致使通货膨胀，钞票不值钱。要是再发新钞，就免不了令通货膨胀更加严重。可能是吕祭酒言论太过激烈，引起丞相脱脱的不快，不但没采用他的意见，硬是发行了新钞，而且连吕思诚的官也被罢免了。听不得反对意见，最终搞乱了经济。元代人民生活本来就困苦，此番发行新钞，物价更涨十倍，简直是令人民苦不堪言，酿成祸乱的潜因。

撼动元朝

还有一件事情，可以说是撼动了元朝的根基。那便是搞出"石人一只眼，挑动黄河天下反"的修黄河水利事件。

黄河泛滥是中国历代的心病，修黄河本来是一件好事情，但这时元朝已经是民不聊生了，蒙古人搞工程可不是像现代修工程一样给工人管饭管钱，而是直接就把壮丁抓到堤上干活，想吃饱没可能，想休息是妄想。本来工部尚书成遵经过实地考察，强烈反对修黄河。但是脱脱还是好大喜功，终于做了修黄河的决定，并将成遵免官。大家想想，二十万壮丁在堤上，饿得半死，又累得半死，还病得半死，哪有不民怨沸腾、揭竿而起的道理？滥用民力，引发民变，脱脱难辞其咎。

"黄河一只眼"的石人被发现以后，民众大哗，各地造反不断。元顺帝因为离不开脱脱，就派脱脱的母弟也先帖木儿前去镇压。也先帖木儿素不知兵，然而，脱脱竟然不问好歹，也没有对元顺帝的旨意提出异议。结果也先帖木儿

278

在军中跋扈非常，乱来一气，于是自乱阵脚，大败于刘福通。也先帖木儿被撤军职，仍任文官。西台御史范文劾奏也先帖木儿败军之罪，元顺帝反而责他逾权，连带范文的上司朵尔直班一块儿免职。可怜朵尔直班一个十足的忠臣被贬死于驿中。

脱脱看到各地越来越乱，又无人可用，只好自己亲自披挂上阵，征讨徐州李二。徐州是一座孤城，被元军围得水泄不通，脱脱略施小计，攻破城门，李二奔逃。芝麻李虽然是个草寇，但是颇得人心。徐州人民开始时全力协助李二守城，李二逃亡时又有不少人跟随他。脱脱看到徐州人已与元朝离心离德，就决意屠城。当下把徐州城里的男女老幼进行屠杀，一个不留。一个政府军把叛军领地的百姓进行大屠杀，还真是罕见呢！这是第六件，不能只以"过失"称之了，实在是一大罪孽。脱脱行了这件大罪，难怪不得善终了。各地叛乱分子，看到元军对待失败者的方法就是一个"杀"字，更加坚定了起义军抵抗到底的决心。元朝只能杀尽徐州一城人，到底不能杀尽天下人，脱脱此举，给元朝的棺材又敲上了一颗钉子。

综上所述，我们不得不承认脱脱确实存在不少过失，但还能被誉为贤相，真是不知所谓了。

元　慈州窑酒罐　高31厘米

第六章
明清：夕阳帝国沉落的轨迹

宫女之死：明成祖屠杀三千宫女为哪般

明成祖朱棣在历史上很有作为，但他又是一位性格固执、刚愎自用、猜忌多疑、杀人如麻的皇帝。永乐末年，他大肆屠杀宫女、宦官，在这次大惨案中，被杀的宫女有近三千人之多，为明代后宫最大的一次惨案。如此滥杀宫女，明成祖的用意何在？这成了后世的一大难解谜团。

残暴的统治者

关于明成祖朱棣，对明史稍有了解的人应该都不陌生。他起兵造反，夺取侄儿朱允炆的江山，这些历史事实，早已使人们失去探究的兴趣。因为，几乎上至专家学者下至平民百姓，都对此一清二楚，找不出丝毫可以做文章的故事。

但是，明成祖朱棣绝非没有秘事。他屠杀宫女这件事，虽然不是人尽皆知，却也是不争的事实。至于他为什么屠杀这些人，更是隐藏得相当深的秘密。据记载，被明成祖朱棣屠杀的宫女，前前后后加起来竟有三四千名之众。那么，他究竟为何要对这么多无辜的宫女痛下杀手呢？

尽管是通过起兵反叛而登上权力的最高峰，但是无可否认，明成祖朱棣确实是中国历史上少数几个精明能干的帝王之一。他很有能力、精力旺盛，这是他作为帝王的闪光点。但是他的缺点也不容忽视，性格固执、刚愎自用、猜忌多疑、杀人如麻，尤其是在暴怒之时，更是杀人不眨眼。可以说，杀死这三四千名宫女的残忍的大刀，就是明成祖朱棣猜忌多疑而又极易暴怒的个性。

据史料记载，明成祖朱棣一共对宫女进行了两次大规模的屠杀行动。第一次是在永乐初年，这次屠杀宫女、宦官的数量相对于之后几次来说是较少的，大概有一百多名。第二次发生在永乐末年，这次屠杀的宫女、宦官的数量加起

民国　杨令弗摹《明成祖坐像》

来大概将近三千人，这样大规模屠杀宫女和宦官的事件，在中国历史上实属罕见。一般人都无法理解，作为一个九五至尊的帝王，为何要对那些地位低下的宫女下此毒手呢？做这样的事，他的用意何在呢？

天子一怒，代价惨重

要弄清明成祖屠杀宫女背后的故事，还得从永乐初年说起。永乐初年，在明成祖朱棣的治理下，原本逐渐衰落的大明王朝又重新焕发出活力，国力蒸蒸日上。在这种大好形势下，明成祖朱棣也开始像历代国家处于和平中的君王一样，将自己沉迷于温柔乡之中，于是他在全国各地广为选美，后宫美女日益增多。

永乐五年，皇后徐氏病死，皇后一直没有再立，王贵妃和贤妃权氏是他最宠爱的妃子。权氏是一位选自朝鲜的美女，天姿国色，聪明过人，能歌善舞，尤其是善吹玉箫，明成祖十分怜爱她。永乐八年，明成祖率大军出征，特地带权贤妃作为随侍嫔妃，随军出塞。没有料到，这位独得天宠的妃子，在大军凯旋时，死于临城，葬在峄县。明成祖伤心欲绝。

不巧，宫中两名姓吕的朝鲜宫人与宦官的相好之事恰好在此时发生。本来，历代宫中都有宫女与宦官结为假夫妻，明代也有这种现象，宫中称之为"对食"，也称某宫女为某宦官的"菜户"。因为宫中有很多的宫女嫔妃，皇帝又不能一一宠爱，宦官虽然不能行夫妻之事，毕竟还是男性，宫女与之结为"对食"，很多是出于生活上互相照顾和心理上寻求安慰的需要。

明朝后期的皇帝对此类事，往往采取听之任之的态度。明熹宗甚至还亲自将宦官与宫女结为对食。大约在明成祖时，宫中这类事还较为少见，而明成祖丧失宠妃，心情不佳之时恰恰发生两个姓吕的朝鲜女子与宦官相好，竟酿成宫内惨祸。

起初，吕氏是朝鲜商贾的女儿，史载中称"贾吕"，见到本国先期入宫的宫人吕氏，因为都是朝鲜人，又是同姓，贾吕想与吕氏交往。谁料，吕氏对贾吕的为人很是不屑，拒绝与她结好。贾吕一直心存不满。不久，明成祖贤妃权氏死于北征凯旋回师途中，吕氏曾随军侍候过贤妃，于是，贾吕诬告贤妃是被吕氏在茶里下了毒药而死的。

明成祖朱棣正值心情悲伤难过之时，闻后大怒，没有细查，便诛杀了吕氏及与之有关的数百名宫女、宦官。永乐十八年，成祖准备立为皇后的王贵妃也死去，明成祖再一次经历丧失宠妃的伤痛。贾吕与宫人鱼氏私下与小宦结好之事又在此时发生了。明成祖甚为恼火，雷霆大怒。贾吕和鱼氏惧祸，便上吊自杀。

嗜杀帝王

这件事实在令明成祖盛怒难平，于是，以此为由，他开始亲自刑审贾吕侍婢。这一审不要紧，居然意外审问出这一班宫女要谋杀皇帝的口供。

这才是真正了不得的事情，朱棣的恼怒已经到了极致，亲自下手对宫女们动用酷刑，其中因受株连而被诛杀的宫女近2800名，而且明成祖每次亲临施刑。有宫人临刑时当面斥骂成祖："你自己年老阳衰，宫人与小宦官相好，有什么罪过！"朱棣让画工画了一张贾吕与小宦官相抱的图，羞辱宫人，同时更加大肆屠杀。据《李朝实录》记载，当宫中宫人被惨杀之时，适有宫殿被雷电击震，宫中的人都很高兴，以为朱棣会因害怕报应而停止杀人，可是朱棣依旧如故，丝毫"不以为戒，恣行诛戮，无异平日"。

两次屠杀事件，被诛的宫女及宦官达3000人之多。有的学者认为，明成祖如此残杀宫人，可能是因他晚年所患疾病所致。据说，明成祖晚年患疾病，容易狂怒，发作时难以控制，甚至歇斯底里。他本人残忍好杀，又添上晚年的疾病，就更加狂暴异常。至于患病之说，官修《明史》及《实录》只说他晚年容易发怒，这究竟是一种什么病，发病的诱因是什么，历史上已找不到相关的记载。

永乐大帝确实是一位出色的皇帝，但他的残暴也举世闻名。一生嗜杀，戾气在死后也难以减少，死后还以30余名宫女生殉，这在大明一朝，已算十分罕见。

后宫畸恋：大龄万贵妃凭什么独享恩宠

历朝历代得宠的妃子很多，但若论情况之离奇，谁也比不过明宪宗的万贵妃。一个大皇帝 17 岁的女人，高居专宠之位，凌驾于皇后之上，甚至牢牢占据了皇帝丈夫的心，使皇帝对这个扰乱朝政内宫、被世人恨之入骨的女人不但长期专宠，以至于到了生死相随的地步，这真不得不让世人感到疑惑。

深厚的感情基础

万贵妃乳名"万贞儿"，生于宣德三年，她的父亲本是县衙里的一个芝麻小吏，却由于亲戚犯法株连，被迫举家离乡，被流放到了霸州。

霸州在今河北境内，明王朝的宫婢一般也就在这个范围内选取。在万贞儿 4 岁这年，由于家境贫困，她也被送去参加了宫女之选。从此踏进了深幽的紫禁城。

万贞儿十分善于察言观色，极为乖巧，做事情又从不偷工减料。于是，在经过宫里的培训之后，女官将她分配到了宣宗孙皇后的宫里听差。

万贞儿很快就得到了孙皇后的喜爱。在她 7 岁这年，明宣宗驾崩，孙皇后成为皇太后，万贞儿也就成了皇太后最喜爱的小宫女。她紧跟在孙太后的身边，既学了书画文墨，又极深地接触到了宫闱内外种种争斗的内情，更对众人尊崇的太后地位艳羡不已。也许从那时起，她心里就暗暗下定了出人头地的主意。

时间如白驹过隙，英宗正统十四年，大明王朝陷入了一场空前的危机，英宗皇帝被瓦剌军扣为人质，明朝廷在经过一番纷扰之后，决定另立明英宗之弟为新帝，立明英宗仅两岁的儿子朱见深为皇太子。

朱见深的生母周氏身份低微，贵妃之位还是明英宗复位后才得到的。当此局势变乱之际，皇帝又不是太子的生身父亲，孙太后对于孙子不能不格外小心，她决定从自己贴身的宫女中选一个老练可靠的去照顾朱见深。最后她选中了万贞儿。19 岁的万贞儿就这样由太后的贴身宫女变成了皇太子的贴身宫女。她比太子大整整 17 岁，和他母亲的年龄差不多大。

万贞儿对朱见深的保护和照顾，可以说是尽职尽责，作为一个情窦初开却无法拥有正常婚姻的少女，她把自己所有的希望都寄托在了自己照看的孩子身上。自此之后，万贞儿对于朱见深的意义越发重要。

称霸后宫的恶妇人

这一年，帝位稳固的景泰帝开始翻脸，想要将自己的皇位一劳永逸地传给自己的儿子，朱见深由太子被废为沂王。

这时候的朱见深才只有五六岁年纪，宫里宫外到处都是景泰帝的耳目，宫女太监们没有谁愿意也没有谁敢对他表示丝毫关怀。这个小孩子不但生活得艰难孤独，而且在他的周围充满了看不见的恶意和危险。只有万贞儿寸步不离地守护在他的身边，对他的衣食住行都亲力亲为，时刻保障他的安全。

终于，战战兢兢的五年熬过去了。天顺元年（公元 1457 年）正月，英宗走出了南宫，复辟为大明皇帝。10 岁的朱见深在三月又重新成为大明王朝的皇储。

天顺八年二月二十三日，明英宗朱祁镇逝于乾清宫。17 岁的朱见深成为大明皇帝。他册封自己的嫡母钱氏为慈懿皇太后，生母周贵妃为皇太后。为皇帝儿子选择妻子，成了这两位太后的头等大事。

天顺八年七月二十一，一位 16 岁的吴氏少女成为宪宗的第一任皇后，这使万贞儿怒不可遏。从此之后，已经 34 岁的万贞儿开始走上在后宫兴风作浪的道路。她不仅仗着宪宗的宠爱，阻挠嫔妃亲近皇帝，竟然还残害其他嫔妃的孩子。然而，皇帝对她的偏心包庇已经无以复加，使她多年称霸后宫。

成化二十三年正月，万贵妃暴薨。宪宗得知这个消息，哭得死去活来，如丧考妣。他宣布为万贵妃罢朝七日，以皇后的礼仪将她下葬在天寿山西南，并给她上了一个上好的谥号："恭肃端慎荣靖皇贵妃"。

宪宗这年刚 40 岁，正是男人壮盛的年纪。谁知自 57 岁的万贵妃死后，他却日复一日地萎靡不振、丧失生趣，甚至哭着说："贵妃去了，朕也要跟着她去了。"没过多久，他就患上了疾病，并且很快一病不起。成化二十三年八月二十二日，距皇贵妃万贞儿之死才 8 个月的工夫，明宪宗朱见深去世，享年仅40 岁。

纵观明宪宗对万贞儿的感情轨迹，他确实是将帝王最难能可贵的真情给了这个女人。可惜明珠暗投，万贞儿只是把他当作自己获得荣华富贵的跳板，她害死了明宪宗的一位太子，还害死了数不清的皇室子孙，使明宪宗在长达七八年的时间里无儿无女。可怜的明宪宗却像所有死心眼的情人那样，虽然很清楚这个女人辜负了自己，仍然心甘情愿地将自己紧紧地绑在对方的身上。于是，一代帝王没能做出什么政绩，就连性命也系在了万贵妃的身上。

一枝独秀的秘密

一个"貌雄声巨，类男子"的女人，有何本事将一个皇帝牢牢掌控在自己的手中，使皇帝"甘弃臣民不复故"，通过内控宦官，外控阁臣，成为朝政的实际领导者呢？万氏的迷魂药有哪些呢？

常言道，没有无缘无故的爱，也没有无缘无故的恨。万贵妃能得到皇帝这样的宠爱，也是有原因的。而最重要的一点就是，对于明宪宗来说，万氏是一个有着母性光辉的女子，宪宗朱见深就如他的名字一样，一直生活在深宫之中，见到的是深宫的黑暗与尔虞我诈，他缺乏家庭温暖，特别是自幼没有得到母爱。在这样一种背景下，当见到比他大 17 岁的宫女万氏时，宪宗找到了久违的母爱，她身上有比其他女人更懂得照顾子女的特殊能力。

其次，万氏是一个懂权谋的女子。万氏心中明白，自从孙太后将自己交付给宪宗，她的未来只有靠这个缺乏感情，特别是缺乏家庭母爱的小孩子了。因此，她除了发挥她特有的长处，让小自己 17 岁的宪宗对自己产生特殊的既像母爱，又像姐弟爱，又是夫妻爱的感情外，更为主要的是通过利用这种爱树立自己的权威，从而善于利用各种关系控制内外朝臣。

还有一点，身为后宫妃子的万氏，为了讨好宪宗，经常穿上戎装，骑着大马为宪宗扬鞭开路，使宪宗极为高兴。这体现了万氏的不择手段。

明　官员雕像　29.8 厘米 × 10.2 厘米 × 7.6 厘米

　　我们知道，古代后宫的斗争十分激烈，历史上因为后宫的乱象导致国家混乱的不在少数。因此，想要在后宫的斗争中取得胜利，立住脚跟，必须心狠手辣，有勇有谋。这两点，万氏全部具备。

　　历史上称万氏掌权的时代为"万氏乱政"。通过万氏乱政，我们除了看到明宪宗的软弱外，更看到了围绕权力所演绎的各种斗争伎俩。作为干预朝政的后妃之一，万氏更有着特别之处。万氏没有留下一个子女，就能将宪宗的感情吸引得如此牢固，在现代社会也是少有的现象。宪宗对于万氏，种种复杂的感情聚在一起，也是一个十分特殊的历史现象。

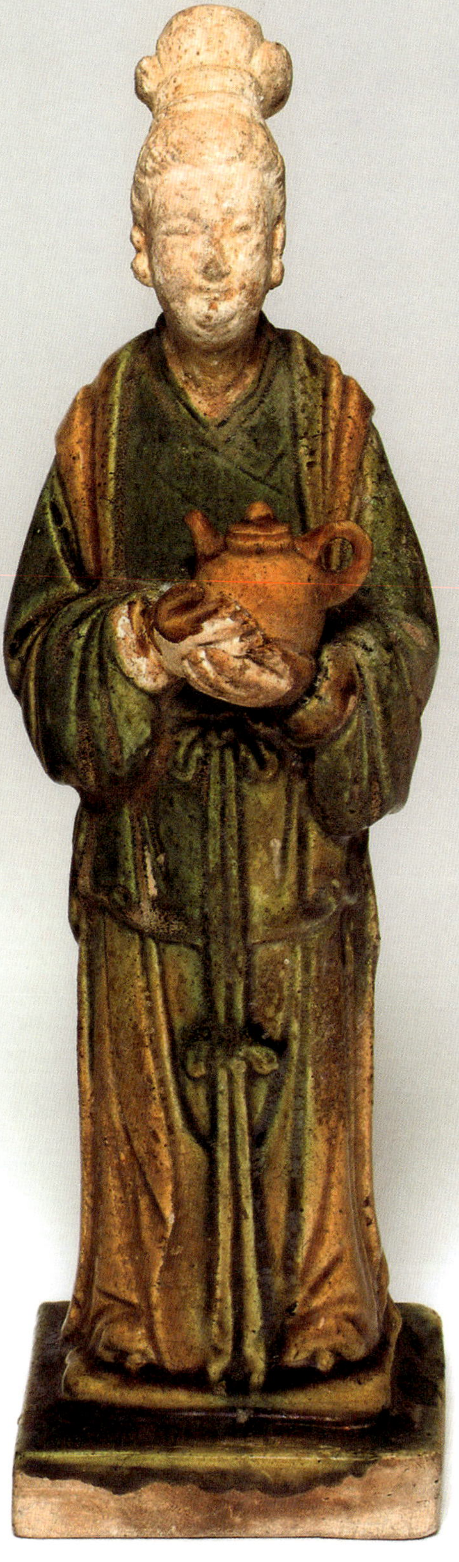

明　捧壶侍女俑　釉面陶器　18.1厘米×5.4厘米×5.2厘米

明　宜兴紫砂莲花杯　6.9厘米 ×8.7 厘米 ×8.5 厘米

昏君烙印：明英宗是否真的昏庸至极

明英宗朱祁镇是明宣宗的长子，他的一生充满了传奇色彩。有人说，大明最昏庸的皇帝莫过于明英宗，有人却认为，明英宗还是有明智的一面的。的确，明英宗算不上是一个好皇帝，但在他的帝王生涯中，也做过"盛德之事"，并非一无是处。

宠信宦官酿灾祸

明英宗朱祁镇的生母本是一位宫女，但他刚出生便被当时得宠却无子的孙贵妃据为己有。孙贵妃母凭子贵，得以位居正宫，使当时的胡皇后被迫让位。这也是朱祁镇命运改变的开始。他在 9 岁时就登上了皇帝的宝座，年号正统，开始了他传奇的一生。

随着前朝重臣的相继去世与引退，加之后宫宦官势力的急剧加强，正统一朝的政治日趋腐败，著名的大太监王振就是正统朝宦官专政的代表人物。英宗对他言听计从，他也依仗皇权的威严排除异己，树立朋党。

英宗时期，本就不安分的瓦剌与鞑靼争端更甚，两个部落经常互相征伐。之后瓦剌强大了起来，并不断骚扰明朝的北部。瓦剌部当时的实权掌握在太师也先的手里，他经常以派人向朝廷进贡为名，骗取明朝的赏赐。因为当时明朝对进贡国家的使者，无论贡品如何，总要有非常丰厚的赏赐，而且是按人头派发。也先正是看中了这一点，派出的使臣不断增加，最后竟增加到 3000 多人。

王振对此忍无可忍，下令减少赏赐，也先以此为名对明朝发动战争。明英宗年少气盛，想御驾亲征，王振也想耀武扬威，名留青史，于是极力撺掇英宗御驾亲征，但是由于当时明军的主力都在外地作战，一时难以调回，因此朝中大臣都劝阻英宗不要亲征，但最后还是没有改变英宗的态度，于是从京师附近临时拼凑了 50 万大军，在英宗的指挥下浩浩荡荡地开始北上。

由于连天大雨，加之粮饷接济不上，军队的士气非常低下。行到大同附近，看见被也先杀得遍野横躺的明军尸体，英宗和王振都动摇了，于是决定撤军。但是王振的老家在蔚州，离大同很近，于是他决定让大军绕道蔚州撤退，王振的提议立即遭到群臣的反对，认为这样会耽误撤退的时机，但是王振哪里听得进去，加上英宗也希望给王振衣锦还乡的机会，于是大军开始朝蔚州方向移动。

这时，王振又心血来潮，怕大军经过会踩坏家乡的庄稼，自己就会背上骂名，于是建议按原路撤军，就这样宝贵的时间被耽误了。当大军行到怀来附近时，由于辎重还没有赶到，王振下令原地驻扎等待。

如果这时英宗能够进怀来城驻守，那么历史将被改写，然而历史就是历史，没有那么多的假设，就在怀来城外的土木堡，明军被也先赶上并包围。也先切断了明军的水源，明军被困死地。也先假意议和，趁明军不备，发动总攻。明军全军覆没，英宗被俘，王振被明将樊忠杀死，英国公张辅、兵部尚书邝野等大臣战死。这就是著名的土木堡之变。于是英宗也开始了他为期一年的北狩生活。

流落异乡

明英宗被俘后，也先一时无法决定是杀是留。后来还是也先的弟弟伯颜帖木儿主张留下英宗，英宗才得以保全了性命。在英宗被俘的最初一段时间，也先总是带着英宗到处招摇撞骗，但都遭到了明朝边将的回绝，不久之后孙皇后与朝廷重臣立成王朱祁钰为帝，年号景泰，这样朝廷上下都安定了下来，同时皇帝也明发诏谕，不许私自与也先联系。

就这样，气急败坏的也先率领瓦剌精锐骑兵杀向京城。由于明朝方面早已做好了准备，北京军民在兵部尚书于谦的带领下给也先军以沉重的打击，也先率军败回蒙古。

与明朝的战争不仅使也先损兵折将，而且使他失去了明朝的赏赐以及与明朝交易的机会，当时的瓦剌是一个游牧部落，如果失去了明朝的生活必需品，部落民众的生活将会变得非常艰苦。这次的大败之后，也先开始着手与明朝讲和并宣称"迎使朝来,大驾西去",可是当时景泰帝已经坐稳皇位,不想派人迎回英宗,但是在众大臣的不断建议下,只得派遣使者先去探听情报,第二次派往瓦剌的使者名叫杨善,他变卖家产买了许多奇珍异宝,并靠着他的巧舌如簧,硬是在没有圣旨的情况下迎回了英宗,英宗皇帝终于结束了他一年的北狩,回到了京城。

英宗回到北京之后,并没有受到应有的礼遇,短暂的仪式之后英宗被软禁在南宫内,开始了他长达七年的软禁生活。即便如此,景泰帝还是不放心,他将南宫的大门上锁并灌铅,加派锦衣卫看守,食物由一个小洞递入,就是这点食物有时还被克扣,英宗原配钱皇后不得不自己做一些女红,派人带出去变卖了以贴补家用。景泰帝为了避免有人与英宗联系,还派人将南宫的树木全部伐光。英宗就在惊恐与饥饿中度过了漫长的 7 年。

复位后的新生

景泰八年,景泰帝病重,但是储嗣的问题还没有确定下来,众大臣决定在第二天上朝时进谏,请求皇帝早立储君。谁知就在这天夜里爆发了震惊华夏的"夺门之变",原来武清侯石亨、徐有贞、宦官曹吉祥等人密谋帮助英宗复辟,希望成功后能够飞黄腾达。

事有凑巧,当时北边传来了瓦剌骚扰边境的战报,于是,石亨借机以保护京城安全为名调兵进城,谁知这时天上忽然乌云密布,伸手不见五指,众人以为遭到天谴,都非常害怕,徐有贞站出来劝大家不要退缩,众人继续前进,并很顺利地进入了皇城,直奔南宫,石亨派人撞开了宫门,并请英宗登辇,这时乌云突然散尽,月明星稀,众人的士气空前高涨,簇拥着英宗直奔大内。守门的军卒本想阻拦,这时英宗站了出来,表明了自己的身份,守门的兵卒傻了眼,众人兵不血刃地进入了皇宫,朝皇帝举行朝会的奉先殿而来,并将英宗送上了宝座。这时已是天色微亮,众朝臣已经等在午门外准备朝见,听到钟鼓齐鸣,众人按序走入奉先殿,可眼前的一切使他们目瞪口呆,宝座上的皇帝已经不是景泰帝了,而是 8 年前的正统皇帝,正在众人犹豫之际,徐有贞站出来大喊"上皇复辟了",众朝臣见此,只好跪倒山呼万岁,英宗就这样又重新取得了皇位。

景泰帝正在后宫梳洗,听到这个消息后,便知道大势已去了。

英宗复辟后,改元天顺,景泰帝在一个月后病死,以亲王礼葬在了北京西山。在石亨和曹吉祥的极力劝说下,英宗杀害了北京保卫战的总指挥于谦,这是英宗继土木堡之变后的人生又一大污点。

但是天顺朝的政治比起正统朝来,要清明得多,英宗任用了李贤、王翱等贤臣,先后平定了石、曹之乱,社会还是向前发展的。这一阶段的英宗也称得上仁君,他释放了从永乐朝就开始被囚禁的建文帝之子,还恢复宣德朝胡皇后的称号。最值得一提的是,朱祁镇觉得殉葬制非常残酷,临终前发遗诏停止殉葬制。此后明代各帝都遵从这个遗诏,不再以宫妃殉葬。他的这些举措被史学界称为"盛德之事,可法后世"。

天顺八年正月,英宗病逝,享年38岁。皇太子朱见深继承帝位。英宗就这样走完了他复杂的人生道路。客观来讲,朱祁镇称不上昏庸至极,只是由于他过于宠信宦官,忠奸不分,才导致自己贸然出征,沦为阶下囚,命运可谓是一波三折。也许是一年难熬的俘虏生活,再加上南宫7年的煎熬,使他尝遍了人世间福祸相交的沧桑,他在复位之后做的一系列创举,足以为他增加声誉。

明 琥珀雕龙纹摆件
12.7 厘米 ×7.6 厘米 ×2.9 厘米

奇葩帝王：昏庸武宗为何弃朝不顾

公元 1505 年，明王朝第十任皇帝朱佑樘逝世，其子朱厚照即位，是为明武宗。在中国历朝历代帝王中，明武宗绝对称得上是一朵"奇葩"。虽然历史上的昏君不胜枚举，但即便是再昏庸的皇帝，在形式上还是会遵守祖宗规矩，但是明武宗的不羁却太显而易见了些。身为一国之君，他何以至此呢？

近朱者赤，近墨者黑

明武宗朱厚照，其生母为张皇后。他两岁被立为皇太子。由于孝宗一生只宠爱张皇后，而张皇后只为孝宗生了两个儿子，次子又早夭，因此武宗自小就被视为心肝宝贝。而且少年的武宗非常聪明，老师教他的东西总是能很快学会，按理说他很有可能成为一个好皇帝，但就是因为身边的太监，使这位少年天子误入歧途。

当明武宗还是太子时，在东宫的随侍太监中，有 8 个号称"八虎"的太监。他们以刘瑾为首，为了巴结日后的新皇帝，每天都向太子进贡一些奇特的玩具，还经常组织各式各样的演出、各种体育活动，以至于当时的东宫被人们戏称为"百戏场"，试想，年幼的武宗如何能抵御这些东西的诱惑？于是开始沉溺其中，而且终其一生难以自拔，学业和政事当然也就荒废了。

明武宗登上帝位时，年仅 15 岁，改次年为正德元年，开始了他的帝王生涯。称帝没有把他从玩乐中拉出来，反而更令他凭借皇帝至高无上的权力，为所欲为。

为了减少内官对自己的限制，他竟然将尚寝宫和文书房的内官全部废除；为了嬉戏玩乐，他竟然找各种理由逃脱为皇帝而设的经筵侍讲，后来连早朝也不愿上，为后来嘉靖、万历二帝长期罢朝开了一个坏头。

明武宗身为一国之君，他所做的任何事都是任性使然。正所谓近朱者赤，近墨者黑，明武宗从小就视宦官刘瑾为玩伴。刘瑾谓谁？中国十大奸恶宦官之一也。整日和这样的人待在一起，武宗能不学坏吗？

离谱的玩乐之心

新帝越发喜好玩乐，以至于到了离谱的地步。先是在宫中模仿街市的样子建了许多店铺，让太监扮作老板、百姓，武宗则扮作富商，在其中取乐。后来又觉得不过瘾，于是又模仿妓院，让许多宫女扮作粉头，武宗挨家进去听曲、淫乐。后宫被搞得乌烟瘴气，这可急坏了当朝的大臣们。由于弘治时期政治还算清明，给武宗留下了一套非常刚正廉洁的大臣班子，这些人不顾身家性命，联名上书请求严惩"八虎"。武宗刚刚即位，还缺乏驾驭群臣的能力，见到如此声势浩大的进谏，有些支持不住，想与群臣妥协，除掉"八虎"，但就在千钧一发之际，老谋深算的刘瑾在皇帝面前声泪俱下地哭诉使武宗心又软了下来，第二天他惩治了首先进谏的大臣，内阁成员谢迁、刘健以告老还乡相威胁，居然被武宗欣然批准，群臣失去了领头人，只好作罢。就这样，一场反对"八虎"的运动，以"八虎"的最终胜利而告终。

"八虎"在战胜了群臣之后，气焰更加嚣张，更加擅权跋扈。刘瑾又建立了豹房，里面藏有许多乐户、美女供武宗日夜作乐，武宗玩得更加肆无忌惮，刘瑾也靠着武宗的宠信权倾朝野，但是他忽略了太监内部的争权夺势，最终，大太监刘瑾死于另一个太监张永之手。刘瑾死后，后宫并没有安定下来，又出了佞臣钱宁、江彬。

公元1514年正月，乾清宫因玩灯而失火，武宗正去豹房，回顾火光冲天，竟然嬉笑着说"好一棚大焰火"。他不满足于在京城玩乐，希望有更广阔的天空，于是他置国政于不顾，带着江彬等人到处寻花问柳，他经常在夜间闯入百姓家逼令女子作陪，遇到中意的，还要带回宫去，闹得百姓怨声载道。

朝政荒废，昏庸尽显

公元 1517 年，明武宗化名为总督军务威武大将军总兵官朱寿，率万名士兵到达了宣府。不料鞑靼小王子部叩关，带领五万大军南下骚扰。他心血来潮，亲自带兵赶到应州去迎战。这时，小王子已经退走，他却督军穷追，与小王子的小股部队接仗，杀死了对方 16 个士兵，己方却死伤了数百人，武宗还认为打了大胜仗，命令金鼓齐鸣，胜利回京，神气活现地对百官说："朕在前线亲自斩杀了一个敌兵，卿等知道吗？"又命令吏部加封朱寿为太师，又命礼部派遣朱寿前往京郊和山东巡查。遍观中国历史，放着皇帝不做而愿做将军的恐怕只有武宗一人。群臣见武宗如此胡闹，太失体统，联名 100 多人上奏劝谏。武宗恼羞成怒，下令一一按名逮捕，或杖死，或降职，或罢官，或罚长跪，制造了一场冤案。

由于朝政的荒废，大量百姓流离失所，一场动乱正在酝酿之中，而这场动乱的发起者不是百姓，而是出自明朝皇室。这个人就是宁王朱宸濠，他妄图效仿永乐帝，趁武宗荒于政事，秘密准备叛乱，并于正德十四年扯旗造反。武宗皇帝并未因此而着急，这正好给了他一个南巡的机会，于是他又打起了威武大将军朱寿的旗号，率军出征，可谁知行到半路御使王守仁已经平定了叛乱。这个消息丝毫没有降低武宗的兴致，他又一手导演了一出闹剧，他将朱宸濠重新释放，再由自己亲自将他抓获，然后大摆庆功宴，庆祝自己平叛的胜利。之后他就逗留在江南肆意玩乐，一天，武宗亲自驾着渔船在江上打鱼，玩得兴起时，不慎跌入江中，差一点被溺死，左右将他救起，由于当时已经是九月天气，江水寒冷，加之武宗之前已经被女色掏空了身体，自此开始生病，这一病就再也没有好起来。武宗匆匆回到京城之后仍不知收敛，照旧纵情荒淫，身体日益虚亏，虽然太医们尽心治疗，还是没有挽回武宗的生命，数月之后，武宗病死于豹房，结束了他荒唐的一生。由于武宗没有子嗣，皇位不得不落于皇室旁系之手，孝宗一脉从此断绝。

正所谓玩物丧志，作为一国之君弃朝不顾，难免会令宝座落入皇室旁系之手，真是可悲可叹。

权术之道：差劲的嘉靖皇帝凭借什么收服臣子

世人对于嘉靖皇帝的评价，总逃不过"荒谬"二字。确实，他在位时间之长，在整个中国帝王史上名列前茅，政绩却微乎其微。然而，他在某一方面是极为出色的，这就是他驾驭臣下的权术之道。嘉靖皇帝收服臣子的奥秘，难道就在于此？

高明的权术家

明世宗朱厚熜，明朝第十一位皇帝，年号嘉靖，所以后世也称之为嘉靖皇帝。这位皇帝在中国封建历史上颇为独特。嘉靖皇帝虽然不爱上朝，20多年避居西苑，练道修玄，但他始终牢牢掌控着整个明朝的政治、经济、军事和民生大权，这是不争的事实，也实在算是一种高明的本领。

嘉靖帝有这样的能力，源于他是一位极高明的权术家。从收拾臣子、令他们敬畏服顺的能力来看，嘉靖皇帝实际上是一个不显山不露水的高手。在这一方面，不只是明代诸位皇帝无法比得上他，不夸张地说，即使在整个帝王史上，也极少有人能和他相提并论。为君之术，在嘉靖帝的手里，可谓运用得炉火纯青。

嘉靖皇帝并不拒绝狠硬的手段，但为了对付臣下、士大夫，他内外兼修，全套功夫远非仅此一招，而是刚柔皆练。

纵观大明乃至整个封建历史，都不乏沉湎于玩乐而"不理朝政"的荒唐皇帝。明朝就有正德、天启两位典型的白痴皇帝。嘉靖皇帝的行事风格，乍一看和他们很像。在嘉靖晚期，他埋头求道，在西苑内基本不露面，许多臣子甚至20多年都不曾睹"天颜"一次。但如果以此为证据，就说他也是一个"不理朝政"的皇帝，则难免偏颇了。

据《世宗实录》记载，"晚年留意于玄道，筑斋宫于西内"，但"宸衷惕然，惓惓以不闻外事为忧。批决顾问，日无停晷，故虽深居渊穆而威柄不移"。用今天的话讲，就是嘉靖始终掌握权柄不曾松手。他虽然深居简出，但对一切都保持高度警惕。内阁首辅徐阶代拟的所有旨意，嘉靖都会亲自审阅并且批改。

嘉靖作为高明的权术家，他参透了一个本质性的问题：权力的稳固与否，关键在于控制力。简而言之，就是如何用人，或者说，如何驾驭臣下。多年来的实践证明，他是个控制力奇强的厚黑天才。初期，他巧妙而充分地运用皇帝身份赋予自己的条件，辅以坚忍和强悍的精神，硬是将一度占据主流位置的反对派驱逐干净。更难能可贵的是，在终于自己说了算之后，他迅速总结经验，悄然从前台匿身幕后，专事操纵、驭人。政界的重要人物，没有一个不在他的掌控之中。

驾驭臣子有手段

纵观嘉靖几十年的帝王生涯，细品他驾驭臣子的典型事例，犹如一出构思极为缜密、情节设置极为巧妙、节奏极佳的戏剧杰作。

他先是将张璁等人特调来京，打倒杨廷和。当他们为自己解决掉一部分麻烦后，却不急于重用他们，仍让原来的蒋冕等人掌管内阁，即使他对蒋冕等人已然不再信任。之后，嘉靖皇帝招来退休的正德老臣杨一清接替首辅，仍旧没有重用先前立下大功的张璁等人。

此举在于欲扬先抑，特意让张璁等人高涨的情绪冷一冷，好叫他们不至于得意忘形。直至嘉靖六年十月，张璁才得以入阁。嘉靖八年二月，命桂萼入阁。

但是，在六个月之后，即嘉靖八年八月，嘉靖皇帝寻了个事端，忽然责令张璁和桂萼归乡的归乡，自省的自省。可是，张璁离京不久，九月，马上又接到宣召他重新入阁的旨意；十一月，桂萼也同样被召再次入阁。此后，张璁又被这样重复地折腾过两次，分别是嘉靖十年七月罢免、十一月复召，嘉靖十一年八月致仕、嘉靖十二年正月复召。到最后，嘉靖十四年四月，才终于让他彻底退休，不再折腾。前后算起来，从嘉靖六年到十四年，张璁，即张孚敬的仕途，总共三起四落。嘉靖驭人手段之厉害，可见一斑。

很多时候，可以看出嘉靖帝明显是刻意的，以猫戏老鼠的手法，先擒再纵，纵而复擒。所以"故阁臣无不惴惴惧者"。

张璁本人就曾深有体会地说："臣历数从来内阁之官，鲜有能善终者。盖密勿之地，易生嫌疑；代言之责，易招议论。甚非君臣相保之道也。"这种诚惶诚恐的心情，相信很多臣子都会有。

浅析嘉靖的权术手腕

他所精通的又一技巧，是运用自己态度上亲疏远近的细微变化，挑起大臣间的矛盾，制造不和，使他们彼此牵制、损害与消耗，然后在最后时刻，由他从中选择一个对象，水到渠成地将其除掉。

张璁在立首功之后，自然很想也很有把握当首辅。但嘉靖皇帝此时偏不遂了他的心愿，而是把已经退休闲居多年的老臣杨一清召了回来。嘉靖皇帝之所以起用杨一清，也不是没有来由。因为杨一清离开政坛的时间足够久，与京城没有太多瓜葛，又有资历和声望。所以，任命此人来出任首辅，首先不会威胁到皇权的稳固，并且十分符合礼制。而最重要的一点，就是能挫一挫张璁等人的锐气和骄傲。杨一清赴任之后，当然不难领会皇帝的用意，在一些问题上，总与张璁唱反调。

这样一来，张璁很难不恼火。更何况他原本就不把杨一清放在眼里，这是为什么呢？原来，嘉靖一面让杨一清当首辅，一面背地里经常撇开他，跟张璁掏心掏肺，这一点杨一清完全不知道。据记载，有一次嘉靖帝悄悄地对张璁说："朕有密谕，卿勿令他人测知，以泄事机。"这就相当于在暗示张璁，虽然首辅是杨一清，但我真正信任的人是你。

不得不说，这一招颇有些阴损。张璁见如此这般，必然会趾高气扬，根本不把杨一清放在眼里。在嘉靖帝的暗示下，张璁果然按捺不住，公然地指责杨一清，嘲笑他"闲废之年，仍求起用"，控诉他排挤有不同意见的同僚。此时，嘉靖的反应更显其功力。他既不阻止张璁的攻击，也不怪罪杨一清，而是假意从中调和，说一些"同寅协恭，以期和衷"之类的不痛不痒的话。这样的行为，明显是鼓励双方继续争斗。果然，杨一清上了钩，跟着上疏，反过来揭张璁的短，说他"志骄气横"，对老臣"颐指气使"。见此情景，一些朝臣也闻风而动，一起来弹劾张璁、桂萼。

嘉靖看到这一情景，必然十分满意。于是他又使出一招顺水推舟，勒令张璁"以本职令回家深加省改"，桂萼致仕。谁都想不到，张璁前脚刚走，后脚马上接到让他回京重新入阁的圣旨。用意何在呢？嘉靖的举动，纯属借故挫一挫张、桂二人的锐气，好让他们放聪明些，能更好地管理，绝非真的想除掉他们。

嘉靖这一目的达到之后，杨一清也就没有利用价值了。所以张璁、桂萼被召回不久，杨一清就失势退休，一年后又被革职，死在家中。

这样一来，张璁就变成了当初的杨一清。嘉靖帝故技重施，给他也找来一块绊脚石——就像当初他本人是杨一清的绊脚石一样。这个人便是夏言，一颗即将冉冉升起的政界新星。他在一年内，由给事中升为侍读学士，再升礼部尚书，升迁路线俨然张、桂的翻版，速度却更快，世人评说"前此未有也"。如此重用的效果，让夏言也像当初的张璁一样，自我感觉极好，不可一世。张璁自然要反击。这两个人斗来斗去，其间张璁几起几落，渐渐将原先的心气销蚀始尽，最后可以说死于嘉靖的折腾。

但是，张璁掌阁时代，嘉靖并未将他的手腕发挥到极致。在退居西苑之后，嘉靖才将自己的看家本领拿了出来。从夏言到严嵩，再到徐阶，三代内阁，嘉靖帝令他们互相牵制，互相打压，自己隔岸观火，借刀杀人。

嘉靖帝的匠心独运，使这班大臣斗得天昏地暗，欲罢不能。整个朝廷，你方唱罢我登场，但结局都是两败俱伤。嘉靖权术运用之精妙，拿捏之准确，思维之缜密，让人叹为观止。不得不说，嘉靖帝真是一位高手中的高手。

明 黄铜鎏金天王像 高32.4厘米 宽22.2厘米

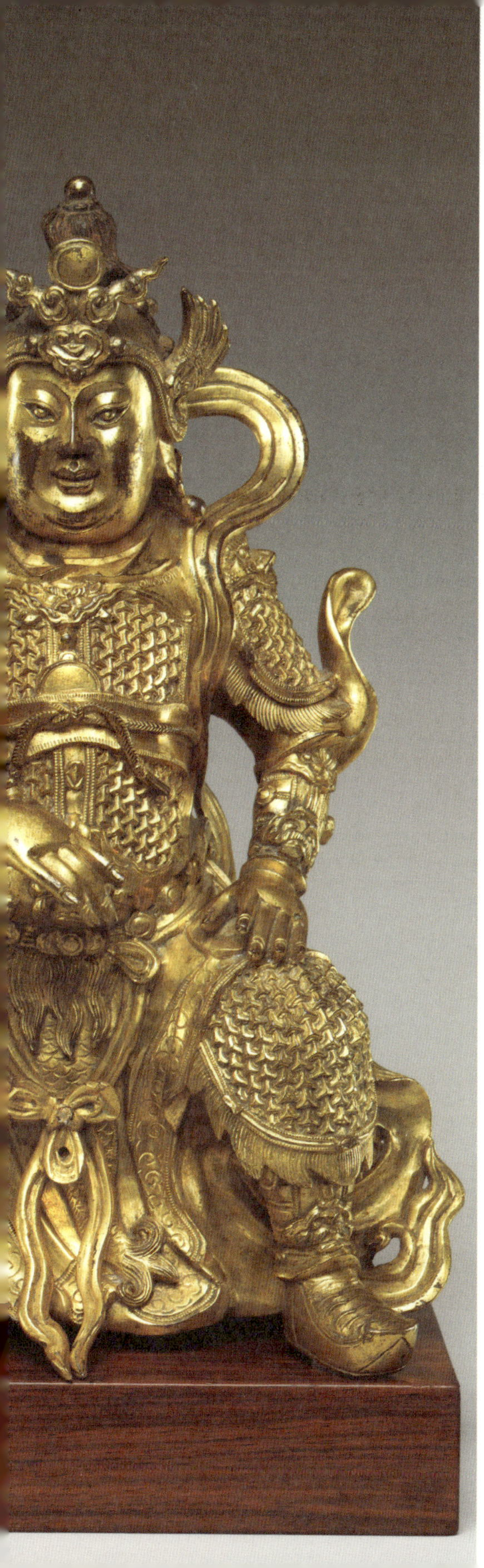

神宗怠政：万历皇帝为何二十八年不上朝

明神宗朱翊钧，穆宗皇帝第三子，5岁立为太子，9岁即皇帝位，年号万历，故史称万历皇帝。熟知明朝历史的人一定对这位皇帝印象深刻，他以懒惰之名流传千古，并创造了一个前无古人后无来者的纪录，长达28年没有上朝。这让人十分难以理解，按照我们所学的历史观，国不可一日无君，28年皇帝不上朝，那国家岂不早就灭亡了？但是，明朝偏偏没有毁灭在万历皇帝的手中，这是怎么一回事？

懒政的皇帝

明神宗朱翊钧，明朝第十三位皇帝，明穆宗第三子。隆庆二年立为皇太子，隆庆六年，穆宗驾崩，10岁的朱翊钧即位，次年改元万历。

万历皇帝在位共48年，在他在位的前十年，朝政十分清明，并且经济也得到了良好的发展。之所以有这样的成绩，主要功劳并不在于他，而在于他的父皇明穆宗给他留下了张居正等一班名臣。

在政事上，万历与张居正配合默契，张居正生病后，皇帝更是亲自为他熬药。万历十年，张居正由于操劳过度去世，19岁的万历皇帝开始亲政。但这位皇帝似乎十分懒政，他从万历二十年以后几乎就没上过朝，一直到万历四十八年驾崩。

万历懒政的原因与其祖父嘉靖帝有着相同之处，也是与朝臣发生了激烈的冲突。万历皇帝也曾心怀壮志，励精图治，对一切都充满了好奇。张居正死后，攻击他的声浪步步高涨，迫使万历皇帝对张居正及其家人下手，其后又迫使万历皇帝对宽厚的首辅申时行下手，最后还迁恨到万历皇帝本人。

对于皇帝的限制则体现在方方面面，例如，京城干旱，万历想举行祈祷仪式，朝臣不应；想操练兵马，不应；想出门巡视，不应。还有一个重要的因素，一个与万历心心相印的妃子，即郑淑嫔。万历想封她为贵妃，朝臣依然不应。从此，万历万念俱灰了，那个一身朝气的少年天子不见了，只剩下一个不上朝堂、不出宫门、及时行乐、声色犬马的皇帝了。

万历皇帝的明与仁

万历其实是个聪明宽厚的皇帝，他不上朝是因为皇权受到压抑，而被迫消极对抗，不上朝并不是不办公。因此，有些历史学家仍肯定其一些做法：首先，万历皇帝并没有因大臣与之作对甚至谩骂皇帝、贵妃而杀掉一人，是相当宽厚仁慈的。不像汉武帝动不动就杀几千人，诛九族。其次，万历也处理了不少国事，在大事上不含糊，如"三大征战"都是在万历指导下进行的，特别是援助朝鲜的明日战争，万历倾其血本，两次都果断出兵，根本不像懒政贪财的皇帝。再次，万历皇帝思想比较开放。如利玛窦进京传教，建立教堂，每月补贴乃至墓地都是在万历的过问下得以顺利进行的。西方传教士带来了先进的天文、机械、火炮等技术，利玛窦也成了中国钟表行业的祖师。最后，万历不补的缺位主要也是朝内阁员，地方官缺位很少，这可能有赌气的因素，也可能是万历不愿意养一班高谈阔论、无事生非的官员，这种思想其实与道家是相通的。万历后期，明朝的文官制度遭到重创，曾经济济一堂的内阁只剩下首辅一人了。

正常运转的国家

然而，皇帝不上朝的国家竟然能正常运转，这难免令人好奇。究竟是什么原因呢？

这其中的奥秘就在于，明朝形成了一套完整成熟的官僚体系和社会体系。在这个体系下，即使皇帝天天不上早朝，国家照样可以按部就班地运行。当然，这种体系只适合当时的小农经济社会。它只求社会稳定，而不求社会发展，这种稳定是以牺牲社会发展为前提的。所以，即使明朝出了那么多的昏君，明朝依然存在了二百余年。不过，我们必须知道，由于是小农经济，一旦出现天灾人祸，农民们的生活就无法保证。而由于官僚体系本身的弊端，在出现灾难的情况下，根本无法有效地让农民们得到救助，反而会加深灾难的程度，这样的后果就是农民起义，通读历史书就会发现，农民起义都是在面临灾难的情况下被动地开始。

官僚体系是怎么运作的呢？首先，官僚体系是皇帝为统治国家而建立的，但是，体系的完善却是靠官员们自己去完善的。其次，会对相权和皇权进行有效的分割。虽然明朝没有丞相，但是，首辅承担着和丞相一样的职责。对于政府来说，首辅才是政府的首脑，皇帝只不过是国家的象征而已。最后，就是广大官员们绝对权威的建立。老百姓是"子"，官员们是"父母"，这样老百姓无论在法律还是道德之下，都必须服从政府也就是官员们的权威。

而社会体系则是尊卑有序，子承父业。所谓尊卑有序是指：长尊幼卑、男尊女卑、官尊民卑等。本来商人在当时是没地位的，但是，官商勾结自古有之，有些商人还可以捐官，所以，我们还可以是说"富尊穷卑"。而"子承父业"则是，父亲是做什么的，儿子就得做什么：父亲是农民，那儿子就得种地；父亲当官，那儿子也可以选择入仕。儿子唯一能够改变自己命运的途径就是科举。

可以说，帝国里的每一个人都被牢牢地控制在社会体系和官僚体系之中，像一枚棋子一样，按部就班、循规蹈矩地过完自己的一生。所以，明朝的皇帝即使连续长时间不上朝，明帝国的运作也不会遭到破坏，照样可以正常运转。

红丸疑案：泰昌帝服红丸致死的内幕

明万历四十八年间，大明朝上下仿佛笼罩在一片阴云之下。先是明神宗朱翊钧驾崩，此后，一波未平，一波又起，即位不久的新君朱常洛又因服用了两粒神秘的"红丸仙丹"一命归西。这红丸究竟是什么东西？是谁有意或无意让皇帝服用了它呢？若是谋杀，凶手究竟是谁？这其中的层层迷雾，将一众人等卷入了是非之中。

病急乱投医

红丸案，明朝三大悬案之一。"红丸"又称红铅丸，是宫廷中特制的一种春药。"红丸"的制作方法很是特别，取童女首次月经盛在金或银的器皿内，还须加上夜半的第一滴露水及乌梅等药物，连煮七次，浓缩为浆。再加上乳香、辰砂、松脂、尿粉等拌匀，以火提炼，最后炼蜜为丸，药成。

万历末年，朱常洛的太子地位已经确定。郑贵妃为了讨好朱常洛，投其所好，送了8个美女供他享用。朱常洛的身体并不强健，与这些女人淫乐，渐渐体力不支。

朱常洛登基后，称泰昌帝。不过，他登基刚刚十几天，便由于酒色过度，卧床不起了。即便如此，他也丝毫不懂得节制。为了再次寻求刺激，他在一天夜里服用了一粒"红丸"。这粒"红丸"下肚之后，他狂躁不已，精神极度亢奋，体力严重透支。

此后，泰昌帝便病倒了。郑贵妃指使崔文升以掌管御药房太监的身份，向皇上进献通利药。这是一种泻药，药性极为猛烈。朱常洛服用了崔文升送来的药，一昼夜连泻数十次，身体状态一下子便趋于衰竭，直至卧床不起。他不眠不休，也吃不下饭，直至失去行动能力。

泰昌帝病情加剧的消息不胫而走，朝廷上下舆论汹涌，纷纷指责崔文升受郑贵妃指使，有加害皇上的阴谋。鸿胪寺官员李可灼来到内阁，说有仙丹要进献给皇上。内阁首辅方从哲对于向皇上进药十分谨慎，没有答应。

李可灼不肯就此罢休，他进宫向太监送药，太监不敢自作主张，便向内阁报告说："皇上病情加剧，鸿胪寺官员李可灼来思善门进药。"

李可灼称此药是仙丹，朱常洛不甘心等死，对这一仙丹仍抱有最后一线希望。确实，服用之后效果很好，但出乎意料的是，第二天，即九月初一日凌晨，形势急转直下。朱常洛服用了两粒红色丸药之后，五更时分病情突然恶化，最终气绝而亡。朱常洛就这样死了，他刚刚即位 30 天，连年号都还没来得及制定。

郑贵妃进献美女，又指使崔文升进药，这些蛛丝马迹暴露无遗，但李可灼是否受她指使，人们只是猜疑而已。重臣杨涟指责御医崔文升误用泻药，而崔文升却反驳说并非自己误用药，而是皇帝服用了"红丸"，才导致病情恶化。

党派矛盾升级

明末宫廷内党派斗争激烈，"红丸"案之后，各个党派之间的矛盾更加尖锐。有人认为，李可灼后来进献的丸药实际上就是"红丸"。春药属于热药，皇帝阴寒大泄，以火制水，是对症下药。李可灼把春药当补药进上，实属投机之举。可以说他时运不佳，泰昌帝身体已经油尽灯枯，此时便撒手人寰。

又有人认为，李可灼所进丸药是道家所炼金丹，用救命金丹来对付垂危病人，治活了则名利双收，死了算是病重难救。还有人认为，拿春药给危重病人吃，有悖常理。李可灼明知自己不是御医，病人又是皇帝，一旦出了问题，脑袋都保不住，为什么还这样大胆进药？况且，朱常洛纵欲伤身，急需静养，怎么还用这虎狼之药？由此推断，李可灼必定是受人指使，有意谋杀皇上。后来经过层层追查，大致得出结论，那就是崔文升曾经是郑贵妃的下属。

由于李可灼是首辅方从哲带进宫来的，出了这样的事情，方从哲也难免被追查。方从哲想逃脱罪责，慌忙上书请求退休。可是退休之后，声讨他、要求

明光宗朱常洛像

严办他的奏折接连不断。方从哲一面竭力为自己辩护，一面自请削职为民，远离中原。

红丸案的千古之谜

就在方从哲离京后不久，又一批严查红丸案内幕的奏折送到天启皇帝的案头。

这天上午，天启皇帝正在群臣的上书中寻找指控方从哲的奏章，忽然发现一个非常熟悉的字体，仔细看来，却是方从哲从致仕的老家发来的。奏疏写得很恳切，疏中说："自己年老愚昧，未能阻止庸官进药，罪不容诛。为表示谢罪，愿乞削去官阶，以耄耋之身远流边疆，以平朝臣之怨。"看罢奏折，天启皇帝又有点同情这位老臣了，就把原疏发内阁度议。

在处理红丸案的过程中，方从哲是走一步错一步，只有这最后一道奏疏算是走对了。他上这道奏疏的目的一是以恳切的言辞、严厉的自责来平息公愤，二是希望唤起一些朝臣的同情，能替他说上几句话。结果，这两个目的都达到了。

但天启皇帝认为从这些辩解并不能搞清红丸案的真相，一时难以决断。这时，一直缄默无言的阁臣韩火广终于站出来说话了。他把当时目睹的一切事实都详细地说清楚了。特别是方从哲当时左右为难的情景，被描述得十分具体。最后，韩火广提出，"红丸"一案纠缠了一年多，但真正置先皇于死地的崔文升和李可灼到现在也没有处置，这两人虽然乱用药物，但也确实是奉旨进药，可以适当惩处，红丸一案则不宜继续深究。

韩火广在万历年间就是个有名的老成之臣，居官十余年处事公正，很受群臣敬仰，入阁后又一直陪伴方从哲料理进红丸之事，说出的话是可信的。所以他的奏折报上后，很快地使一场风波平息了下来。

一场轩然大波到此总算结束了。但是朱常洛为什么在一夜之间猝然暴死？李可灼进献的红丸究竟是什么东西？却一直都是谜。三百余年来，尽管史学家见仁见智，设想了种种答案，但没有一种令人信服，因此，红丸一案成了千古之谜。

平反之谜：袁崇焕之死是否是千古奇冤

袁崇焕，明朝有名的抗清将领，也是古往今来一位争议很大的人物。崇祯皇帝以"欺君通敌"的罪名处死了他，他死后被处以极刑，百姓都纷纷争相抢食他的肉。然而，到了清朝，乾隆帝又替他平了反，所以导致后来的人们对于对袁崇焕的个人评价也褒贬不一。这其中究竟有怎样的缘由呢？

命丧反间计

袁崇焕字元素，号自如，曾任兵部尚书，蓟辽督师。他曾多次率兵阻止后金南下，取得宁远等大捷。《明史》称袁崇焕"为人慷慨富胆略，好谈兵……以边才自许"。

袁崇焕无疑是明朝极为出色的大将，当年努尔哈赤和皇太极两位大汗率领的几十万将士，都拿他无可奈何。甚至有一次，皇太极被袁崇焕包围，险些没突出重围。就是这样一个有功之臣，却被后金的一个汉族官员范文程使了个反间计，就这样被"胜之不武"地消灭了。

这件事说起来极为荒唐。先是清军俘虏了明军的两个太监，因为明朝是任用太监做监军，监督将军打仗的，在俘虏以后押解的路上，范文程故意安排两个领军，边走边在两个太监旁边貌似随意地聊天，说袁崇焕私通大清，和皇太极交往密切，皇太极曾经好几次秘密前往袁崇焕的军营商谈，说好了袁崇焕造反以后，两人就平分江山，等等。聊完以后在路上找了个机会，故意让其中的一个太监逃跑，而且还假装派兵在后边追赶了一阵。就这样，这个太监跑回去，向崇祯皇帝这么一禀报，崇祯皇帝勃然大怒。

封建社会皇帝和武将之间本来就存在着严重的不信任，这下崇祯皇帝更是证实了自己的猜疑，命人火速去接替袁崇焕的位置，并把他押解回北京。押回北京后，就开始了长达一年的审讯。虽然毫无结果，最后还是判袁崇焕极刑，凌迟处死。

袁崇焕被押到刑场的时候，围观的民众人山人海，纷纷去看这个明朝最大的汉奸受刑。因为老百姓不了解实情，以为他是个大汉奸、卖国贼，当刽子手开始凌迟处死袁崇焕时，群众纷纷给刽子手投掷铜钱，买袁崇焕的肉生吃。一代名将身体上的肉就这样被一块块地割下，被人们分食。

名将的悲哀

史书中关于袁崇焕的记载不算少，有这样两件比较典型。第一件，天启二年，袁崇焕刚被提拔为兵部职方主事不久，恰好遇到广宁战役中明军大败，朝廷商议派人守卫山海关。袁崇焕得知此事后，单骑前往山海关明察暗访，由于没有请示兵部，部里竟然不知道这位主事去了哪里，家里人当然也不知道。过了段时间，袁崇焕回来向上级报告：给我军马钱粮，我足以守卫此关。第二件，努尔哈赤去世时，身为宁远前线最高指挥官的袁崇焕不经朝廷授权，就自作主张派人前去吊唁，虽然究其实质，乃是想借吊唁之机刺探敌情，但后金毕竟是大明多年来的敌人，没有朝廷命令而擅自与之互通往来，乃大忌。

由这两个细节可以看出，袁崇焕是一个优秀的实干家，一个行动主义者。他富于理想和激情，却往往为了理想而置游戏规则于不顾。他喜欢独行专断，机杼自出，凭借自己的才华和一腔报国激情，他也的确干出了一番成效。但他不明白一个事实：他是个刚愎自用的人，而恰好崇祯皇帝恰好也是一个刚愎自用的人。两个刚愎自用的人成为上下级，当外在形势紧张之时，他们或许可能有合作蜜月，但互相猜忌一定会随着时日的流逝而潜滋暗长，而这种潜滋暗长的猜忌注定有一天会酿出一场不可避免的大悲剧。于是，这样一个战功赫赫的明朝将领，死在了自己所效忠的崇祯皇帝手中。

历史的解说

明朝人对于袁崇焕的评价，普遍来自崇祯皇帝所颁布的上谕。崇祯皇帝对袁崇焕的指控是"以谋款则斩帅"。

这一指控包含两项罪状，一是"谋款"；二是"斩帅"。所谓"谋款"就是私下密谋与后金议和，"斩帅"就是指谋害毛文龙。"以谋款则斩帅"加到一起就是指控他因私下与后金议和，所以谋害了毛文龙。但是，因议和而杀害边帅的情节，与秦桧谋害岳飞着实有些相似之处。所以后来明末的史学研究者都对这一情节特别留意，并形成了袁崇焕因冤身死的主流观点。

一百多年后，乾隆皇帝批阅《明史》后，为袁崇焕正名。袁崇焕的另一可悲之处在于，他身后无嗣，无人替他鸣冤，反倒是敌人的后裔为他平反。当年，正是乾隆的曾曾祖父，一手策划了反间计，导致了袁崇焕的悲剧。

作为皇帝的崇祯，竟然连个反间计都识不破，也不懂得用人不疑、疑人不用的道理，他付出的这个代价是惨重的——再没有一个像袁崇焕这样的能人替他守护江山了，最后，他被李自成的农民起义军围于紫禁城，于景山自缢身亡。

在中国历史上，常常有能人遭受庸人嫉妒，廉者遭受贪者仇恨的例子。而这之中，能被称为"旷世悲剧，空前绝后"的，除了袁崇焕之外，也很少有了。

晚明　张希黄　留青竹刻《醉翁亭记》诗意图笔筒　高 13.4 厘米

江山永逝：崇祯皇帝自杀的千古之谜

崇祯皇帝也曾经是一个励精图治的君主，是朝堂上的九五之尊，却最终用自杀的方式了结了自己的一生，彻底葬送了延续276年的大明王朝。一封慌乱中留下的遗书，竟意外地道出了自杀背后的秘密。人们至今仍在议论，崇祯之死是无颜面对江山永逝的无奈？还是走投无路的被动选择呢？

迁都之疑

1644年春，往日庄严肃穆的紫禁城一片混乱。崇祯皇帝朱由检，带着一个随从，在紫禁城北景山的一棵老树上，上吊自杀了。

这样的死法确实十分狼狈，但即使是在这样的情况下，崇祯皇帝为了避免后人对他的死产生不必要的猜测，还特意留下了一封遗书，对他的自杀做了一个说明。那么这个当了17年皇帝的崇祯究竟为什么会自杀？他的死又是谁造成的呢？

崇祯十七年年初，曾经的草寇李自成在古城西安建国，国号大顺。建国伊始，李自成做的第一个决定就是要挺进中原，将大顺军的进攻矛头直指北京城。面对这样的局面，当时大明朝的大臣们也是议论纷纷，有主和的，也有主战的，那其中有一位叫作李明睿的大臣，却主张迁都。

然而，崇祯皇帝自16岁登基以来，无论是对付势力强大的阉党，还是处理朝政，皆干净利落且不动声色，大臣们从上至下都说崇祯皇帝是明君圣主，最后就连崇祯皇帝自己也对自己的政治才能颇为自信。

直到1644年，当李自成的军队即将打到北京，自命英明果敢的崇祯皇帝却无法放弃京城。正是他授意李明睿提出迁都计划，却被朝臣纷纷反对，崇祯皇帝是哑巴吃黄连，有苦说不出。他无法逃跑，只能死守京城。

江山易逝

1644年3月1日，此时李自成的农民军已攻陷山西大同，即将兵抵宣府，离北京只有二三百公里了。这时，崇祯皇帝终于做出了放弃宁远，招吴三桂、王永吉、唐通、刘泽清四将入京勤王的决定。但是此时崇祯皇帝已经失去了对部下的控制。只有唐通率领8000名援军及时赶来，其他的三个将领不是称病，就是行动迟缓。

绝境之下，3月初，一支由近4000名太监组成的"城防军"浩浩荡荡地开上了北京的各处城墙。太监们没学过打枪放炮，所以在李自成攻占北京城前，太监们还在学习瞄准和放炮的技术。

3月初，崇祯皇帝曾经希望的迁都方案又被大臣们翻了出来，这时的说法改了，说是让崇祯皇帝固守京城，但是太子到南京监国，一旦时局有变，明朝进可攻、退可守。大臣们还自告奋勇地要求护送太子出行。但是这时的崇祯皇帝已经和一月份判若两人了

1644年4月24日，彰义门，也就是现在的广安门外，香烟缭绕，已铺上了黄毯，摆上了龙椅。李自成心满意足地坐下，身边是沦为阶下囚的两位明宗室亲王：秦王、晋王。京城的虚实他早已派遣手下扮作客商摸得清清楚楚。现在，京城周围的各路官军或降或逃基本扫平，北京已是一座唾手可得的孤城了。

李自成围住北京城后，并没有下令立即攻打北京城，而是派出投降的太监杜勋作为使者和崇祯议和，但是那个曾经因为自负而错过了迁都，因为犹豫而延误了调援军的崇祯，这次毫不犹豫地拒绝了投降。

魂断万寿山

看到大势已去，崇祯皇帝登上了紫禁城的最高处，见北京外城烽火连天，李自成的大顺农民军攻城不止，却看不到任何援军的影子，大顺军攻进内城是早晚的事。他回到乾清宫，对皇后说了一句话："大势去矣！"然后开始安排

317

后事。

崇祯皇帝先是令人将皇子们换上便服，送到皇亲们家去，以备东山再起。之后，崇祯皇帝来到后宫，他命令皇后和妃子以及女儿们自杀。

在这天的午夜，实际上大顺军已经攻入了内城，但是崇祯皇帝并不知道，在突围不成后，崇祯皇帝返回紫禁城，开始鸣钟召集众大臣。据说他的嘴里还喃喃自语着说现在是上朝时间，大臣们应该上朝了。但是他敲了好一阵，却没有一个人来。此时更敲五鼓，崇祯皇帝的身边只剩下太监王承恩一个人，两人共赴景山。大明王朝的第十六位皇帝朱由检，在寿皇亭旁的一棵老树上上吊身亡。

在崇祯皇帝的衣襟上他留下了这样的遗言："朕自登基十七年，逆贼直逼京师，虽朕薄德匪躬，上干天怒，然皆诸臣之误朕也。朕死，无面目见祖宗于地下，去朕冠冕，以发覆面，任贼分裂朕尸，勿伤百姓一人。百官俱赴东宫行在。"

正如我们后来所知道的，自此大明朝江山永逝，而崇祯儿子们的下落也从此无人知晓。至于崇祯皇帝本人，也着实令人叹惋。尽管崇祯皇帝也曾心怀天下，励精图治，却走上了覆灭之路，从此成为亡国之君的代表。

明　镀金碗（景德镇瓷器）　直径 12.1 厘米

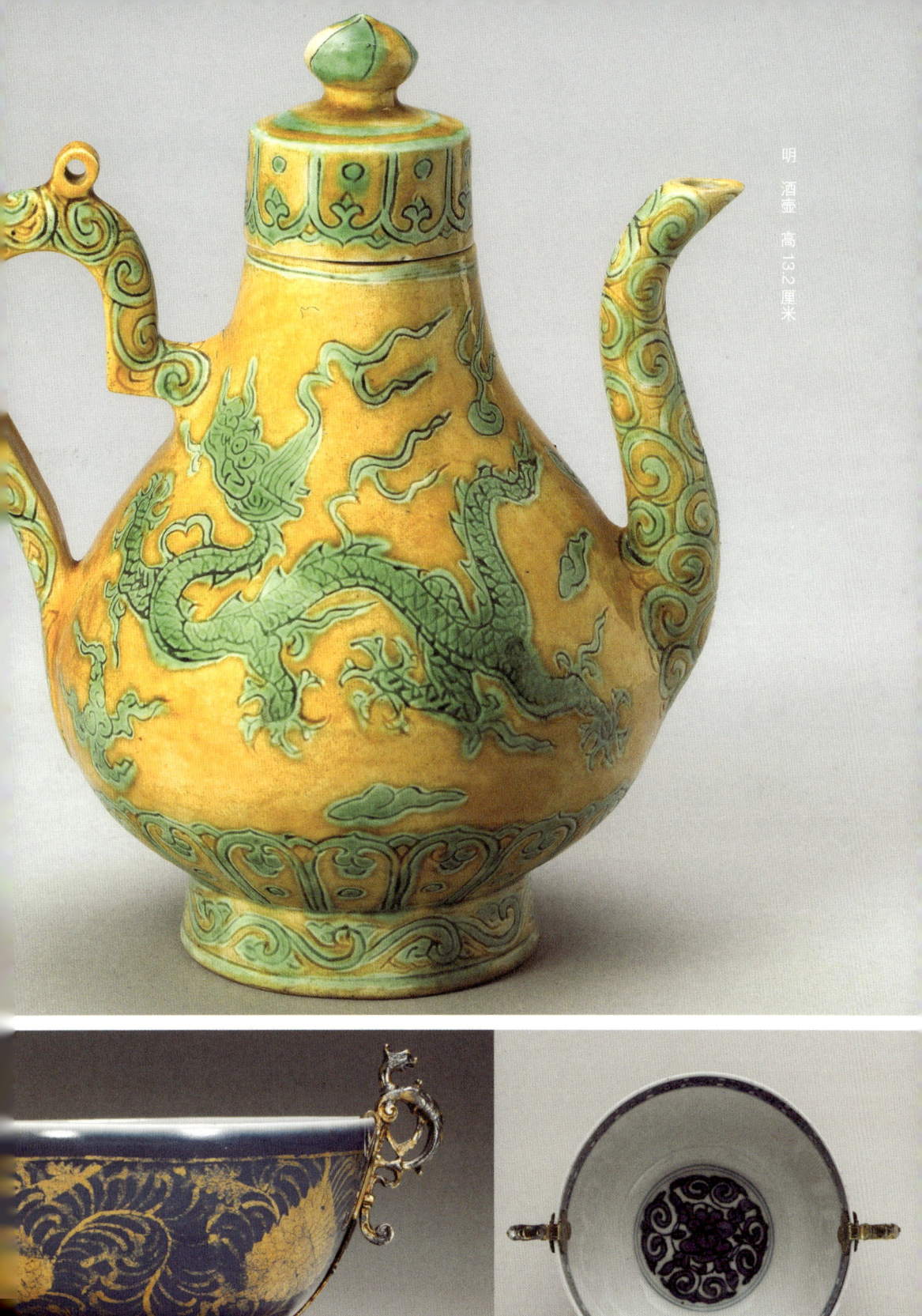

明 酒壺 高 13.2 厘米

万千宠爱：董鄂妃身世谜团

董鄂妃，顺治皇帝最宠爱的妃子。关于她的身世，向来是各位学者研究的对象。顺治皇帝与董鄂妃的爱情悲剧，历来为世人所瞩目。辛亥革命后，董鄂妃的来历问题，又引起了人们的议论和猜测，人们先说她是明末名妓董小宛，后又认为她本是顺治弟媳、襄亲王博穆博果尔的福晋。前一种说法属于误解，较快得到澄清，后一种意见则绵延不绝，并流传至今。那么，神秘的董鄂妃究竟是什么人呢？

秦淮八艳说

董鄂妃是何许人也？很多人心中都有不同的答案。不过，这些答案绝大多数都来源于文学、影视作品。

在一些文学、影视作品中，均将董鄂妃说成是秦淮八艳之一的董小宛。其中简要情节是：清军统帅洪承畴本是好色之徒，早闻"秦淮八艳"（马湘兰、卞玉京、李香君、柳如是、董小宛、顾眉生、寇白门、陈圆圆）之名，尤慕董小宛。洪承畴在攻占江南时，果然擒获董小宛，藏之府中，企图霸占，无奈董小宛誓死不从。洪承畴无计可施，最后不得已，于顺治二年将小宛献入皇宫，遂成为顺治皇帝的宠妃。也有说小宛是豫亲王多铎俘获并送入宫中的。

历史上确有这个人。董小宛，名白，字青莲，生于明朝天启四年，秦淮名妓。崇祯十五年，时年19岁的董小宛从良，嫁给了大她14岁的著名的"四公子"之一的冒襄为妾。婚后，董小宛和丈夫相敬如宾，感情真挚。在战乱之中，夫妻二人虽然颠沛流离，却相依相守达近十年。后来，董小宛终因劳碌过度，于顺治八年正月初二日病死，时年28岁，葬于如皋冒氏的影梅庵。

很显然，董小宛与董鄂妃是风马牛不相及的两个人物。那么，为什么完全不同的两个人却被混为一谈了呢？最为可能便是她们二人的名字中都有一个"董"字，又都是姿容秀美、倾国倾城的绝代佳人。一些文人在编写野史时，为了使情节离奇，有吸引力，或出于对清朝皇帝的故意中伤，于是便采用了移花接木的手法，编造了这样的故事。慢慢地，人们便将董小宛与董鄂妃混为一谈了。

亲王福晋说

在一些传说和电视剧中，都认为董鄂妃原是襄亲王的福晋，后被顺治帝纳入宫中，成为宠妃。襄亲王博穆博果尔，清太宗皇太极的十一子，生于崇德六年十二月二十日申时，其生母是懿靖大贵妃博尔济吉特氏娜木钟。顺治十二年二月二十一日册封为和硕襄亲王，次年七月初三，卒，年仅 16 岁。

顺治帝幼年即位，母亲孝庄文皇后对他管教极严，加之朝廷大权长期由叔叔多尔衮掌管，形成了他暴躁、猜忌的性格。孝庄文皇后出于政治上的考虑，将自己的侄女、蒙古科尔沁部卓礼克图亲王吴克善之女博尔济吉特氏立为皇后。这位小皇后从小娇生惯养，尖酸刻薄，并不能体谅顺治帝的苦衷，常常与顺治帝发生口角，小两口的感情并不和谐。因此，顺治帝觉得事事皆不顺心，内心很是苦闷。

然而，顺治帝偏偏被弟媳董鄂妃的美貌和才情深深地吸引了，而董鄂妃的丈夫时常领兵出征，因此她也对顺治帝产生了好感。两个情谊相投的人迅速坠入了情网。

关于董鄂妃的来历，官修史书一概避而不谈，唯有《汤若望传》提供了下述线索："1658 年皇帝遭遇一惨烈打击。第三位皇后，即董鄂妃所生之子，原定为皇位继承者的，于产后不久，即行薨逝，而这位太子的母后不久崩殂。"

传说之事

《汤若望传》中还有一段汤若望的回忆：顺治皇帝对于一位满籍军人之夫

人，产生了一种火热爱恋。当这位军人因此申斥他的夫人时，他竟被对于他这申斥有所闻知的天子亲手打了一个耳光。这位军人于是怨愤致死（或许是自杀而死）。皇帝遂将这位军人的未亡人收入宫中，封为贵妃。这位贵妃于1660年产一子，皇帝规定了他为将来的皇太子。但是数星期后，这位皇子竟然去世，而其母于其后不久亦薨逝。皇帝非常哀痛，竟致寻死觅活，不顾一切。

这位皇子是第几位皇子，生母是谁？汤若望没有明说。福临共有8个皇子，除玄烨外，在7个皇子中，皇二子福全、皇五子常宁、皇六子奇授、皇七子隆禧、皇八子永干等5人皆卒于康熙朝，毋庸考虑。这样只剩下皇长子钮钮和皇四子。钮钮生于顺治八年十一月初一日，殇于顺治九年正月三十日，只活了89天，生母是庶妃巴氏。此子虽也是早殇，但不是殇于顺治晚年，而且他的生母是庶妃巴氏，未封过贵妃。因此，钮钮和巴氏不可能是汤若望所说的皇子和那位贵妃。现在只剩下皇四子。该子生于顺治十四年十月初七日，殇于顺治十五年正月二十四日，生母是皇贵妃董鄂氏，即后来的孝献皇后。董鄂妃病逝于顺治十七年八月十九日。由此看来，汤若望所说的只能是皇四子和皇贵妃董鄂氏。但这里有两个出入，一是皇四子生年是公元1657年，而汤若望所说是1660年；二是皇四子生母是皇贵妃，而不是贵妃。

但是顺治朝期间又并未设贵妃一职，皇四子也被顺治说成是皇太子。显然，这里所说的"第三位皇后"与"贵妃"是指同一人，即皇贵妃董鄂氏。她于顺治十四年十月生皇四子，顺治特为此举行隆重庆典，称为"朕第一子"。

传说也好，猜想也罢，最后归于一致的认识就是，这位董鄂妃不但姿容绝代、才华出众，而且品行清丽脱俗，善解人意，深深地吸引了这位多情的少年天子，在佳丽三千的后宫中赢得了顺治帝专一的爱情，并至死不渝。

孝庄下嫁：太后下嫁摄政王内幕

"太后下嫁"即孝庄太后，也就是清太宗皇太极之妃科尔沁博尔济吉特氏，传说曾下嫁摄政王多尔衮。孝庄太后系多尔衮之兄嫂，与弟妻或兄嫂成婚，按照古代人的道德观念来看，是一件不光彩也不太文明的事。清朝一代，对此讳莫如深。那么，是什么原因，致使孝庄太后要下嫁摄政王呢？

太后下嫁摄政王

清初三大疑案之一的"太后下嫁"，说的是顺治朝太后博尔济吉特氏下嫁给摄政王多尔衮。博尔济吉特氏，史称"孝庄文皇后"，蒙古族人，系清太宗皇太极妃，清世祖福临生母，一生扶立两代幼主，掌握和影响朝政达几十年，终年75岁。多尔衮，清太祖努尔哈赤第十四子，清太宗时封和硕睿亲王。清世祖以冲龄即位后，多尔衮即称摄政王，于顺治元年领兵入关，镇压李自成等农民起义军，取明朝统治而代之，并创建了清入关后的各项制度，成为清朝政权的实际开创者。

"太后下嫁"之说自明末清初即已流传，清末"排满"时重又复炽，传播300余年而未有定论。20世纪30年代，明清史大师孟森著《太后下嫁考实》，力辩其无，但近代学者中亦颇有以"太后下嫁"为事实者，其所持各端，俱有说焉。

权力角逐

"太后下嫁"说之背景，是崇德八年皇太极死后皇位继承权的激烈斗争。

孝莊文皇后便服像

由于皇太极生前未指定皇位继承人，所以他的第十四弟睿亲王多尔衮、他的长子肃亲王豪格和第九子福临围绕着皇位展开了角逐。

当时作为政治、军事力量唯一支柱的满洲八旗中，三股势力的对比，对年仅6岁的福临大为不利。正、镶黄旗和正蓝旗中，两黄旗都倾向于皇太极的另一位儿子豪格。而镶蓝旗旗主济尔哈朗也表示要拥立豪格。而多尔衮则取得了两白旗的支持，两红旗旗主礼亲王代善的儿子硕托、孙子阿达礼起初也拥戴多尔衮。

福临的生母博尔济吉特氏（孝庄太后），首先看准了代善的辈分和威望是最高的，因而认定他具有左右大局的力量，便紧紧拉住代善，使之支持福临。

随后，八旗之中力量较弱的镶蓝旗，也自然听命于代善而倒向福临。其实，黄旗是皇太极的心腹，所以拥立豪格和福临皆可，在这样的形势下，黄旗也弃豪格而举福临。最后，博尔济吉特氏使多尔衮改变初衷，拥戴福临。结果是幼主福临即位，是为清世祖，年号顺治。后来，豪格被多尔衮陷害，削爵下狱而死。而多尔衮则由摄政王而封叔父王、皇叔父，后尊为皇父。

从福临即位以后豪格和多尔衮的两种截然不同的结局来看，人们自然会以为多尔衮有拥立新帝之功，而豪格则觊觎帝位。

那么，多尔衮为什么要拥立福临呢？这件事往往被认为与"太后下嫁"有着必然联系。这从顺治八年多尔衮死后宣布其罪状中"自称皇父摄政王，又亲到皇宫内院"等语中可窥见。更增加人们怀疑的是记载在蒋良骐《东华录》中的上述这两句话，后来在修实录时被删去了。

多种可能

然而，反对"太后下嫁"之说者也曾这样反驳：蒋氏《东华录》所记与张煌言诗，不能作为"太后下嫁"确证。他们或谓"皇父"相当于古时候的"尚父""仲父"，是君主对某个臣下的尊称。以多尔衮卓著的功勋来看，已然无可晋爵，也无可赏赐。于是便以"皇父"为封号。"皇父"之于皇帝仍为臣下，非太上皇可比，后又称为"皇父摄政王"。所谓多尔衮"亲到皇宫内院"则指他曾渎乱宫廷，不是指与太后大婚。多尔衮在构陷豪格死于狱后，曾娶其福晋，遂有无礼于太后之传说。张煌言诗系远道之传闻，敌国之口语。诗非信史，不

清 犀角雕山水人物杯 高 15.2 厘米

足为凭，纯属无稽之谈。

　　至于认为太后下嫁确有其事的一方，也有自己的观点。后人张煌言有诗道："春宫昨进新仪注，大礼躬逢太后婚"，"掖庭又说册阏氏，妙选媢闱足母仪"。前言太后再婚，后言清俗不讳再嫁，"太后下嫁"遂成通行之说。

　　史料虽然难以考证"太后下嫁"之事实，但正是这种暧昧不明，更容易引人遐想。史料记载的缺乏极可能是由于事关重大，关系皇家颜面，所以保密工作做得好，因而有的学者从理论上及满族的习俗上推论"太后下嫁"之可能。博尔济吉特氏既然要为自己的亲生儿子谋取皇位，扩大政治势力乃其必由之途径。以博尔济吉特氏随机应变的政治手段之高明，不会不考虑到婚姻是一种借新的联姻来扩大自己势力的机会。

　　而且满族入关前社会性质虽已由奴隶制向封建制迅速过渡，但还保留着兄死则妻其嫂等一些旧俗遗风。叔嫂相配的现象即使在汉族中也容或有之，当不足为怪。在一些朝鲜史料中提到：郑太和说多尔衮"似是已为太上矣"。"太上"与"太后"对称，是"太后下嫁"的一个佐证。

　　总之，"太后下嫁"也不是全无可能。多尔衮一统中原，功高莫大，死后却被顺治挖坟掘墓，只有太后下嫁才能让一个皇帝有如此大的仇恨。历史事件的真相向来难以探究，要想真正确定太后下嫁是否属实，在今天仍然存在很大的难度。

雍正被刺：雍正暴毙是否被刺致死

雍正之死，始终是被层层神秘浓雾掩盖的历史之谜。清朝官方对雍正之死的记载非常简单，所以，历来对其死因猜测颇多。有传说他是被吕四娘刺杀的，还有说是被宫女、太监缢死的。除此之外，许多学者猜测是被丹药毒死的。这些说法，哪些是比较可信的？雍正之死在历史上有没有留下什么蛛丝马迹呢？

民女行刺是否事实

关于雍正之死，史书记载非常简单，只是说，前一天，雍正在圆明园行宫病重；第二日下午病危，急召大臣，当晚就死掉了。究竟是什么原因导致雍正的死亡，史料没有记载。据雍正的心腹大臣张廷玉的私人记录，当时雍正七窍流血，令他"惊骇欲绝"。雍正暴卒，官书不记载其原因，这自然就会引起人们的疑惑，再加上当时关于他为人的传说和评论颇多，就更容易引起人们的猜疑，于是各种雍正皇帝"不得好死"的说法就产生了。

一种说法认为，雍正是被吕留良案中逃脱的吕四娘入宫刺死的。此说到今天仍颇为风行。1981年，考古工作者曾发掘雍正地宫，未打开即作罢。可是社会上传说棺材已经被打开，雍正有尸身而无头。

那么，吕四娘的来历究竟如何？传说吕四娘是吕留良的女儿，有的说是吕留良之子进士吕葆中的女儿，在吕留良案中，她携母及一仆逃出，为替父祖报仇，习学武艺，后来潜入宫中，杀掉了雍正。还有一种说法是，她的师父是一名僧人，原为雍正剑客，后不乐为其所用，离去，培养了这位女徒。

但是，一些对清史颇有研究的专家认为，这些说法都没有道理。雍正处置吕家，戮尸、斩首之外，吕留良孙辈均被发配边远地方为奴。乾隆时，吕家的后代有开面铺、药铺的，有行医的，还有人成为捐纳监生，被清政府发觉后，改发配黑龙江为奴，后住齐齐哈尔。吕氏后裔俱在，不过受到严格的管制，不能自由活动，当然更不能替祖上报仇了。

吕四娘主仆三人的逃出是不可能的，当时办理此事的浙江总督李卫以擅长缉捕盗贼而著称，他奉命兼管江苏盗案，若吕留良后人果真有逃出的，他自然有能力搜捕到案。再说他曾为吕家题过匾，吕案发生后雍正没有责备他，他心怀畏惧，下死劲儿处理有关人员，完全不会让主犯的子孙逃脱。

张冠李戴的宫女行刺

上文提到，雍正被宫女、太监在其熟睡时用绳缢死的观点也很难立足。但这样容易被辨伪的观点为何还能代代流传呢？有学者认为，最为可能的就是，是民间把明世宗所遭遇的事情，安到了清世宗的身上。

另外，还有一种传说，说雍正九年，宫女与太监吴守义、霍成在雍正睡熟时，用绳缢之，气将绝，用太医张某之药而愈。

这种说法被认定是子虚乌有。在明朝倒发生过类似的事。明世宗在嘉靖二十一年，被宫婢杨金英等缢而未死，用太医许绅之药而康复。雍正和嘉靖都庙号"世宗"，民间传说把明世宗的事安到清世宗身上，张冠李戴这种事情也是难免的。

没有资料表明雍正被谋刺过，倒是雍正的孙子嘉庆真被人行刺过。嘉庆八年闰二月二十日，嘉庆从圆明园返回大内，进神武门，至顺贞门，突有旗人陈德向他行刺，未及近前，已被拿获。这个发生在宫禁的行刺案件，也可能成为后人附会刺客刺杀害雍正的版本。

丹药之祸

雍正对道家的长生成仙非常痴迷，丹药中毒之说又是否可信呢？

清末民国初年就有人提出："世宗之崩，相传修炼饵丹所致，或出有因。"当代学者杨乃济先生通过中国第一历史档案馆所藏清内务府造办处《各作成活

清　宫廷画家绘《雍正帝读书像》轴　绢本设色　北京故宫博物院藏

计清档》等第一手资料，撰写了《雍正帝死于丹药中毒说旁证》一文，金恒源先生认为，杨乃济先生的论述是客观、可信的。

雍正年轻时即好佛、崇道。做了皇帝后，他求仙访道、企求长生，更是为此忙得不亦乐乎。他不仅把道士请进宫内，待以上宾为他炼丹、服用，还希望自己住的皇宫能像有名望的佛寺、得道仙观，可见他对道家的长生成仙说已经到了几乎痴迷的地步。

有一份史料上说，雍正宾天时"七孔流血"。七孔流血是严重中毒的反映，雍正长期服用道士所炼之丹即所谓的"长生不老之药"，这些丹药中汞、铅、朱砂等矿石含量较高，又都是高温烧煅而成，热性很大。十三阿哥允祥去世后，雍正为渴求长生不老，加大剂量服用丹药终致中毒，这是情理中的事。

乾隆还未正式登基前，已急传谕驱逐宫中道士，可见雍正之死同道士有密切关系，因为乾隆深知丹毒之害，才会把驱逐宫中道士放在诸多国事之上立即行之。

长期贪图女色，乃至乱服春药可能是导致雍正最终猝死的直接原因之一。

金恒源先生认为，雍正称帝执政十三年，基本上处在众叛亲离、孤家寡人之态势。他在生命垂危时请同胞兄弟出山辅助又遭坚辞，其情其状其心态之苦也就可想而知了。此外，在雍正七年后，由于政敌被杀的杀、关的关，基本上也都被摆平了，相对以前而言，雍正多少有了一点"闲"。而帝王一旦有了些"闲"，也就开始贪图女色，病也就随之暴露了出来。

朝鲜史料有一条说法，"雍正晚年贪图女色，病入膏肓，自腰以下不能运用者久矣"。朝鲜使者在给本国国王的报告中没有必要去故意捏造、肆意攻击雍正，这条史料当可作为雍正晚年身体亏损的一条辅证。

概括起来，雍正之死同他多年勤政之累的体力透支有很大关系；同他心神长期不得安宁、夜不能寝、精神不能贯注、惧怕报应有很大关系；更同他长期以来不断服用丹药、体内大量积毒有关；他晚年为求长生加大剂量服用丹药，乃至乱服春药也许是导致他最终猝死的直接原因。所以，将雍正之死单单归结为纯被工作"累死"未必全面。民间所传吕四娘复仇，斩雍正之头云云纯系民间想象之说，没有可靠证据，不是历史事实。

偷龙换凤：乾隆帝的生母到底是何人

清高宗爱新觉罗·弘历，清朝的第六位皇帝，史称乾隆帝。乾隆帝的身世之所以成为后世疑团，是因为不仅其出生地成谜，连其亲生母亲是谁也一直没有定论。据正统史书记载，乾隆帝生母为"原任四品典仪官、加封一等承恩公凌柱女"，然而在民间却存在各种各样的说法。皇帝生母的身份竟然不明，这在清史乃至中国历史上都是极为罕见的。

官方记载

乾隆帝的生母究竟是谁？想要解决这一疑惑，首先应当先参考皇宫里的官方记载，即《玉牒》和《实录》的记载。《玉牒》相当于清朝皇家的家谱，保存在中国第一档案馆。

在《玉牒》和生卒记录底稿上，有如下记载：乾隆是雍正的第四子，康熙五十八年辛卯八月十三日生。生母为孝圣宪皇后钮祜禄氏，外祖父为一等承恩公凌柱。《实录》就是清朝皇帝一生事功言行、军国大事的记录。《实录》记载说：雍正皇帝继承皇位以后，乾隆帝的生母钮祜禄氏，从品级较低的格格被封为熹妃。另外，《清史稿》是民国初年设立清史馆纂修的纪传体的清朝史书，其中也有同样的记载。

传说中的皇帝生母

然而，关于乾隆皇帝的生母，史学界和民间却一直存在多种看法。

有一种观点认为，乾隆帝出生在海宁陈家，这种说法在民间传得尤为热闹。

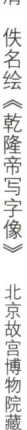

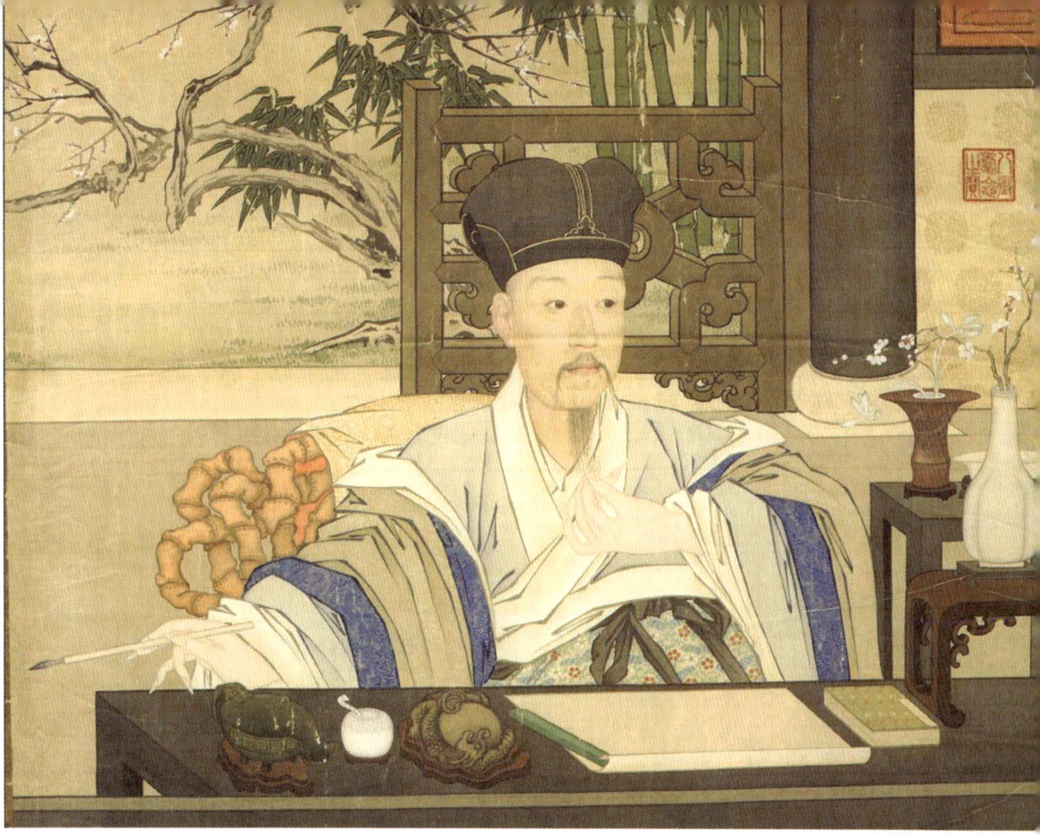

清 佚名绘《乾隆帝写字像》 北京故宫博物院藏。

这个故事来自清末天嘏所著《清代外史》一书中的《弘历非满洲种》。其核心的意思是说，康熙年间，海宁陈家和雍亲王胤禛两家同时有孩子出生，且生日时辰都相同。雍亲王便命陈家将孩子抱进王府，自己要看看，结果抱进去的是男孩，抱出来的却是女孩。陈家虽然大为震惊，但由于怕引来杀身之祸，便不曾声张。

近些年来，乾隆帝为海宁陈家之子的传闻，更是不断被小说和影视作品采用。根据皇室族谱可以发现，乾隆出生时，雍正的长子、次子虽已年幼早夭，但第三个儿子已经 8 岁，且钮祜禄氏生下乾隆三个月后，另一个王妃又为雍正生下了第五个儿子。而且，这时的雍正才 33 岁，怎会在已经有一个 8 岁的儿子，而另一个王妃即将临产的情况下，偷偷摸摸地用自己的女儿去换陈家的儿子呢？这从情理上也是说不通的。

还有一种观点，便是汉女李氏说。曾做过热河都统幕僚的近代作家、学者冒鹤亭说：乾隆生母是热河汉人宫女李佳氏。上海沦陷期间，作家周黎庵写了《清乾隆皇帝的出生》一文，援引冒鹤亭的说法，并添加雍正喝鹿血等情节，增加了故事性：传说雍正在做亲王时，一年秋天在热河打猎，射中一只梅花鹿，雍正喝了鹿血。鹿血壮阳，雍正喝后躁急，他的身边又没有王妃，就随便拉上山庄里的一位相貌丑陋的李姓汉族宫女幸之。第二年，康熙父子又到山庄，听说这个李家女子怀了龙种，就要临产，康熙急忙叫过来雍正询问，雍正承认不讳。康熙怕家丑外扬，就派人把她带到草棚。丑女在草棚生下一个男孩，就是后来的乾隆帝。

台湾学者庄练的《乾隆出生之谜》和高阳的《清朝的皇帝》书文中，都认同这一说法，甚至于提出李氏名叫金桂，因为她出身贫贱，而旨令钮钴禄氏收养这个男孩，于是乾隆之母便为钮钴禄氏。尽管乾隆帝生在草棚的传说流传很广、故事生动、影响也很大，但那毕竟是野史，是缺乏论证的。

疑案难解

从《玉牒》《实录》的记载来看，乾隆皇帝的生母应当是钮祜禄氏，不存在什么问题，但是，雍正帝、乾隆帝、嘉庆帝万万没有想到，还有一份宫廷档案留存在人世，尘封在内阁大库的档案馆里。致使这件历史疑案，依然难解。

一是清宫档案记载。《雍正朝汉文谕旨汇编》里收录的当时档案的记载与官书记载却不相同。在这份重要的清宫档案记载里，雍正元年二月十四日被封为熹妃的，不是《实录》中记载的格格钮祜禄氏，而是格格钱氏。二是《永宪录》。萧奭在乾隆时期写了一部《永宪录》，提到被封为熹妃的是钱氏，而不是钮祜禄氏。还说齐妃李氏或云是乾隆帝的生母。萧奭写《永宪录》，必有所据，就是说在当时就有人对乾隆帝的亲生母亲是谁已提出了怀疑。

从这些资料看，乾隆帝的生母出现了三种记载：一是钮祜禄氏，原任四品典仪官，加封一等承恩公凌柱之女；二是熹妃钱氏；三是齐妃李氏。这就是当时清朝官方文献的不同记载。连官方的记载都不一样，难怪人们对乾隆帝的生母是谁产生了怀疑。这熹妃是钱氏还是钮祜禄氏？格格钮祜禄氏与格格钱氏到底是同一个人还是两个人？《玉牒》《实录》都是皇帝继位以后修订的，有没有篡改的可能？这至今仍是一个历史的悬案。总之，乾隆帝的生母到底是谁？现在仍然是一桩历史疑案。

身材笑柄：刘墉罗锅之名的千古疑惑

清朝名臣刘墉，也就是家喻户晓的"刘罗锅儿"，因为他为官"忠君、爱民、清廉"，深得百姓喜爱。他是清乾隆、嘉庆年间有名的清官，聪明绝顶，家喻户晓，是历史上的一位传奇人物。他与纪昀、和珅并称为"乾隆朝三大中堂"。但是，刘墉真的是"罗锅"吗？这是一个一直以来令人们津津乐道的话题。

刘墉其人

刘墉，字崇如，号石庵，另有青原、香岩、东武、穆庵、溟华、日观峰道人等字号，清代书画家、政治家。山东省高密县（今高密市）逢戈庄人，祖籍江苏徐州丰县，清廷东阁大学士兼军机大臣刘统勋之子。他出生于康熙五十九年，乾隆十六年进士，做过吏部尚书、体仁阁大学士。刘墉工书，尤长小楷，他的传世书法作品以行书为多。嘉庆九年十二月二十五日卒于京。卒后赠太子太保，谥号文清，入祀贤良祠，谕祭葬。作为皇帝身边的文学侍从近臣，刘墉为官"忠君、爱民、清廉"，深得百姓喜爱。

刘墉当过吏部尚书、体仁阁大学士，官至一品，但没有当过宰相，因为自明太祖朱元璋之后的明清两朝压根儿就没有"宰相"一职。而刘墉的名号中，人们更为熟知的是其绰号——罗锅，一提起"刘罗锅"，人们便觉得很亲切。

然而刘墉究竟是不是罗锅呢？

不论是从电视剧，还是从说书人的口里，"罗锅"是乾隆皇帝赐给刘墉的。可在实际的历史中，刘墉的绰号是嘉庆皇帝封的，与乾隆皇帝无关。据史书记载，嘉庆皇帝偶尔称刘墉为"刘驼子"，而不是"刘罗锅"，这是因为当时刘墉年过八旬，再加上他常年伏案读书，难免会弯腰驼背，因此用"驼子"二字极其自然。但是，不能就此推断刘墉年轻时便是个罗锅。相反，从种种史料记载来看，刘墉即使算不上相貌堂堂，却也不至于身有残疾。这是由清代选官取士的标准所决定的。

取士的标准

有关刘墉的事迹广为流传。当代的影视剧作家也很了解民众这种渴盼清官的心理，于是，刘墉成了清代大臣中"上镜率"最高的大臣之一。在剧作家的安排下，他和大贪官和珅成了死对头和欢喜冤家，和珅在他面前总是显得笨手笨脚，经常弄巧成拙，想算计人却反遭算计。乾隆皇帝对他又爱又恨、又有点儿无可奈何。这个人物寄托了中国老百姓太多的理想和愿望。在百姓心中，他是智慧的化身，也是正义的化身，甚至连他的驼背也让人不觉其丑陋，反成为他的标志性特征。其实，荧屏上的刘墉和历史上的刘墉并不完全重合，从形象到事迹有许多地方源自剧作家的想象。

要回答这个问题，首先要了解一下清代的取士、选官标准。

在封建社会，选官向来是以"身、言、书、判"作为首要条件的。所

清 料器鼻烟壶 高6.4厘米

清　乾隆剔红升平宝盒一对　高 10.5 厘米

谓"身"，即形体，需要五官端正，仪表堂堂，否则难立官威。所谓"言"，即口齿清楚，语言明晰，否则有碍治事。所谓"书"，即字要写得工整漂亮，利于上级看他的书面报告。所谓"判"，即思维敏捷，审判明断，不然便会误事害人。

在这四条标准之中，"身"居首位，是最重要的。因为观瞻所系，不能不特别强调。

刘墉系科甲出身，必在"身、言、书、判"四方面合格，方可顺利过关。因此几乎可以肯定地说，刘墉不会是"罗锅儿"。姜纬堂先生早在1996年时，就曾在《北京晚报》上专门撰文《刘墉绰号"罗锅"考》，指出过这一点。

历史的真相

还有一个旁证，可以从侧面说明一定的问题。按照当时的制度，举人应会试三科不中者，还可以应"大挑"一科。这一科不考文章，只论相貌，标准是"同、田、贯、日、身、甲、气、由"八个字，以字形喻体形、相貌。"同"指长方脸；"田"指四方脸；"贯"指人的头大而身体直长；"日"指身体端直而高矮肥瘦适中。以上这四个字是好字，符合者有中选的可能。"身"指身体不正；"甲"指头大身子小；"气"指一肩高耸；"由"指头小身子大。这四个字是不好的字，沾上一个就会落选。可见，清代选官很重视被选者的相貌，所以，刘墉即使算不上仪表堂堂，总也不至于身体有残疾。

可见，从形象上看，历史上的刘墉与民间传说和文艺作品中的刘墉并不一致。

清　刘墉书《节书远景楼记》

四月初吉，麦禾而草壮耘者毕出，量众下漏鸣鼓以致众，择其徤为众信者三人一人掌鼓一人掌漏进退作止惟三祝七月既望霍奕艾而耘则仆鼓徐漏曰醉澠以祀田祖

壬子秋日刘墉书东坡远景楼记于丹林读兴之轩

石庵居士

和珅化身：慈禧太后为何被传是和珅转世投胎

慈禧太后虽然没能像唐时武则天一样登上皇位宝座，但她以皇太后身份垂帘听政，成为自 1861 年至 1908 年间大清帝国的实际统治者，堪称清朝的"无冕女皇"。关于慈禧太后的身世，也颇有传奇色彩，被很多人认定是和珅转世。那么，慈禧太后为什么会被认为是和珅转世呢？

和珅垮台

公元 1799 年，中国历史上胃口最大的贪官和珅被迫自杀于狱中，死时 49 岁。和珅一死，算是了却了身前身后事，无牵无挂了。但是，清朝的众多野史专家、民间艺人却多了可以孜孜研究的对象，一直拿他的生平事迹当原料，不断地编出各种各样的故事。就连一百多年后的慈禧太后也不幸和他扯上了关系，被说成是和珅转世，到世上来的目的，就是祸乱大清王朝。于是同治、光绪和宣统三位无辜的皇帝倒了霉，爱新觉罗氏 260 多年大业就这样被毁了。

可以肯定，这个故事必然是无稽之谈。但是，为什么毫不相关的两个人——一位老太太和一位前朝大臣能扯上关系呢？这就要从和珅的临死前的一首诗说起。

据说，这位贪了一世的重臣在临死之际，不念嘉庆皇帝免了他的凌迟之刑，反而丧心病狂地提笔写了首七言绝句：

五十年来梦幻真，今朝撒手谢红尘。

他日水泛含龙日，认取香烟是后身。

这首诗的意思翻译一下大概就是：我和珅活了 50 岁，就像做梦一样；现在呢，我死了。但是，我还会再转世回来的，我转世后将把皇帝牢牢地控制在我的手掌心里，诸位可一定要认出我来。

可以看出，和珅写这首诗，本来是表露下自己的不满情绪和复仇心理，但是"野史学家"们却把自己的想象力发挥到最大马力，编出了两段传说。

乾隆皇帝的风流传说

由于清朝人的人实在搞不懂和珅为什么那么受到乾隆皇帝的宠爱，就借乾隆的风流多情编故事。

有这样一个传说，在乾隆未登基前还是宝亲王的时候，就已经是一位多情种。由于年少多情，他看上了父皇雍正貌美的姜室马佳氏，而马佳氏也对他暗生情愫，两个年轻人，干柴烈火，秘密地在后宫燃烧起来。

但是，这对年轻人大概过于年少轻狂，只知道放火，不知道灭火，很快就搅得后宫乌烟瘴气。不久，皇后钮祜禄氏便知道了这件事情，盛怒万分之下，把那位马佳氏赐予月华门自尽。当时，宝亲王恰好不在宫里。当他回宫后知道了这件事便马上赶往月华门。可此时宝亲王尚幼，皇后不会容许他救下马佳氏，无奈之下，他只好眼睁睁地看着爱人死去。

哭完了，伤心够了，心有不甘的宝亲王咬破手指，滴血在马佳氏的遗体额头，许愿如果马佳氏能投胎，来世使此印记与他来相认。

后来，他当了皇帝，是为乾隆帝，可他依然想念马佳氏。他苦等二十年，且南巡好几次，始终没遇见额头有红记之人。就在乾隆快忘了这事之际，在乾隆四十年，乾隆在侍卫中无意看见和珅，当时和珅不过是世袭之轻车都尉，但乾隆凭和珅额上的红记认定他乃马佳氏投生而成，于是擢升和珅为御前侍卫，值乾清门，并兼任正蓝旗副都统。

正因有这一段渊源，在野史中才会传出和珅与乾隆关系不正常的说法，说两个人是同性恋。不知是哪位史家率先杜撰了这一故事，总之，这个故事影响极广，后世史家，尤其是民间野史都承袭了这种说法，这就是和珅亡命诗的前两句的最佳解释。

而后两句"他日水泛含龙日，认取香烟是后身"就更曲解得离谱了，共有三种说法。第一种说法认为，和珅诗中"水泛含龙"用的是夏后龙漦的典故。

大意是说夏朝末年，夏帝从两条龙那求得龙漦，即龙的唾液，锁在一个盒子里。此盒像西方传说中的潘多拉魔盒，日后代代相传没人敢打开，可周厉王偏不信邪，他打开盒子，里面的龙漦流出化为玄鼋，玄鼋进入一童女体中，此女无夫受孕，产有一女，是为褒姒，也就是后来周幽王为了博其一笑而烽火戏诸侯，导致西周灭亡的那个女子。而"香烟"在古文中是传宗接代的意思，于是乎，有人把两者串联起来，说和珅死后也会化身为褒姒似的女子来祸害大清帝国，这个女人就被看作为慈禧太后。

不靠谱的野史

另一种说法是说夏桀不但残暴，而且荒淫，他宠爱妹喜和一个半人半蛟龙的女子"蛟妾"。二人不但在一起荒淫无度，而且，"蛟妾"每天还要保持人形，要付出很大的代价，夏桀也一并满足。最终，中国第一个封建王朝就此断送在夏桀手中，有人便据此解释道，和珅死后要化身为"蛟妾"式的妃子，来祸乱大清帝国。此说与上一说实乃同出一宗，不过典出不同，一为褒姒，一为蛟妾。可以说，实际是解释方法和途径的不同。

还有一种说法是"水泛含龙"中的龙不是真正的龙，而是说发大水，在和珅被赐死的头一年，也就是嘉庆三年，河南的黄河决堤，因此，有人认为"他日水泛含龙日"意思是说和珅等到下一次发大水时要转世为生，不知是史家的附会，还是历史的巧合，道光十二年，黄河再度在河南决堤，同年十月，一个小女孩呱呱坠地，这个女孩就是后来的慈禧太后。

果然，慈禧生活奢靡，手段狠辣，把持朝政几十年。最后把一个烂摊子扔给了溥仪，没过四年，大清朝就灭亡了。

世所公认，和珅和慈禧作为清朝的两大历史罪人，一个从财政上腐蚀清朝，一个从政治上腐蚀清朝，二人一前一后让清朝少"活"了几十年。但是，投胎转世之说，不过是野史编纂的故事，供人茶余饭后闲谈罢了。

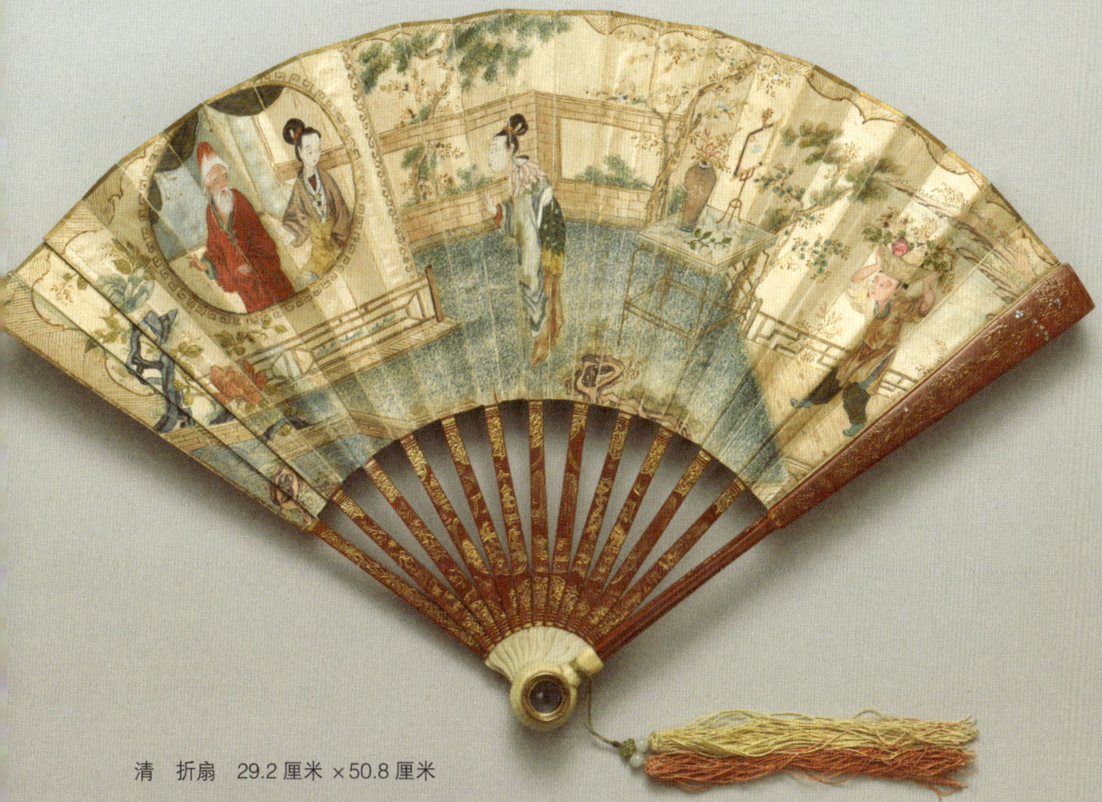

清　折扇　29.2厘米×50.8厘米

清　紫檀百宝嵌封神故事图食盒　高 23.2 厘米

清　笔筒　13.8厘米×16.5厘米×10.2厘米

清初　玉凤纹饰件　高 11.4 厘米　宽 8.3 厘米

清晚期　凤形玉带钩　长 14 厘米

寫兔月　寫長見　うう直长く06重长

三朝断后：大清皇帝为何接连断后

中国人有句古话："不孝有三，无后为大。"可以看出，在我国古代，是非常看重子嗣的。"多子多福"的思想，无论在皇家还是民间都普遍存在。人们认为，一个家里人丁兴旺，这个家的日子就会红红火火，反之，这个家庭就会走向衰落。皇家对于这方面更是极其重视，因为皇嗣直接影响着政权的稳固，这一理论在清朝得到了很好的验证。那么，清朝为何接连断后呢？

近亲婚配影响大

大清的鼎盛时期是"康乾盛世"，这一时期国泰民安，朝野安定。皇宫里更是"人丁兴旺"，康熙帝共育有三十五子、二十女，雍正帝有十子、四女；乾隆帝则有十七子、十女。可以看出，这一时期的清皇室，可谓枝繁叶茂。然而，到了晚清，同治、光绪、宣统却均无后代。三位皇帝为何接连无嗣成了清王朝永远的谜团。

有人认为：大清皇帝接连断后是因为同治与光绪的寝陵没有与主陵的神道相接。这种说法纯属迷信之谈。道光皇帝的墓陵的神道也不与主陵泰陵的神道相接。而道光帝一生共有九子、五女，在清朝所有皇帝中位列第四。所以，神道是否相接与有无子女实际上并无关系。

也有学者认为：三代皇帝接连绝后是由满洲不合理的婚姻制度所致。在清朝尤其是清初的婚姻大部分是近亲婚配甚至是乱伦婚配。大清开国皇帝皇太极的一后四妃全部来自蒙古科尔沁部博尔济吉特家族，皇后与宸妃、庄妃还是亲姑侄；顺治的两位皇后也都来自博尔济吉特家族，第一个是他的表妹，第二个是他的侄女；康熙的孝懿仁皇后与悫惠皇贵妃是姐妹，同时，她们又是康熙的亲表妹；光绪的孝定景皇后出身于叶赫那拉家族，是光绪的表姐；溥仪的皇后婉容的生母则是毓朗贝勒的次女，一个皇家格格。所以，这种近亲婚配为皇族灭种埋下了伏笔。

这一说法当然不无道理。但是，皇帝有三宫六院，他们完全可以和其他嫔妃生育孩子。清朝的前十位皇帝没有一个是近亲婚配得来的。因此，婚配制度不合理也不能算是主要原因。

外在环境的影响

那么，到底是何原因让三代皇帝接连绝后呢？

同治皇帝 16 岁成婚，19 岁驾崩，仅有三年婚龄。然而，这也只能是他子嗣少的理由之一，而并非是他无后的全部依据。据野史记载：同治皇帝去世时，皇后阿鲁特氏已经怀有身孕。但是，慈禧生怕阿鲁特氏生下皇子，自己不能掌权，因此逼死了皇后。这虽然是野史，却仍有一些道理。那就说明同治并不是无后，只是他的孩子还没等生下就随母而去了。其实，即便阿鲁特氏已有孕在身，是男是女尚不可知，就算是个皇子，能不能顺利降生，平安长大都很难说。况且，国不可一日无君，两宫太后必须找一个人登上帝位，哪怕只是个摆设。所以，即使阿鲁特皇后已经怀孕，在这时也解不了燃眉之急。

如果这种说法不准确，同治真的无后也不难解释。同治帝喜欢皇后，而慈禧却对这个儿媳不满。她派人监视这对小夫妻的私生活，还逼着同治与慧妃同房。同治不喜欢慧妃，又怕惹着母亲，只好独居，最后发展到出宫寻欢作乐。所以，婚姻生活的不如意是同治无嗣的主要原因。

光绪皇帝 18 岁结婚，虽然他不喜欢皇后，但与珍妃却相亲相爱，两人形影不离。光绪每天都召幸珍妃，珍妃也经常一连几天待在光绪的寝宫里。如此恩爱的两个人竟没有孩子，这是为什么呢？

慈禧惹的祸

据《宫女谈往录》记载：珍妃曾为光绪怀过一个孩子，因为卖官遭杖责，所以孩子也没了。即使珍妃从没怀过孕，也情有可原。光绪三十三年，也就是光绪皇帝临死前一年，他曾毫不隐讳地在分析自己的病原时写道："遗精之病将二十年，前数年每月必发十数次，近数年每月不过二三次，且有无梦不举即自遗泄之时，冬天较甚。近数年遗泄较少者，并非渐愈，乃系肾经亏损太甚，无力发泄之故。"那时光绪36岁，他的遗精病却已近20年，也就是说他还未成亲时就患病了。那么他没有子嗣，也是可以解释得通的。对于这种疾病，现代医学的解释，认为其主要是由：沉湎于性刺激中；紧张、焦虑、恐惧等不良情绪；不良的生活方式和习惯所致。而《满清野史记载》介绍：光绪整日吃的都是一些"久熟干冷"的食品，有些食物甚至都已酸腐。而他自小长在慈禧的淫威之下，不免紧张，恐慌。可见，光绪的遗精病是慈禧造成的。

末代皇帝溥仪16岁成婚，娶有一后二妃。伪满时期又续娶了谭玉玲、李玉琴两个贵人，特赦后与李淑贤结为夫妻，但他也没生出一男半女。《末代皇帝的后半生》的作者贾英华收集到溥仪当年的病历，其中完整地记载："患者于三十年前任皇帝时就有阳痿，一直在求治，疗效欠佳……"可见，溥仪的性功能不正常。李淑贤曾表示：这是因为宫廷生活摧残了溥仪的身体。在《末代太监孙耀廷传》中有了更详细的解释："溥仪十多岁住在故宫的时候，因为服侍他的几个太监怕他晚上跑出去，而且他们自己也想回家去休息，就经常把宫女推到他的床上，要她们晚上来伺候他，不让他下床。那些宫女年龄都比他大得多，他那时还是一个孩子，什么都不懂，完全由宫女来摆布，有时还不止一个，而是两三个睡在他的床上，教他干坏事，直弄得他精疲力竭，那些宫女才让他睡觉。"长此以往，溥仪对房事也越来越没有兴趣了。由此可知，是宫里的太监和宫女们摧残了他。

光绪和溥仪入宫时都还是三四岁的孩子，离开父母，得不到良好的照顾，也缺乏这方面的教育，只能任由太监和宫女摆布，久而久之就丧失了性功能。顺治、康熙两代帝王虽然也是幼年登基，但他们都有长辈关爱，教导，所以没有出现这样的情况。

同治、光绪、宣统三代帝王都是缺乏母爱，缺乏引导，生活不如意而导致无后的。而这一切，都来源于慈禧的高压统治。因此，也可以说：大清王朝无后，和慈禧脱不了干系。

慈禧墓地：西宫娘娘为何会葬在东边

纵观我国历史，能站在权力顶峰的风云人物，绝大部分是男人。诚然，我国封建社会是男人的天下，但在其中，也有极为出色的女人。虽然凤毛麟角，却能叱咤风云，丝毫不让须眉。慈禧太后就是这样的女人，她站在权力之巅达半个世纪。她虽没有做皇后，却获得了远高于皇后的权势与地位；她虽没有做皇帝，却将数位皇帝操控于股掌之间。

慈禧与清东陵

慈禧太后统治下的清王朝，就像是一辆正急速走着下坡路的马车，颠簸着，一路走向衰败。不可否认，大清国在她的手中彻底走向了崩溃。在她的时代，社会开始逐渐改变。与万历皇帝很像，在她的时代，大清国已经是病入膏肓，而她却没有看到国家的灭亡，仍然带着丰富的随葬品入葬了自己富丽堂皇的陵墓。

然而，奇怪的是，她虽然始终没有成为正宫皇后（一直是西太后），过世后在陵园里却葬在了东边。这样不合常理的葬制到底有怎样特殊的意义呢？是她要在死后夺回本应属于自己的地位吗？还是因为别的什么原因呢？

清朝皇帝的陵墓和我们见过的汉唐皇家陵墓有些不同，并不是每位皇帝都有自己单独的陵，而是几位帝后共同葬在一个陵区，总共分为四个陵区，而且陵墓并不集中。例如，清太祖努尔哈赤和清太宗皇太极，葬在今辽宁省沈阳市附近的福陵。顺治、康熙、乾隆、咸丰、同治及他们的后妃们，葬在今河北遵化附近的东陵。而雍正、嘉庆、道光、光绪和他们的后妃们，则葬在今河北易县的西陵。在这些陵墓中，规模最大、随葬品最多的陵墓，当属清东陵。

慈禧太后就葬在清东陵。她作为清朝后期的实际最高掌权者，对自己陵墓的修建更是极尽奢侈之能事，使清东陵成为清陵中最奢华的陵墓。不过到了清东陵，就会发现一个很奇怪的现象。咸丰皇帝的两位随葬后妃——慈安太后和慈禧太后，分别是东太后和西太后，她们在东陵中的陵寝形制、规格都是完全一样的，分置在马槽沟的东西两侧。然而，西太后慈禧葬在了东边的陵寝里，东太后慈安却葬在了西边的陵寝中。这是怎么回事呢？

陵墓传说

众所周知，我国古代是以东为贵的，东为大西为小。皇帝册封的太子成为东宫，皇帝和正宫皇后所居是东宫。慈安是咸丰帝的正宫皇后，所以成为东太后，慈禧虽然权力、势力都比慈安大很多，却始终没有正宫太后的名分，只能称为西太后。

那么，她在死后葬在了东边的陵寝里，是不是她要在死后找回之前所没有得到的正宫地位呢？有这样一个传说，东太后慈安本就应当葬在东边，西太后慈禧葬在西边，但是由于慈禧对这种安排十分不甘心，一定要获得东边的陵寝，就用了一计。她与慈安太后打赌，两人下棋决胜负，胜者可以入葬东边的陵墓。慈安太后不明用意，也没有在意，就答应了她的要求。慈禧就想要通过这种方式夺得东边的风水宝地，当然为棋局做了多重准备，志在必得、理所当然地赢得了棋局。而慈安太后本来就性格柔顺，又讲诚信，就把东边的陵寝让给了慈禧，慈禧终于能够得偿所愿。

还有一种说法就是，慈禧根本不管什么名分，强而行之。在慈安死后，她大权独揽，根本没有什么人能够与之抗衡，她强制下令要把慈安下葬在西边，朝中虽然有人谏诤，却根本无济于事，她就这样硬是把东边的陵寝抢了过来。不管是用计还是用抢，慈禧一定要在死后得到唯我独尊的地位，身为西太后而获得东边的尊崇。

身不由己的慈禧

但这些说法也只能被称为传说，事实上，在丧葬之事被看得无比重要的中

慈禧太后 绘 《琼岛秋深图》

光绪丁酉孟冬下浣御筆

瓊島秋深惟蒼松復緣苔芝結彩雲深琉璃

琇珀雜伴毫一幅新圖瑞露封　徐郙敬題

清 玉雕山水人物图屏 高 21.2 厘米

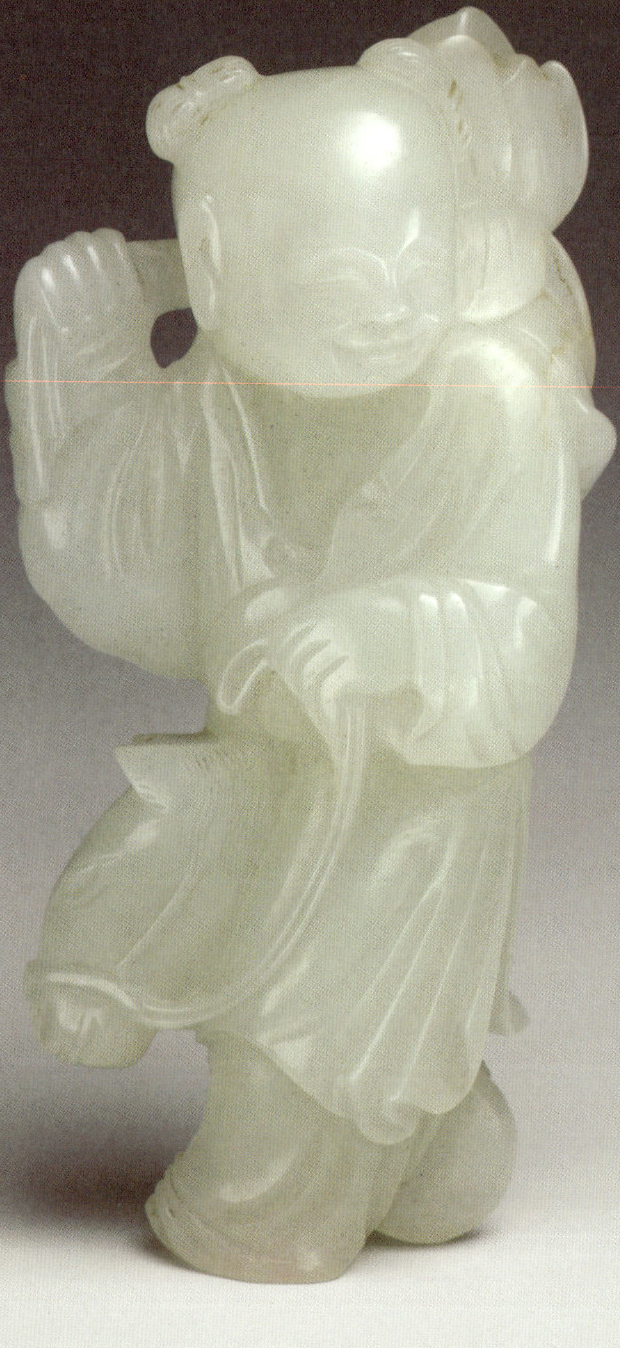

清　玉雕竹马童子　高7.3厘米　宽3.5厘米

清　玉雕女仙祥禽　高９５厘米

国古代社会，这种自行改变下葬位置的情况是不可能出现的。就算慈禧可以飞扬跋扈、独断专权，但她却不能不遵从祖宗所留下来的法度。再怎么大权独揽，她也仍然是爱新觉罗家的媳妇儿，关于丧葬陵寝这样的大事，任何人都不能违背祖训，甚至连皇帝本人也不能例外。慈安、慈禧都是咸丰皇帝的后妃，她们是陪葬在咸丰陵墓旁边的，二者的陵都在咸丰陵的东边。而慈安太后是咸丰帝的正宫皇后，她的陵寝就要更接近咸丰帝，所以在西边；慈禧是皇妃，无论怎样都不能逾越皇后的位置，只能离咸丰帝稍远，葬在慈安陵之东。所以，才会出现西太后葬在东边这样的情况。

慈禧葬在东边，却并没有获得东边的尊贵地位，而是不得不屈就于慈安之侧，离咸丰帝更远一些。

获得皇帝的百般宠幸，控制中国达半个世纪，她却不能决定自己死后的位置，仍然要走进她不得不进入的陵寝中。她当然不会甘心，不能改变位置，却能改变建筑品质和陪葬品。于是慈禧在临死之前下令重建了自己的陵墓，使慈禧陵成了清东陵中最为精美豪华的陵墓，陪葬品更是占尽了大清国的奇珍异宝。不知道她在入葬的时候，会不会仍存有遗憾，但是她一定不会料到，在自己豪华的陵墓中，自己并没有安枕几年，就被迫重见天日了。

莲英之死：大太监李莲英死亡之谜

李莲英，大清王朝慈禧时期的总管太监，是清末最有权势的宦官，被人们称为"九千岁"。他做人小心谨慎，又处处讨主子欢心，所以，他成为慈禧身边的红人。他的墓志铭上写得清清楚楚："事上以敬，事下以宽，如是有年，未尝稍懈。"但是，多年以来，他的死因却一直是个未解的谜团。

精明的首领太监

李莲英出生在清代直隶省（今河北）的河间府。李莲英入宫后的名字叫李进喜，后由慈禧太后起名莲英。他先后在奏事处和东路景仁宫当差，直到同治三年 16 岁时，才调到长春宫慈禧太后跟前。

他是一个十分聪明乖巧的人，很快就明白了应该如何摆正主子和奴才之间的关系。李莲英不仅学会了揣摩主子的脾气和爱好，能够千方百计地讨主子的欢喜，同时还能时时处处谨慎小心。

同治十三年，年仅 26 岁的李莲英已任储秀宫掌案首领大太监。值得一提的是，此职务一般需要进宫服役 30 年才有资格担任，但此时进宫刚满 17 年的李莲英就已经做到了。

光绪五年，李莲英出任储秀宫四品花翎总管。随着他的主子慈禧太后日益大权独揽，他的声望、地位也一天天变得显赫起来。李莲英 31 岁时，已经可以和敬事房的大总管，也就是清宫太监的总头目平起平坐。

到了光绪二十年，46 岁的李莲英被赏戴二品顶戴花翎。这还是李莲英在太监中所创的一个从未有过的先例，因为早在雍正时期，雍正皇帝规定太监的品级以四品为限，不能再高出这个等级。

清　竹雕持履罗汉　高 20.3 厘米　宽 7.3 厘米

在慈禧太后与李莲英之间，几十年所形成的主仆关系与感情非同一般。在慈禧的晚年生活中，实际上李莲英这时候成了晚年慈禧太后生活中一刻也不能离开的"伴"。慈禧太后对李莲英的宠信与日俱增，引起了朝野的议论和不安。

棺木内的秘密

光绪二十年，在甲午战争的时候，清朝北洋海军吃了大败仗，全国舆论一片哗然。可是人们不敢直接去批评慈禧太后，于是就把矛头指向北洋大臣、直隶总督李鸿章，同时也捎带批评了李莲英，这当然无法动摇慈禧太后对李莲英的信任，并且说李莲英干预政事显然证据不足。

戊戌变法后，李莲英出言更加谨慎，没有鲜明地表态自己站在慈禧太后的一边。虽然没有让慈禧太后怀疑他的忠诚，但从此两人在感情上有些疏远了。所以李莲英的墓志碑上写道：结束西逃回到北京后，李莲英"自思可告之无罪，已萌退志"。光绪三十四年十月二十二日，慈禧太后死于北京西苑的仪鸾殿。李莲英办理完慈禧太后的丧事，于宣统元年的二月初二，离开生活了51年的皇宫。内宫主政的隆裕太后，准其"原品休致"，就是带原薪退休。李莲英死于宣统三年，时年64岁。他死时，得到了清朝宫廷的千两白银，在北京恩济庄的太监墓地修造了一座豪华坟墓。不过在"文革"中被破坏了，只有墓志铭的拓片还保留了下来。

从1984年开始，专家们展开了对李莲英死因的调查。结果发现，据现存史料记载，李莲英是因病而终，但这无疑与李莲英棺木中的景象是矛盾的。

未解的谜团

对于李莲英离开皇宫之后的生活状况，种种史料都有着几乎雷同的记载。那就是李莲英因病而终，并没有任何意外发生。但问题却在于，假如李莲英果真是寿终正寝，又该如何解释其墓中身首异处的现实呢？

自1984年开始，有一位名叫佟洵的专家一直对李莲英的死因进行研究。1985年，佟洵发表了文章《李莲英死因之谜》。文章中，不仅首次披露了

1966 年挖掘李莲英之墓的全过程，以及李莲英身首异处的真相，更提出了李莲英死于非命的观点。

但在学界，却有不同的声音。中国第一历史档案馆的一位研究员，多年来几乎翻阅了全部的清代太监档案。对于李莲英究竟是否死于非命，他并没有给出肯定或否定的评断，但他认为，在那些流传于民间的种种说法中，有诸多值得商榷之处。

该研究员认为，机警圆滑的李莲英绝不可能是被宫中仇敌所杀。在清朝开国之初，顺治皇帝就立了一个铁牌，规定了太监不许干预朝政，所以，李莲英根本不可能参与朝廷内的党派之争。在这种情况下，他不可能得罪革命党人。等他临死出宫时，对于政事更没影响了，所以杀他没有任何意义。同时他还认为，李莲英被悍匪杀死于讨债路上的故事更是杜撰。无论是李莲英的财富地位，还是他离宫后岁过甲子的年龄，都不可能亲自出门讨要债务。

争论没有结果，新的声音却再次出现。1990 年，《纵横》杂志刊登了一篇名为《李莲英身首异处之谜》的文章。这篇文章出自北京文史研究馆已故研究员颜仪民。他在文中不仅肯定了李莲英被人杀害，而且详细描述了李莲英被杀的细节：李莲英在出宫后，一直住在护国寺棉花胡同的一所自家宅院内，过着与世隔绝的生活。一天，李莲英突然接到一张请帖，发帖之人是清末第一号实权人物，袁世凯的红人，九门提督江朝宗。请帖中说，要请李莲英在什刹海会贤堂吃饭。面对这张非同一般的请帖，李莲英犹豫不定。权衡半天，李莲英最后决定准时赴宴。不过，他万万没料到自己会在回家的路上遭遇暗算。事后，其家人在后海找到了李莲英的头颅，身躯却不知下落。

文中，作者在字里行间中提到两个人难逃干系，一位是请客人江朝宗，另外一位则是太监小德张。小德张，清末又一位名噪一时的太监。因为得到隆裕皇太后宠爱，成为二品太监总管。颜仪民文中多次强调：小德张是李莲英的死敌。

文章刊登后，李莲英被杀于后海的说法开始流行。但更大的争论也应声而起。有专家认为故事的细节不合逻辑。然而，关于李莲英死因的争论一直不绝于耳。多年后，李莲英之死的谜底或许有被全部揭开的一天。

大清國慈禧皇太后

清　佚名　慈禧太后油画像

清　佚名　孝钦显皇后（慈禧）朝服像

图书在版编目（CIP）数据

历代悬案：透析悬案背后的历史细节 / 程关云著
. -- 北京：台海出版社，2021.2
ISBN 978-7-5168-2825-0

Ⅰ . ①历⋯ Ⅱ . ①程⋯ Ⅲ . ①中国历史—通俗读物
Ⅳ . ① K209

中国版本图书馆 CIP 数据核字（2020）第 237940 号

历代悬案：透析悬案背后的历史细节

著　　者：程关云

出 版 人：蔡　旭　　　　　　　　　　封面设计：新华尤品
责任编辑：赵旭雯

出版发行：台海出版社
地　　址：北京市东城区景山东街 20 号　　邮政编码：100009
电　　话：010-64041652（发行，邮购）
传　　真：010-84045799（总编室）
网　　址：www.taimeng.org.cn/thcbs/default.htm
E - m a i l：thcbs@126.com

经　　销：全国各地新华书店
印　　刷：旭辉印务（天津）有限公司
本书如有破损、缺页、装订错误，请与本社联系调换

开　　本：710 毫米 × 1000 毫米　　　　1/16
字　　数：372 千字　　　　　　　　印　张：24
版　　次：2021 年 2 月第 1 版　　　　印　次：2021 年 5 月第 1 次印刷
书　　号：ISBN 978-7-5168-2825-0

定　　价：68.00 元

历代悬案

上架建议：历史·考古

ISBN 978-7-5168-2825-0

9 787516 828250 >

定价：68.00元